Arbeiten zur Rechtsvergleichung

Schriftenreihe der Gesellschaft
für Rechtsvergleichung

Band 159

Annette Geldsetzer

Einvernehmliche Änderung und Aufhebung von Verträgen

Eine rechtsvergleichende Darstellung des deutschen, des amerikanischen Rechts und des Einheitskaufrechts

Nomos Verlagsgesellschaft
Baden-Baden

Die Deutsche Bibliothek – CIP-Einheitsaufnahme

Geldsetzer, Annette:
Einvernehmliche Änderung und Aufhebung von Verträgen: Eine rechtsvergleichende Darstellung des deutschen, des amerikanischen Rechts und des Einheitskaufrechts / Annette Geldsetzer. – 1. Aufl. – Baden-Baden: Nomos Verl.-Ges., 1993
(Arbeiten zur Rechtsvergleichung; Bd. 159)
Zugl.: Freiburg (Breisgau), Univ., Diss., 1991
ISBN 3-7890-2885-1
NE: GT

ISSN 0066-5703

1. Auflage 1993

Vorwort

Diese Arbeit hat der rechtswissenschaftlichen Fakultät der Albert-Ludwigs-Universität, Freiburg i.Br., im Wintersemester 1991/92 als Dissertation vorgelegen. Sie versucht, die zum Teil grundlegend unterschiedlichen Voraussetzungen für die Wirksamkeit von Aufhebungs- und Änderungsvereinbarungen im deutschen und im U.S.amerikanischen Recht darzustellen und rechtsvergleichend Gesichtspunkte für die Auslegung und die Anwendung von Artikel 29 des UN-Kaufrechts (CISG) zu gewinnen, einer Vorschrift, die die einvernehmliche Änderung und Aufhebung von internationalen Kaufverträgen regelt.

Die Recherchen zum amerikanischen Recht habe ich während eines einjährigen Studienaufenthaltes an der University of Chicago begonnen. Dort habe ich auch durch die angebotenen Kurse einen Einblick in das gesamte U.S.amerikanische Vertragsrecht bekommen und wertvolle Eindrücke des Gesamtzusammenhangs, in den das hier dargestellte Problem eingebettet ist, gewonnen. Die Arbeiten zum amerikanischen Recht konnte ich anschließend in Hamburg dank der ausgezeichneten Bibliothek des dortigen Max-Planck-Institutes für Ausländisches und Internationales Privatrecht zu Ende führen.

Ich danke meinem Doktorvater, Prof. Dr. Peter Schlechtriem für den Hinweis auf dieses interessante Thema, für die Betreuung der Arbeit und insbesondere auch für seine hilfreiche Unterstützung bei den Bewerbungen für den Amerikaaufenthalt, durch die dieser erst ermöglicht wurde. Ferner danke ich Professor Douglas G. Baird, der mir an der University of Chicago ein wichtiger Gesprächspartner gewesen ist, sowie dem Zweitberichterstatter Prof. Dr. Lorenz Fastricht für seine ergänzenden Hinweise. Besonderer Dank gebührt auch meinem Freund Gerd, der mir über alle technischen Tücken der elektronischen Datenverarbeitung hinweggeholfen hat, und meinen Eltern, die mir den Druck der Arbeit ermöglichten.

Annette Geldsetzer

Inhaltsverzeichnis

Abkürzungen

Für die deutschen Abkürzungen wird auf Kirchner, Abkürzungsverzeichnis der Rechtssprache [3. Aufl., Berlin, New York: de Gruyter (1988)] verwiesen.

Die unten aufgeführten Abkürzungen stammen aus den Vereinigten Staaten von Amerika, soweit nicht anders gekennzeichnet und soweit sich nicht aus dem Namen selbst etwas anderes ergibt.

A.	Atlantic Reporter
A.2d	Atlantic Reporter, Second Series
Ala.	Alabama
ALR	American Law Reports
ALR 2d	American Law Reports, Second Series
ALR 3d	American Law Reports, Third Series
ALR 4th	American Law Reports, Fourth Series
Am.Econ.Rev.	American Economic Review
Am.J.Comp.L.	American Journal of Comparative Law
Am.Jur.2d	American Jurisprudence, Second Series
App.	Appeal, Appelate Court
App.Cas.	Appeal Cases (GB)
Ariz.	Arizona
Ariz.Rev.Stat.Ann.	Arizona Revised Statutes Annotated
Ark.	Arkansas
B.C.L.Rev.	Boston College Law Review
Bus.Law.	Business Lawyer
C.A.	Court of Appeals
Cal.	California
Cal.Civ.Code	West's Annotated California Code
Cal.Rptr.	West's California Reporter
Can.B.Rev.	Canadian Bar Review (Kanada)
Car.II	Caroli II (King Charles II., GB)
Cir.	Circuit
CISG	United Nations Convention on Contracts for the International Sale of Goods / Übereinkommen der Vereinten Nationen über Verträge über den internationalen Warenkauf
C.J.S.	Corpus Juris Secundum
Cl.Ct.	United States Claims Court Reporter
Cmd	Command Papers (GB)
Co.	Company
Colo.	Colorado
Colum.L.Rev.	Columbia Law Review
Com.L.J.	Commercial Law Journal
Conn.	Connecticut
Cornell Int.L.J.	Cornell International Law Journal
Cornell L.Q.	Cornell Law Quarterly
D.C.	District of Columbia
Del.	Delaware
Dick.	Dickens (GB)

Dok.	Conférence Diplomatique sur l'unification du droit en matière de la vente internationale, La Haye, 2-25 avril 1964, Actes et documents de la conférence (französisch und englisch), Bd.II Documents, Den Haag (Imprimerie Nationale), 1966
Drake L.Rev.	Drake Law Review
Eng.Rep.	English Reports (GB)
Eng.Reprint	English Reprint (GB)
Exch.	English Law Reports, Exchequer (GB)
F.	Federal Reporter
F.2d	Federal Reporter, Second Series
Fed.R.Civ.Proc.	Federal Rules of Civil Procedure
Fla.	Florida
Fordham L.Rev.	Fordham Law Review
F.R.D.	Federal Rules Decisions
F.Supp.	Federal Supplement
Ga.	Georgia
Ga.Code Ann.	Official Code of Georgia Annotated (Michie)
Ga.L.Rev.	Georgia Law Review
Halsbury's Stat.	Halsbury's Statutes of England (GB)
Harv.L.Rev.	Harvard Law Review
Ill.	Illinois
Inc.	Incorporated
Ind.	Indiana
Int'l Law.	The International Lawyer
Iowa Code Ann.	Iowa Code Annotated (West)
Iowa L.Rev.	Iowa Law Review
J.L.& Econ.	Journal of Law and Economics
J.Leg.Stud.	Journal of Legal Studies
Kan.	Kansas
Ky.	Kentucky
LCP BW	The Lawyer's Co-Operative Publishing Co., Bancroft-Whitney Co.
L.Ed.	Lawyer's Edition Supreme Court Reports (United States)
L.Qu.Rev.	Law Quarterly Review
Mass.	Massachusetts
Md.	Maryland
Me.	Maine
Mich.	Michigan
Mich.L.Rev.	Michigan Law Review
Minn.	Minnesota
Minn.L.Rev.	Minnesota Law Review
Miss.	Mississippi
Mo.	Missouri
Mod.L.Rev.	Modern Law Review
Mont.	Montana
N.C.	North Carolina
N.Car.L.Rev.	North Carolina Law Review
N.D.	North Dakota

Neb.	Nebraska
N.E.	North Eastern Reporter
N.E.2d	North Eastern Reporter, Second Series
Nev.	Nevada
N.H.	North Hampshire
NIPR	Nederlands internationaal privaatrecht Repertorium op verdragenrecht, wetgeving, literatuur en rechtspraak (NL)
N.J.	New Jersey
N.M.	North Mexico
N.W.	North Western Reporter
N.W.2d	North Western Reporter, Second Series
N.Y.	New York, New York Reports
N.Y.S.	West's New York Supplement
N.Y.S.2d	West's New York Supplement, Second Series
Okla.	Oklahoma
Okla.L.Rev.	Oklahoma Law Review
O.R.	Official Records, United Nations Conference on Contracts for the International Sale of Goods, Vienna, 10 March - 11 April 1980, U.N. Document A/CONF.97/19, Wien: United Nations (1981)
Or.	Oregon
Osgoode Hall.L.J.	Osgoode Hall Law Journal
P.	Pacific Reporter
P.2d	Pacific Reporter, Second Series
Pa.	Pennsylvania
Q.J.Econ.	Quarterly Journal of Economics
S.C.	South Carolina
S.Cal.L.Rev.	Southern California Law Review
S.C.L.Rev.	South Carolina Law Review
S.Ct.	Supreme Court, Supreme Court Reporter
S.D.	South Dakota
So.	Southern Reporter
So.2d	Southern Reporter, Second Series
Stat. at Large	Statutes at Large (GB)
Supp.	Supplement
S.W.	South Western Reporter
S.W.2d	South Western Reporter, Second Series
Tenn.	Tennessee
Tex.	Texas
Tex.Rev.Civ.Stat.Ann.	Texas Revised Civil Statutes Annotated (Vernon)
UCC	Uniform Commercial Code
UCCLJ	Uniform Commercial Code Law Journal
UCCRS	Uniform Commercial Code Reporting Service
ULFC	Uniform Law on the Formation of Contracts for the International Sale of Goods
ULIS	Uniform Law on the International Sale of Goods
UNCITRAL	United Nations Commission on International Trade Law
UNIDROIT	Institut International pour l'Unification du Droit

	Privé/ International Institute for the Unification of Private Law
U.Pa.L.Rev.	University of Pennsylvania Law Review
U.Pitt.L.Rev.	University of Pittsburgh Law Review
U.S.	United States, United States Reports
U.Toronto L.Rev.	University of Toronto Law Review
Va.	Virginia
Vill.L.Rev.	Villanova Law Review
Vt.	Vermont
Wash.	Washington
Wash.U.L.Qu.	Washington University Law Quarterly
Wis.	Wisconsin
Wisc.L.Rev.	Wisconsin Law Review
W.Va.	West Virginia
Wyo.	Wyoming
Yale L.J.	Yale Law Journal
YB	Yearbook

Literatur

Aivazian, Varouj A. / Trebilcock, Michael J. / Penny, Michael: »The Law of Contract Modifications: The Uncertain Quest for a Bench Mark of Enforceability«, 22 Osgoode Hall.L.J. 173-212 (1984).

»Alternativkommentar zum Bürgerlichen Gesetzbuch«, hrsg. v. Wassermann, Neuwied/ Darmstadt: Luchterhand (1979 ff.) [Alternatikomm/Bearbeiter].

Anderson, Ronald Aberdeen: »Anderson on the Uniform Commercial Code«, 3.Aufl., Rochester, N.Y. / San Francisco, Cal.: LCP BW (1981 ff.).

Barton, John H.: »The Economic Basis of Damages for Breach of Contract«, 1 J.Leg.Stud. 277-304 (1972).

Baird, Douglas G.: »Self-Interest and Cooperation in Long-term Contracts«, 19 J.Leg.Stud. 583-396 (1990).

Beane, Leona: »The Partial Payment Exception to the UCC Sale of Goods Statute of Frauds«, 13 UCCLJ 135-159 (1980).

Bianca, C.M. / Bonell, M.J.: »Commentary on the International Sales Law, The 1980 Vienna Sales Convention«, Mailand: Giuffrè (1987) [Bianca/Bonell/Bearbeiter].

Böhm, Helmut: »Das Abgehen von rechtsgeschäftlichen Formgeboten«, AcP 179 (1979) 425.

Boergen, Rüdiger: »Die Effektivität vertraglicher Schriftformklauseln«, BB 1971, 202.

Boyer, Benjamin F.: »Promissory Estoppel: Requirements and Limitations of the Doctrine«, 98 U.Pa.L.Rev. 459-498 (1950).

v.Caemmerer, Ernst / Schlechtriem, Peter: »Kommentar zum Einheitlichen UN-Kaufrecht, Das Übereinkommen der Vereinten Nationen über den internationalen Warenkauf - CISG Kommentar«, hrsg. v. Peter Schlechtriem, München: Beck (1990) [v.Caemmerer/-Schlechtriem/Bearbeiter].

Calabresi, Guido / Melamed, A.Douglas: »Property Rules, Liability Rules, and Inalienability: One View of the Cathedral«, 85 Harv.L.Rev. 1089-1128 (1972).

Calamari, J.D. / Perillo, J.M.: »The Law of Contracts«, 3.Aufl., St.Paul: West Publishing Co. (1987).

Canaris, Claus-Wilhelm: »Die Vertrauenshaftung im deutschen Privatrecht«, München: Beck (1971).

Cheshire, Geoffrey Chevalier / Fifoot, Cecil Hubert / Furmston, Michael P.: »The Law of Contract«, 11.Aufl., London: Butterworth (1986).

Comment: »Modification of sealed instrument by subsequent parol agreement«, 55 ALR 685-705.

Comment: »Mutual rescission or release of contract as affecting rights of third-party beneficiary«, 97 ALR 2d 1262-1276.

Comment: »Statute of Frauds and Conflict of Laws«, 47 ALR 3d 137-174.

Comment: »Promissory Estoppel as Basis for Avoidance of Statute of Frauds«, 56 ALR 3d 1037-1077.

»Conférence Diplomatique sur l'unification du droit en matière de la vente internationale, La Haye, 2-25 avril 1964, Actes et documents de la conférence«, (französisch und englisch), Bd.II Documents, Den Haag (Imprimerie Nationale), 1966 [Dok.].

Corbin, Arthur Linton: »Corbin on Contracts. A Comprehensive Treatise on the Rules of Contract Law«, St.Paul: West Publishing Co. (1950 ff.) [Corbin, Contracts].

Costigan, George P.: »The Date and Authorship of the Statute of Frauds«, 26 Harv.L.Rev. 329-346 (1913).

Craswell, Richard: »Contract Remedies, Renegotiation, and the Theory of Efficient Breach«, 61 S.Cal.L.Rev. 630-670 (1988).

Cunningham, Roger S.: »A Proposal to Repeal Section 2-201: The Statute of Frauds Section of Article 2«, 85 Com.L.J. 361-363 (1980).

Damm, Reinhard: »Verbraucherrechtliche Sondergesetzgebung und Privatrechtssystem«, JZ 1978, 173.

Dölle, Hans (Hrsg.): »Kommentar zum Einheitlichen Kaufgesetz«, München: Beck (1976) [Dölle/Bearbeiter].
Doralt, Peter (Hrsg.): »Das UNCITRAL-Kaufrecht im Vergleich zum österreichischen Recht, Referate und Diskussionen des Symposiums in Baden bei Wien 17.-19. April 1983«, Wien: Manz (1985).
Duesenberg, Richard W.: »The Statute of Frauds in its 300th Year: The Challenge of Admissions in Court and Estoppel«, 33 Bus.Law. 1859-1874 (1978).
Ehrenzweig, Albert A.: »The Statute of Frauds in the Conflict of Laws: The Basic Rule of Validation«, 59 Colum.L.Rev. 973-1025 (1959).
Eisler, Beth: »Oral Modification of Sales Contracts under the Uniform Commercial Code: The Statute of Frauds Problem«, 58 Wash.U.L.Qu. 277-315 (1980).
Eisner, Frederick W.: »Die Schriftformklausel in der Praxis«, NJW 1969, 118.
Enderlein, Fritz / Maskow, Dietrich / Stargardt, Monika: »Konvention der Vereinten Nationen über Verträge über den internationalen Warenkauf (mit Verjährungskonvention)«, Berlin: Staatsverlag der DDR (1985).
Enneccerus, Ludwig / Lehmann, Heinrich: »Recht der Schuldverhältnisse«, 15.Aufl., Tübingen: Mohr (1958).
Eörsi, Gyula: »Problems of Unifying Law on the Formation of Contracts for the International Sale of Goods«, in: UNCITRAL Symposium "UNCITRAL's First Decade", 27 Am.J.Comp.L. 201-563, 311-323 (1979).
Erman, Walter (Hrsg.): »Handkommentar zum Bürgerlichen Gesetzbuch. Mit Einführungsgesetz, AGBG, etc.«, früher hrsg. v. Erman, hrsg. v. H.P.Westermann, 8.Aufl., Münster: Aschendorff (1989) [Erman/Bearbeiter].
Farnsworth, E. Allan: »Farnsworth on Contracts«, London/Boston/Toronto: Little, Brown & Co. (1990) [Farnsworth, Contracts].
ders.: »The Past of Promise: An Historical Introduction to Contract«, 69 Colum.L.Rev. 576-607 (1969).
ders.: »The Vienna Convention: An International Law for the Sale of Goods«, in: »Private Investors Abroad - Problems and Solutions in International Business in 1983«, New York: Matthew Bender (1983), S. 121-139 [Farnsworth, Vienna Convention].
Flume, Werner: »Allgemeiner Teil des Bürgerlichen Rechts«, Bd.2, Das Rechtsgeschäft, 3.Aufl., Berlin/ Heidelberg/ New York: Springer (1979).
Fridman, G.H.L.: »The Necessity for Writing in Contracts Within the Statute of Frauds«, 35 U.Toronto L.Rev.43-66 (1985).
Fuller, Lon: »Basic Contract Law«, St.Paul: West Publishing Co. (1947) [Fuller, Basic Contract Law].
ders.: »Consideration and Form«, 41 Colum.L.Rev.799-824 (1941).
Gernhuber, Joachim: »Die Erfüllung und ihre Surrogate«, Handbuch des Schuldrechts Bd.3, Tübingen: J.C.B.Mohr (Paul Siebeck) (1983).
Gilson, Ronald G.: »The Efficient Market Hypothesis, The Law and Finance of Corporate Acquisitions«, Mineola, N.Y.: Foundation Press (1986).
»Großkommentar zum Handelsgesetzbuch«, begr. v. H.Staub, weitergeführt von Mitgliedern des Reichsgerichts, neu bearbeitet von D. Brüggemann, 3.Aufl., Berlin, New York: de Gruyter (1978) [HGB-Großkomm./Bearbeiter].
Häsemeyer, Ludwig: »Die Bedeutung der Form im Privatrecht«, JuS 1980, 1.
ders.: »Die gesetzliche Form der Rechtsgeschäfte«, Frankfurt/M.: Athenäum (1971).
Happek, George: »Wesen und Bedeutung des contrarius consensus nach römischem Recht und BGB., insbesondere bei erfüllten Verträgen«, Arch.Bürg.R. 35 (1910) 404.
Heck, Philipp: »Grundriß des Schuldrechts«, Tübingen: J.C.P.Mohr (1929).
Hening, Crawford D.: »The Original Drafts of the Statute of Frauds (29 Car.II c.3) and their Authors«, 61 U.Pa.L.Rev. 283-316 (1913).
Herber, Rolf: »Gedanken zum Inkrafttreten des VN-Kaufrechtsübereinkommens«, RIW 1987, 340.
ders.: »Das VN-Übereinkommen über internationale Kaufverträge«, RIW/AWD 1980, 601.
ders.: »Wiener UNCITRAL-Übereinkommen über den internationalen Kauf beweglicher Sachen«, Köln: BfAI (1981).

Herber, Rolf / Czerwenka, Beate: »Internationales Kaufrecht. Kommentar zu dem Übereinkommen der Vereinten Nationen vom 11. April 1980 über Verträge über den internationalen Warenkauf«, München: Beck (1991).
Hillman, Robert A.: »Policing Contract Modifications under the UCC: Good Faith and the Doctrine of Economic Duress«, 64 Iowa L.Rev. 849-902 (1979).
ders.: »A Study of Uniform Commercial Code Methodology: Contracts Modification under Article Two«, 59 N.Car.L.Rev. 335-376 (1981).
ders.: »Article 29 (2) of the United Nations Convention on Contracts for the International Sale of Goods: A New Effort at Clarifying the Legal Effect of "No Oral Modification" Clauses«, 21 Cornell Int.L.J. 449-466 (1988).
Hillman, Robert A. / McDonnell, Julian B. / Nickles, Steve H.: »Common Law and Equity under the UCC«, Boston/New York: Warren, Gorham & Lamont (1985 f.).
Holdsworth, William: »Debt, Assumpsit, and Consideration«, 11 Mich.L.Rev. 347-357 (1913).
ders.: »A History of English Law«, 2.Aufl., London: Methuen/ Sweet and Maxwell (1937, Nachdruck 1966).
Holland, Tom L.: »Modification of Sales Contracts: Complying with the Statute of Frauds«, 22 UCCLJ 301-319 (1990).
Holmes, Oliver W.: »The Path of the Law«, 10 Harv.L.Rev. 456-462 (1897).
Honnold, John: »Documentary History of the Uniform Law for International Sales«, Deventer: Kluwer (1988) [Honnold, Documentary History].
ders.: »UNCITRAL: Mission and Methods«, in: UNCITRAL Symposium "UNCITRAL's First Decade", 27 Am.J.Comp.L. 201-563, 207-211 (1979).
ders.: »Uniform Law for International Sales under the 1980 United Nations Convention«, Deventer: Kluwer (1982) (Honnold, Uniform Law].
Huber, Ulrich: »Der UNCITRAL-Entwurf eines Übereinkommens über internationale Warenkaufverträge«, RabelsZ 1979, 413.
Huberman, Gur / Kahn, Charles: »Limited Contract Enforcement and Strategic Renegotiation«, 78 Am.Econ.Rev. 471-484 (1988).
Hueck, Alfred: »Formvorschriften für die Änderung von Gesellschaftsverträgen«, DB 1968, 1207.
Immenga, Ulrich / Mestmäcker, Ernst-Joachim u.a.: »Gesetz gegen Wettbewerbsbeschränkungen, Kommentar«, München: Beck (1981).
James, Fleming / Hazard, Geoffrey C.: »Civil Procedure«, 3.Aufl., Boston/Toronto: Little Brown & Co. (1985).
Jones, Burr W.: »Jones on Evidence, Civil and Criminal«, fortgeführt v. S.A.Gard, 6.Aufl., Rochester, N.Y./San Francisco, Cal.: LCP BW (1972).
Joskow, Paul: »Price Adjustment in Long-Term Contracts: The Case of Coal«, 31 J.L.& Econ. 47-83 (1988).
Jauernig, Othmar: »Bürgerliches Gesetzbuch«, hrsg. v. Jauernig, erl. v. Jauernig, Schlechtriem, Stürner, Teichmann, Vollkommer, 5. Aufl., München: Beck (1990) [Jauernig/Bearbeiter].
Kress, Hugo: »Lehrbuch des Allgemeinen Schuldrechts«, München: Beck (1929).
Kunze / Bronner / Katz / v.Rotberg: »Gemeindordnung für Baden-Württemberg«, Kommentar (Loseblatt), 4.Aufl. (Stand: März 1988), Stuttgart: Kohlhammer.
Lange, Heinrich / Kuchinke, Kurt: »Lehrbuch des Erbrechts«, 3.Aufl., München: Beck (1989).
Larenz, Karl: »Allgemeiner Teil des deutschen bürgerlichen Rechts«, 7.Aufl., München: Beck (1989) [Larenz AT].
ders.: »Lehrbuch des Schuldrechts«, Erster Band, Allgemeiner Teil, 14.Aufl., München: Beck (1987) [Larenz SchuldR AT].
Leonhard, Franz: »Das Schuldrecht des Bürgerlichen Gesetzbuches«, Bd.1 Allgemeines Schuldrecht des BGB, München/Leipzig: Duncker & Humblot (1929).
Leser, Hans G.: »Vertragsaufhebung und Rückabwicklung unter dem UN-Kaufrecht«, in: Schlechtriem (Hrsg.), »Einheitliches Kaufrecht und nationales Obligationenrecht«, Baden-Baden: Nomos (1987), S. 225-255.
Leubsdorf, John: »The Standard for Preliminary Injunctions«, 91 Harv.L.Rev. 525-566 (1978).
Löwe, Walter / v.Westphalen, Friedrich / Trinckner, Reinhold: »Großkommentar zum AGB-Gesetz«, 2.Aufl., Heidelberg: Verlagsgesellschaft Recht und Wirtschaft mbH (1985).

Lookofsky, Joseph M.: »Loose Ends and Contorts in International Sales: Problems in the Harmonization of Private Law Rules«, 39 Am.J.Comp.L. 403-416 (1991).
Lorenzen, Ernest G.: »The Statute of Frauds and Conflict of Laws«, 32 Yale L.J. 311-338 (1923).
Mather, Henry: »Contract Modification Under Duress«, 33 S.C.L.Rev. 615-658 (1982).
Max-Planck-Institut für ausländisches und internationales Privatrecht in Hamburg: »Die materielle Gültigkeit von Kaufverträgen«, Ein rechtsvergleichender Bericht. Erstattet im Auftrag des UNIDROIT. Bd.I: Abhandlung, Berlin/Tübingen: de Gruyter/Mohr (1968) [Bericht des Max-Planck-Institutes].
Medicus, Dieter: »Allgemeiner Teil des BGB«, 4.Aufl., Heidelberg: C.F.Müller (1990).
Mertens, Hans-Joachim / Rehbinder, Eckard: »Internationales Kaufrecht, Kommentar zu den Einheitlichen Kaufgesetzen«, Frankfurt/M.: Alfred Metzner (1975).
»Motive zu dem Entwurfe eines Bürgerlichen Gesetzbuches für das Deutsche Reich«, Bd. II, Recht der Schuldverhältnisse, Berlin & Leipzig: Guttentag (1888) [Mot. II].
»Münchener Kommentar zum Bürgerlichen Gesetzbuch«, hrsg. v. Rebmann und Säcker, 2.Aufl., München: Beck (1984 ff.) [MünchKomm/Bearbeiter].
Muris, Timothy J.: »Opportunistic Behavior and the Law of Contracts«, 65 Minn.L.Rev. 521-590 (1981).
Murray, John E.: »The Modification Mystery: Section 2-209 of the Uniform Commercial Code«, 32 Vill.L.Rev. 1-55 (1987).
Narasimhan, Subha: »Modification: The Self-Help Specific Performance Remedy«, 97 Yale L.J. 61-95 (1987).
Newman, Ralph A.: »Equity and Law: a Comparative Study«, New York: Oceana (1961).
Niebler, Engelbert: »Die Bedeutung der Handlungsfreiheit, insbesondere der Vertragsfreiheit in der Rechtsprechung des Bundesverfassungsgerichts«, in: Festschrift 125 Jahre Bayerisches Notariat (hrsg. v. Bayerischen Notarverein e.V. München), München: Beck (1987).
Note: »Statute of Frauds: Evaluation of underlying theories«, 14 Cornell L.Q. 102-108 (1928).
Note: »Statute of Frauds - Part of English Act Repealed«, 68 Harv.L.Rev. 383-384 (1954).
Note: »Statute of Frauds: Law Reform (Enforcement of Contracts) Act, 1954, 2 & 3 Eliz. 2, c.34«, 40 Cornell L.Qu. 581-589 (1955).
Note: »The Doctrine of Equitable Estoppel and the Statute of Frauds«, 66 Mich.L.Rev. 170-182 (1967).
Note: »The Scope and Meaning of Waiver in Section 2-209 of the Uniform Commercial Code«, 5 Ga.L.Rev. 783 (1971).
Note: »Oral Modification of Sales Contracts and the Statute of Frauds«, 21 Drake L.Rev.593 (1972).
Oswald, D.: »Kann ein Mietvertrag mit Schriftformklausel später mündlich oder gar stillschweigend geändert werden?«, ZMR 1960, 198.
Page, William H.: »Power of the Contracting Parties to Alter a Contract for Rendering Performance to a Third Person«, 12 Wisc.L.Rev. 141-184 (1937).
Palandt, Otto: »Bürgerliches Gesetzbuch«, 51.Aufl., München: Beck (1992) [Palandt/Bearbeiter].
Patterson, Edwin W.: »State of New York Law Revision Commission: Study of Uniform Commercial Code«, C: Art.2 - Sales, Leg.Doc. No. 65 (c) (1955).
Pawlowski, Hans-Martin: »Allgemeiner Teil des bürgerlichen Rechts«, 3.Aufl, Heidelberg: C.F.Müller (1977).
Perillo, Joseph M.: »The Statute of Frauds in the Light of the Functions and Dysfunctions of Form«, 43 Fordham L.Rev. 39-82 (1974).
Posner, Richard A.: »Economic Analysis of Law«, 3.Aufl., Boston/Toronto: Little Brown & Co. (1986) [Posner, Economic Analysis].
ders.: »The Economics of Justice«, Cambridge, Mass./ London, Engl.: Harvard University Press (1983) [Posner, Economics of Justice].
ders.: »Gratuitous Promises in Economics and Law«, 6 J.Leg.Stud. 411-426 (1977).
Prince, Harry G.: »Perfecting the Third Party Beneficiary Standing Rule under Section 302 of the Restatement (2d) of Contracts«, 25 B.C.L.Rev. 919-997 (1984).

»Protokolle der Kommission für die zweite Lesung des Entwurfs des Bürgerlichen Gesetzbuchs«, Bd.II Recht der Schuldverhältnisse, Berlin: Guttentag (1898) [Prot.2].
Quinn, Thomas M.: »Quinn's Uniform Commercial Code Commentary and Law Digest«, 1989 Cumulative Supp. No.2, Boston/ New York: Warren, Gorham & Lamont.
Rehbinder, Eckhard: »Vertragsschluß nach UN-Kaufrecht im Vergleich zu EAG und BGB«, in: Schlechtriem (Hrsg.), »Einheitliches Kaufrecht und nationales Obligationenrecht«, Baden-Baden: Nomos (1987), 149-170 [Rehbinder, Vertragsschluß nach UN-Kaufrecht].
Reinicke, Dietrich: »Die Bedeutung der Schriftformklausel unter Kaufleuten«, DB 1976, 2289.
ders.: »Formmangel und Verschulden bei Vertragsschluß«, DB 1967, 109.
ders.: »Rechtsfolgen formwidrig abgeschlossener Verträge«, Bad Homburg v.d.H.: Gehlen (1969).
Riese, Otto: »Die Haager Konferenz über die internationale Vereinheitlichung des Kaufrechts vom 2. bis 25. April 1964 - Verlauf der Konferenz und Ergebnisse hinsichtlich der materiellen Vereinheitlichung des Kaufrechts«, RabelsZ 29 (1965) 1.
Robison, Thornton E.: »Enforcing Extorted Contract Modifications«, 68 Iowa L.Rev. 699-751 (1983).
Rothermel, Frank A.: »Role of Course of Performance and Confirmatory Memoranda in Determining the Scope, Operation and Effect of "No Oral Modification" Clauses«, 48 U.Pitt.L.Rev. 1239-1279 (1987).
Rutkowski, Frank: »Gewillkürte Schriftform«, Diss. Göttingen (1978).
Schäfer, Hans-Bernd / Ott, Claus: »Lehrbuch der ökonomischen Analyse des Zivilrechts«, Berlin: Springer (1986).
Schlechtriem, Peter: »Einheitliches UN-Kaufrecht. Das Übereinkommen der Vereinten Nationen über internationale Warenkaufverträge. Darstellung und Texte«, Tübingen: Mohr (1981) [Schlechtriem, Einheitliches UN-Kaufrecht].
ders.: »Uniform Sales Law: The United Nations Convention on Contracts for the International Sale of Goods«, Vienna: Manz (1986).
ders.: »Einheitliches UN-Kaufrecht«, JZ 1988, 1037.
ders.: »The Borderland of Tort and Contract - Opening a New Frontier?«, 21 Cornell Int'l L.J. 467-476 (1988).
Schlechtriem, Peter (Hrsg.): »Einheitliches Kaufrecht und nationales Obligationenrecht«, Referate und Diskussionen der Fachtagung Einheitliches Kaufrecht am 16./17. 2. 1987, veranstaltet von der Gesellschaft für Rechtsvergleichung, Fachgruppe für vergleichendes Handels- und Wirtschaftsrecht, Baden-Baden: Nomos (1987).
Schlechtriem, Peter (Hrsg.): von Caemmerer/Schlechtriem, »Kommentar zum Einheitlichen UN-Kaufrecht, Das Übereinkommen der Vereinten Nationen über den internationalen Warenkauf - CISG Kommentar«, München: Beck (1990) [v.Caemmerer/Schlechtriem/ Bearbeiter].
Schlechtriem, Peter / Magnus, Ulrich: »Internationale Rechtsprechung zu EKG und EAG«, Baden-Baden: Nomos (1987) [Schlechtriem/Magnus].
Schlüter, Wilfried: »Erbrecht« (begr. v. H. Bartholomeyczik), 12.Aufl., München: Beck (1986).
Schmidt-Salzer, Joachim: »Rechtsprobleme der Schriftformklausel«, NJW 1968, 1257.
Schwenzer, Ingeborg: »Das UN Abkommen zum internationalen Warenkauf«, NJW 1990, 602.
Simonds, Richard R.: »Modern Financial Theory«, 26 Business Topics 371 (1972).
Simpson, A.W.B.: »A History of the Common Law of Contract, The Rise of the Action of Assumpsit«, Oxford: Clarendon (1975).
Soergel, Hans Theodor: »Bürgerliches Gesetzbuch mit Einführungsgesetz und Nebengesetzen«, begr. v. Soergel, neu hrsg. v. Siebert, 12.Aufl. (1988 ff.), Stuttgart/ Berlin/ Köln/ Mainz: Kohlhammer [Soergel/Bearbeiter].
von Staudinger, Julius: »Staudingers Kommentar zum Bürgerlichen Gesetzbuch mit Einführungsgesetz und Nebengesetzen«, 12. Aufl., Berlin: J.Schweitzer (1978 ff.) [Staudinger/Bearbeiter].
Stephen, J.F.: »Section Seventeen of the Statute of Frauds«, L.Qu.Rev. 1 (1885) 1.
Stoll, Hans: »Internationalprivatrechtliche Fragen bei der landesrechtlichen Ergänzung des einheitlichen Kaufrechts«, in: Festschrift für Murad Ferid, hrsg. v. Andreas Heldrich und Hans Jürgen Sonnenberger, Frankfurt/M.: Verlag für Standesamtwesen (1988).

Summers, David M.: »Third Party Beneficiaries and the Restatement (Second) of Contracts. (Symposium: The Restatement Second of Contracts)«, 67 Cornell.L.Rev. 880-899 (1982).
Teske, Wolfgang: »Schriftformklauseln in Allgemeinen Geschäftsbedingungen«, Köln/Berlin/ Bonn/München: C.Heymanns (1990).
Ulmer, Peter / Brandner, Hans Erich / Hensen, Horst-Dieter: »AGB-Gesetz, Kommentar zum Gesetz zur Regelung des Rechts der Allgemeinen Geschäftsbedingungen«, 6.Aufl., Köln: Verlag Dr.Otto Schmidt (1990).
»United Nations Conference on Contracts for the International Sale of Goods«, Vienna, 10 March - 11 April 1980, Official Records, U.N. Document A/CONF.97/19, Wien: United Nations (1981) [O.R.].
Weigel, Michael: »Schriftformklauseln in Allgemeinen Geschäftsbedingungen«, Frankfurt/Bern/New York/Paris: Lang (1989).
Weiskopf, Nicholas R.: »In-Court Admissions of Sales Contracts and the Statute of Frauds«, 19 UCCLJ 195-218 (1987).
Wey, Marc: »Der Vertragsschluß beim Internationalen Warenkauf nach UNCITRAL- und Schweizerischem Recht«, Diss. Basel (1984).
White, James J. / Summers, Robert S.: »Uniform Commercial Code«, 3.Aufl., St.Paul: West Publishing Co. (1988).
Williston, Samuel: »A Treatise on the Law of Contracts«, 3.Aufl., Mount Kisco, N.Y.: Baker, Voorhis & Co. (1957 ff.).
Winship, Peter: »Bibliography of Commentaries on the United Nations International Sales Convention«, 21 Int'l Law. 585-601 (1987).
Wolf, Ernst: »Allgemeiner Teil des bürgerlichen Rechts«, 3.Aufl., Köln: Carl Heymanns (1982).
Wolf, Manfred / Horn, Norbert / Lindacher, Walter F.: »AGB-Gesetz«, 2.Aufl., München: Beck (1989) [Wolf/Horn/Lindacher/Bearbeiter].
Zweigert, Konrad / Kötz, Hein: »Einführung in die Rechtsvergleichung auf dem Gebiete des Privatrechts«, Bd. II: Institutionen, Tübingen: Mohr (1969).

Teil I: Einführung

I. Das Problem nachträglicher Vereinbarungen im deutschen und amerikanischen Recht

Im deutschen Recht ist tragender Grundsatz des Vertragsrechts die Privatautonomie. Daher steht es den Parteien frei, Verträge zu schließen und sie später abzuändern, zu ergänzen oder auch wieder aufzuheben. Abgesehen von seltenen Fällen, in denen besondere Schutzinteressen vorliegen, sind solche nachträglichen Vereinbarungen ohne weiteres wirksam, sofern Willensübereinstimmung der Parteien erreicht wird. Auch selbst gesetzte Erfordernisse wie etwa Schriftformklauseln können die volle Wirksamkeit einer nachträglichen Vereinbarung nur ausnahmsweise verhindern. Da solche Vereinbarungen in aller Regel wirksam sind, finden Vertrauensschutzerwägungen in diesem Bereich nur in ganz seltenen Ausnahmefällen Anwendung. Ganz anders verfährt das U.S.amerikanische Recht, das das grundsätzliche Mißtrauen des englischen Rechts gegenüber form- und gegenleistungslosen Versprechen beibehalten hat. So bestehen für die Freiheit der nachträgliche Änderung oder Aufhebung von Kaufverträgen im amerikanischen Recht heute im wesentlichen drei Einschränkungen: Erstens findet bei einseitig begünstigenden nachträglichen Vereinbarungen eine verschärfte richterliche Überprüfung der Motive der Parteien als Schutz gegen Erpressung statt (früher anhand der *consideration* Doktrin, heute mit dem positiv festzustellenden Erfordernis des guten Glaubens). Zweitens besteht ab einer bestimmten Summe ein Formgebot (das sogenannte *Statute of Frauds*), das auch für spätere Änderungen gilt. Drittens schließlich sind Schriftformklauseln heute grundsätzlich wirksam. Als Ausgleich für diese strengen Voraussetzungen, unter denen nachträgliche Vereinbarungen wirksam sind, werden in hohem Maße unter Billigkeitsgesichtspunkten Ausnahmen von diesen Regeln gewährt.

Die Ansätze der beiden Rechtsordnungen bezüglich Vertragsänderung und -aufhebung sind also grundverschieden. Dies führt insbesondere im internationalen Bereich, in dem die beiden Rechtssysteme kollidieren können, zu Problemen. Einen Ausgleich und eine dem internationalen Warenverkehr angemessene Lösung versucht das Übereinkommen der Vereinten Nationen über Verträge über den internationalen Warenkauf (United Nations Convention on Contracts for the International Sale of Goods; im folgenden: CISG) zu geben. Es regelt die Änderung und Aufhebung von internationalen Kaufverträgen in seinem Art.29. Dieser lautet in der deutschen Fassung:[1]

(1) Ein Vertrag kann durch bloße Vereinbarung der Parteien geändert oder aufgehoben werden.

1 Gemeinsame Übersetzung der Bundesrepublik Deutschland, der damaligen Deutschen Demokratischen Republik, Österreichs und der Schweiz; authentisch und gleichberechtigt sind der arabische, chinesische, englische, französische, russische und spanische Text.

(2) Enthält ein schriftlicher Vertrag eine Bestimmung, wonach jede Änderung oder Aufhebung durch Vereinbarung schriftlich zu erfolgen hat, so darf er nicht auf andere Weise geändert oder aufgehoben werden. Eine Partei kann jedoch aufgrund ihres Verhaltens davon ausgeschlossen sein, sich auf eine solche Bestimmung zu berufen, soweit die andere Partei sich auf dieses Verhalten verlassen hat.[2] [3]

Indem in Abs.1 für Vertragsänderungen Formfreiheit statuiert wird, wird mit Vorstellungen des angloamerikanischen Rechtskreises, insbesondere der *consideration* Doktrin und dem *Statute of Frauds*, gebrochen. Abs.2 dagegen kommt gewissen Rechtskonstruktionen des angloamerikanischen Rechtskreises wieder sehr nahe, entfernt sich allerdings von der deutschen Rechtsauffassung.

Im folgenden sollen daher aus dem Blickwinkel des Art.29 CISG die diesbezüglichen Regelungen im deutschen und im U.S.amerikanischen Recht dargestellt werden. Dabei wird zunächst auf die gesetzlichen Voraussetzungen für spätere Änderungs- und Aufhebungsvereinbarungen (Teil II), dann auf die gewillkürten Erfordernisse für spätere Abreden (Teil III) eingegangen werden. Jeweils im Anschluß an die einzelstaatliche Betrachtung soll durch Rechtsvergleich gezeigt werden, welche Anwendungs- und Auslegungsschwierigkeiten sich von diesem Ausgangspunkt her ergeben und wie sie im Sinne einer einheitlichen Rechtsanwendung gelöst werden können. Abschließend wird, wieder ausgehend von der rechtsvergleichenden Untersuchung der Regelungen des deutschen und des amerikanischen Rechts, auf die Auslegung und die Folgen der genannten nachträglichen Vereinbarungen im internationalen Kaufrecht (Teil IV) eingegangen werden. Zuvor soll in die Entstehungsgeschichte des Übereinkommens der Vereinten Nationen über den internationalen Warenkauf (unten II.) und speziell der Regelung des Art.29 CISG (unten III.) eingeführt, und anschließend sollen die Begriffe der Änderung und der Aufhebung (unten IV.) kurz erläutert werden.

---

2 Englischer Text:
(1) A contract may be modified or terminated by the mere agreement of the parties.
(2) A contract in writing which contains a provision requiring any modification or termination by agreement to be in writing may not be otherwise modified or terminated by agreement. However, a party may be precluded by his conduct from asserting such a provision to the extent that the other party has relied on that conduct.

Französischer Text:
(1) Un contrat peut être modifié ou résilié par accord amiable entre les parties.
(2) Un contrat écrit qui contient une disposition stipulant que toute modification ou résiliation amiable doit être faite par écrit ne peut être modifié ou résilié à l'amiable sous une autre forme. Toutefois, le comportement de l'une des parties peut l'empêcher d'invoquer une telle disposition si l'autre partie s'est fondée sur ce comportement.

3 Nach den Artt.12, 96 CISG können Staaten, deren innerstaatliches Recht Schriftform für Kaufverträge vorsieht, einen Vorbehalt mit der Wirkung erklären, daß Art.29 CISG nicht gilt, wenn eine der Parteien ihre Niederlassung in diesem Staat hat. Es ist dann für Formfragen das nach internationalem Privatrecht ermittelte Recht anzuwenden (str., vgl. m.w.N. v.Caemmerer/Schlechtriem/Schlechtriem Art.12 Rn.2). Diesen Vorbehalt haben folgende Staaten erklärt (Stand: 8.11.1990): Argentinien, Byelorussische S.S.R., Chile, Ungarn, Ukrainische S.S.R. und damalige UdSSR.

II. Vorgeschichte und Zustandekommen von CISG

Am 1.1.1988 ist CISG in Kraft getreten. Vorarbeiten zu diesem Übereinkommen gehen über ein halbes Jahrhundert weit zurück:[4] Im Jahre 1929 entschied das Internationale Institut für die Vereinheitlichung des Privatrechts in Rom (UNIDROIT, damals eine Institution des Völkerbundes) auf Anregung von Ernst Rabel, eine Kommission zur Ausarbeitung eines einheitlichen Kaufrechts einzusetzen. 1934 legte diese Kommission, der namhafte Rechtsgelehrte angehörten, einen vorläufigen Entwurf vor. Nach Stellungnahme der Mitgliedsstaaten des Völkerbundes wurde der überarbeitete Entwurf 1939 von UNIDROIT angenommen. Während des 2. Weltkriegs ruhten die Arbeiten.[5] Eine 1951 von der niederländischen Regierung einberufene Konferenz, an der 21 Staaten teilnahmen, setzte eine Kommission zur Weiterführung der Arbeiten ein. Die 1956 und 1963 von dieser erarbeiteten Entwürfe wurden den Regierungen der Einzelstaaten zur Kommentierung zugesandt.

In derselben Zeit wurde von UNIDROIT ein separater Entwurf über den Abschluß internationaler Warenkaufverträge ausgearbeitet.

Die von der niederländischen Regierung einberufene Diplomatische Konferenz, die vom 2. bis 25. April 1964 in Den Haag tagte und zu der 28 Staaten Vertreter entsandten,[6] verabschiedete dann die Übereinkommen über die Einführung einheitlicher Gesetze über den internationalen Kauf beweglicher Sachen[7] und über den Abschluß von Kaufverträgen über bewegliche Sachen.[8] [9] Diese traten 1972 in Kraft, nachdem sie jeweils von 5 Staaten ratifiziert worden waren.[10] Insgesamt ratifizierten nur 9 Staaten, hauptsächlich EG-Länder, die Übereinkommen, wobei zumeist reger Gebrauch von den unterschiedlichen Vorbehaltsmöglichkeiten gemacht wurde.[11] Die beschränkte Resonanz auf diese Konventionen beruhte sowohl auf sachlichen Einwänden, insbesondere der Entwicklungsländer, die ihre Interessen gegenüber denen der industrialisierten Staaten vernachlässigt sahen, wie auch darauf, daß der Kreis der an der Ausarbeitung beteiligten Staaten zu eng und zu sehr auf Europa beschränkt war.[12] Nach Einholung

---

4 Siehe zur Geschichte des Übereinkommens Bianca/Bonell/Bonell, S. 3 ff., v.Caemmerer/Schlechtriem/Schlechtriem S. 25-27.

5 Siehe Honnold, Uniform Law, S. 5.

6 Darüberhinaus sandten 4 Staaten und 6 internationale Organisationen Beobachter, s. Bianca/Bonell/Bonell S. 4.

7 Uniform Law on the International Sale of Goods (ULIS); Übereinkommen zur Einführung des EKG.

8 Uniform Law on the Formation of Contracts for the International Sale of Goods (ULFC); Übereinkommen zur Einführung des EAG.

9 Siehe zum Zustandekommen der Haager Übereinkommen: Riese, RabelsZ 29 (1965) 1 ff.

10 Für die Bundesrepublik Deutschland sind die Übereinkommen seit dem 16. April 1974 in Kraft: BGBl 1973 II S. 885, 919; BGBl 1974 II S. 146, 148. EKG und EAG sind abgedruckt in BGBl. 1973 I S. 856 bzw. S. 868.

11 Siehe Bianca/Bonell/Bonell S. 4; Herber RIW 1987, 340, 341.

12 Denkschrift zum Übereinkommen, BR-Drs. 372/88 (12.8.88), S. 38; Honnold, Uniform Law S. 9; Herber in Doralt, UNCITRAL Kaufrecht S. 28 f.

von Stellungnahmen der Mitgliedstaaten der Vereinten Nationen durch die 1966 von ihnen geschaffene Kommission für internationales Handelsrecht (United Nations Commission on International Trade Law: UNCITRAL) beschloß diese auf ihrer 2. Sitzung 1968 die Einsetzung einer Arbeitsgruppe, die aufgrund dieser Stellungnahmen die Übereinkommen überarbeiten sollte, um eine weitere Akzeptanz zu erzielen.[13] [14]

Nach zehnjährigen Beratungen auf jährlichen Sitzungen legte die Arbeitsgruppe 1976 den Entwurf eines Übereinkommens über den internationalen Warenkauf und 1977 einen solchen über den Abschluß von Verträgen über den internationalen Warenkauf vor, die auf den Haager Kaufgesetzen basierten.[15] Beide Entwürfe wurden 1978 auf der 11. Sitzung von UNCITRAL zum sogenannten New Yorker Entwurf[16] zusammengefaßt.[17] Vom 10. März bis zum 11. April 1980 tagte schließlich die von der UN-Vollversammlung einberufene Diplomatische Konferenz in Wien, an der Vertreter von 62 Staaten und 8 internationalen Organisationen beteiligt waren. Der von dieser ausgearbeitete Text wurde am 11. April 1980 einstimmig angenommen.[18] Das Übereinkommen wurde bis zum 30.9.1981 von 21 Staaten unterzeichnet.[19] Nach Art.99 Abs.1 des Übereinkommens sollte es ein Jahr nach Hinterlegung der Ratifikations- (bzw. Annahme-, Genehmigungs- oder Beitritts-) -urkunden durch 10 Staaten in Kraft treten. Dies war am 11.12.1986 erfüllt, so daß das Übereinkommen am 1.1.1988 im Verhältnis zwischen Ägypten, Argentinien, China, Frankreich, Italien, dem ehemaligen Jugoslawien, Lesotho, Sambia, Syrien, Ungarn und den Vereinigten Staaten von Amerika in Kraft getreten ist. Bis zum 1.6.1992 trat es sukzessive für folgende weitere Staaten in Kraft: Australien, Byelorussische S.S.R., Bulgarien, Bundesrepublik Deutschland,[20] Chile, Dänemark, Finnland, Guinea, Irak, Mexico, Niederlande, Norwegen, Österreich, Rumänien, Schweden, Schweiz, Spanien, Tschechoslowakei, Ukrainische S.S.R. und ehemalige UdSSR (jetzt GUS). In Uganda wird es zum 1.3.1993 in Kraft treten. Ghana, Polen, Singapur und Venezuela haben das Übereinkommen unterzeichnet, jedoch nicht ratifiziert.[21]

In der Bundesrepublik Deutschland ist am 5.7.1989 das Vertragsgesetz zum Übereinkommen verabschiedet worden,[22] welches damit in der Bundesrepublik am 1.1.1991

---

13 Siehe zu den Stellungnahmen der Einzelstaaten: Analysis of Replies and Comments by Governments on the Hague Conventions of 1964: Report of the Secretary-General, YB I (1968-1970) S. 159 ff.

14 Diese Arbeitsgruppe (Working Group) bestand aus Vertretern von 14 Staaten. Den Vorsitz führte Professor Jorge Barrera Graf (Mexico). S. zur Einsetzung und Zusammensetzung der Arbeitsgruppe auch: Report of the Working Group on the International Sale of Goods, first session, 5-16 January 1970, YB I (1968-1970) S. 176 ff.

15 YB VII (1976) S. 89 ff.; YB IX (1978) S. 83 ff.

16 Denkschrift zum Übereinkommen, BR-Drs. 372/88 (12.8.88) S. 38.

17 Siehe YB IX (1978) S. 11, 13, Nr.15 ff.

18 Die Gesetzesmaterialien sind bei Honnold, Documentary History, zusammengefaßt.

19 Am 26.5.1981 von der Bundesrepublik.

20 In der ehemaligen Deutschen Demokratischen Republik war das Übereinkommen am 1.3.1990 in Kraft getreten.

21 Stand: 15. September 1992.

22 BGBl II S. 586; s. auch Gesetzentwurf der Bundesregierung mitsamt der Denkschrift, BR-

in Kraft trat.[23] CISG ist nach seinem Art.1 Abs.1 a) von deutschen Gerichten anzuwenden, wenn die Parteien eines Warenkaufvertrags ihre Niederlassungen in verschiedenen Vertragsstaaten haben. Dadurch gilt es z.B. im Verhältnis zu einem solch wichtigen Handelspartner wie den Vereinigten Staaten von Amerika, aber auch im Verhältnis zu vielen Entwicklungsländern, mit denen eine Einigung auf ein "neutrales" Recht oft schwierig war, deren nationale Rechtsordnungen aber nur schwer zugänglich und daher für den deutschen Partner gefährlich waren. CISG ist darüber hinaus nach seinem Art.1 Abs.1 b) auch im Verhältnis zu Nicht-Vertragsstaaten anzuwenden, wenn die Regeln des internationalen Privatrechts auf das materielle Recht eines Vertragsstaates, also z.B. deutsches Recht, verweisen. Danach war auch schon vor Inkrafttreten in Deutschland bei internationalen Kaufverträgen eine Befassung deutscher Gerichte mit dem Übereinkommen möglich: Da nach deutschem internationalen Privatrecht mangels anderweitiger Vereinbarung oder besonderer Anhaltspunkte das Verkäuferrecht anzuwenden ist (Art.28 Abs.2 EGBGB), haben deutsche Gerichte bei Importen aus Vertragsstaaten seit dem 1.1.1988 regelmäßig UN-Kaufrecht anzuwenden.[24] [25]

Im Hinblick auf diesen weiten Anwendungsbereich ist es sinnvoll und nötig, problematische Bestimmungen - insbesondere solche, deren Regelungsgegenstand in den einzelnen Rechtsordnungen jeweils unterschiedlich behandelt wird - zu untersuchen und somit zu einer einheitlichen, von den Rechtsvorstellungen des forums jeweils losgelösten Anwendung und Auslegung beizutragen.

III. Entstehungsgeschichte von Art.29 CISG

1. Vorläufer

Als Vorläufer dieser Vorschrift, die in EAG und EKG kein Pendant findet, werden häufig Artt.1 und 30 der UNCITRAL Arbitration Rules (1976) bezeichnet.[26] Der Text lautet folgendermaßen:

> Art.1:
> (1) Where the parties to a contract have agreed in writing that disputes in relation to that contract shall be referred to arbitration under the UNCITRAL Arbitration Rules, then such disputes shall be settled in accordance with these Rules subject to such modification as the parties may agree in writing.
> (2) These Rules shall govern the arbitration except that where any of these Rules is in conflict with a provision of the law applicable to the arbitration from which

---

Drs.372/88 vom 12.8.1988 und BT-Drs. 11/3076 vom 7.10.1988.

23 Für einen kurzen Überblick über CISG vgl. Schlechtriem, JZ 1988, 1037; Schwenzer, NJW 1990, 602.

24 Siehe z.B. LG Stuttgart, RIW 1989, 984, 985; OLG Frankfurt, NJW 1991, 3102 und NJW 1992, 633.

25 Es sei denn, diese Vertragsstaaten haben einen Vorbehalt nach Art.95 CISG erklärt, wie z.B. die USA und China, s. Art.2 VertragsG. Wichtige Handelspartner, die diesen Vorbehalt nicht erklärt haben, sind z.B. Frankreich und Italien. Siehe dazu Herber RIW 1987, 340 unter 6.

26 Vgl. z.B. den Sekretariatskommentar zu dem damaligen Art.18 des der Vollversammlung von UNCITRAL vorgelegten Entwurfes, YB IX (1978) S. 119.

the parties cannot derogate, that provision shall prevail.
Art.30:
A party who knows that any provision of, or requirement under, these Rules has not been complied with and yet proceeds with the arbitration without promptly stating his objection to such non-compliance, shall be deemed to have waived his right to object.[27]

Diese Vorschriften sind in ihrem Regelungsinhalt Art.29 Abs.2 CISG ähnlich: Die UNCITRAL Arbitration Rules sind wesensgemäß allgemeine Geschäftsbedingungen, die das Verfahren vor einem Schiedsgericht regeln. Sie werden durch schriftliche Vereinbarung Vertragsinhalt. Somit befindet sich im schriftlichen Vertrag eine Klausel (Art.1 Abs.1 der "Rules"), die für die Wirksamkeit von Änderungen der Verfahrensbestimmungen Schriftform verlangt. Impliziert wird dabei, daß diese Änderungen wirksam sind.[28] Allerdings wird einer Partei versagt, sich auf die Nichteinhaltung der Verfahrensvorschriften zu berufen, sofern sie den Mangel im Verfahren nicht umgehend rügt. Ähnlich wie bei Art.29 Abs.2 S.2 CISG bedeutet dies eine Präklusion von der Berufung auf die Schriftform für Änderungen. Hier ist jedoch zu beachten, daß Art.30 der UNCITRAL Arbitration Rules von Verzicht (*waiver*[29]) spricht, während Art.29 Abs.2 S.2 CISG eine Art Vertrauensschutz statuiert, so daß sich Unterschiede in der Anwendung ergeben können.

2. *Die Entwürfe und Beratungen zu Art.29 CISG*[30]

Eine Regelung von einvernehmlicher Änderung und Aufhebung von Kaufverträgen findet sich erstmals in Art.3A des Entwurfs eines Übereinkommens über den Abschluß von Verträgen über den internationalen Warenkauf, den die UNCITRAL-Arbeitsgruppe im Jahre 1977 zur Beratung auf ihrer 8. Sitzung in der Zeit vom 4. bis 14. Januar in New York vorlegte.[31] In dieser Sitzung wurde folgendes diskutiert: Fraglich

---

27 Übersetzung (der Verf.):
Art.1:
(1) Wenn Vertragsparteien in einer schriftlich abgefaßten Schiedsklausel die Anwendung der UNCITRAL Arbitration Rules vereinbart haben, sollen Streitigkeiten aus dem Vertragsverhältnis in Übereinstimmung mit diesen Regeln unter Berücksichtigung etwaiger schriftlich vereinbarter Änderungen geschlichtet werden.
(2) Diese Vorschriften sollen das Schiedsverfahren regeln, soweit nicht zwingende Vorschriften des ansonsten auf das Verfahren anwendbaren Rechtes eingreifen.

Art.30:
Eine Partei, die in Kenntnis der Abweichung von diesen Vorschriften vorbehaltlos mit dem Verfahren fortfährt, begibt sich des Rechtes, sich später auf diesen Fehler zu berufen.

28 Dem entspricht Art.29 Abs.2 S.1 CISG.

29 Siehe dazu eingehend unten S. 86 ff.

30 Hier sollen nur die wichtigeren Überlegungen und Phasen der Entstehung von Art. 29 CISG beschrieben werden, soweit sie für die weiteren Ausführungen interessant sind.

31 YB VIII (1977) S. 76 Nr.36, mit Kommentar des Sekretariats auf S. 95. Der vollständige Text von Art. 3A lautete:
(1) An agreement by the parties made in good faith to modify or rescind the contract which

war, ob die Vorschrift besser in den Entwurf eines Übereinkommens über den internationalen Warenkauf aufgenommen werden sollte, da Änderungs- und Rücktrittsvereinbarung nicht im eigentlichen Sinne den Vertragsabschluß beträfen. Hiervon wurde jedoch wegen der besonderen Bedeutung dieses Regelungsgegenstandes Abstand genommen.[32] Die Effektivität von Änderungs- und Rücktrittsvereinbarungen war in Art.3A Abs.1 S.1 des Entwurfs auf solche beschränkt, die guten Glaubens (*in good faith*) getroffen worden waren. Dies wurde sehr kritisiert, da der Terminus in verschiedenen Rechtsordnungen sehr unterschiedlich ausgelegt werden würde, und es gab diverse Vorschläge für eine klarere Fassung.[33] Eine Neuformulierung wandelte den Terminus "guten Glauben" (*good faith*) in "faires Vorgehen" (*in conformity with fair dealing*) um,[34] jedoch beschloß die Arbeitsgruppe schließlich, diese Voraussetzung ganz zu streichen.[35] Es wurde ferner festgestellt, daß durch Art.3A Abs.1 S.1 des Entwurfes der Wegfall der im angloamerikanischen Rechtssystem verlangten *consideration*[36] klargestellt werde und diese Vorschrift daher eine nützliche Funktion erfülle. In späteren Sitzungen wurde dies wiederholt und von neuem betont.[37] In Abs.1 S.2 enthielt Art.3A des Entwurfs eine dem heutigen Art.29 Abs.2 S.1 CISG entsprechende Regelung, die einer Schriftformklausel Wirksamkeit verlieh. In Absatz 2 wurde dies jedoch in einer detaillierten Regel/Ausnahme-Vorschrift wieder relativiert: Verhalten, auf das sich die andere Partei verlassen hat, könne einen Verzicht auf die Schriftformklausel darstellen. Dieser Verzicht könne jedoch bezüglich noch unerfüllter Vertragspflichten zurückgenommen werden, es sei denn, der andere habe sich auf diesen Verzicht schon so verlassen, daß die Rücknahme für ihn unzumutbare Unannehmlichkeiten oder Kosten verursachen würde. Ob eine Regelung der Schriftformklausel überhaupt beibehalten werden sollte, und wenn ja in welcher Form, war umstritten.[38] Eine Neuformulierung faßte schließlich die Regelung der Schriftformklauseln in Art.3A Abs.2 des Entwurfes zusammen, dessen Unterschied zum heutigen Art.29 Abs.2 CISG im wesentlichen nur darin besteht, daß einer Partei durch

---

excludes any modification or rescission unless in writing cannot be otherwise modified or rescinded.
(2) Action by one party on which the other party reasonably relies to his detriment may constitute a waiver of a provision in a contract which requires any modification or rescission to be in writing. A party who has waived a provision relating to an unperformed portion of the contract may retract the waiver. However, a waiver cannot be retracted if the retraction would result in unreasonable inconvenience or unreasonable expense to the other party because of his reliance on the waiver.

32 AaO. Nr.37. Diese Begründung ist allerdings nicht besonders aussagekräftig.

33 Zusammengefaßt in YB VIII (1977) S. 77 Nr.39.

34 AaO. Nr.44.

35 AaO. Nr.46.

36 Siehe dazu unten S. 44 ff.

37 Vgl. YB IX (1978) S. 72 Nr.139 [9. Sitzung der Arbeitsgruppe] und YB IX (1978) S. 45 Nr. 188 [11. Sitzung von UNCITRAL].

38 AaO. Nr.40-43.

ihr Vertrauen auf die Nichtgeltendmachung des Schriftformerfordernisses ein Nachteil erwachsen sein mußte.[39] Über diese Regelung konnte jedoch keine abschließende Einigung gefunden werden, so daß die weitere Diskussion darüber verschoben wurde.[40]

Die Diskussion über Art.3A des Entwurfs eines Übereinkommens über den Abschluß internationaler Warenkaufverträge wurde auf der 9. Sitzung der Arbeitsgruppe in Genf[41] fortgesetzt: Einen ausdrücklichen Hinweis darauf, daß sich die Vorschrift auch auf Novationen erstrecke, wurde als überflüssig abgelehnt.[42] Zu Art.3A Abs.2 des Entwurfs wurde unter anderem angeregt, generell die Schriftform für internationale Warenkaufverträge anzuordnen[43] oder den Absatz ganz zu streichen.[44] Beides wurde abgelehnt.[45] Der Antrag, die Bestimmung über den durch das Vertrauen herbeigeführten Schaden (*to his detriment*) zu streichen, wurde dagegen angenommen.[46] Art.3A des Entwurfs wurde später in Art.18 umnumeriert.[47]

UNCITRAL beriet über den so gefaßten Art.18 des Entwurfs des Abschlußabkommens auf ihrer 11. Sitzung in New York,[48] bei der folgendes diskutiert wurde: Zu Abs.2 wurde die Streichung des zweiten Satzes, der die Ausnahme von der Effektivität einer Schriftformklausel formuliert, oder des gesamten Absatzes vorgeschlagen. Dies wurde abgelehnt, da die Regelung als guter Interessenausgleich für die Parteien gewertet wurde.[49] Schließlich wurde Art.18 wegen der Zusammenfassung der Entwürfe des Kaufvertrags- und des Abschlußübereinkommens[50] in Art.27 des auf dieser Sitzung erarbeiteten sogenannten New Yorker Entwurfes umbenannt.[51]

---

39 AaO. Nr.45.

40 AaO. Nr.47; Der Text von Art. 3A lautete nun:
(1) The contract may be modified or rescinded merely by agreement of the parties.
(2) A written contract which contains a provision requiring any modification or rescission to be in writing may not be otherwise modified or rescinded. [However, a party may be precluded by his action from asserting such a provision to the extent that the other party has relied to his detriment on that action.]

41 19. bis 30. September 1977.

42 YB IX (1978) S. 72 Nr.140.

43 AaO. Nr.141 ff.

44 AaO. Nr. 145 ff.

45 AaO. Nr.144 und 148.

46 AaO. Nr.149 ff.

47 AaO. Nr.153. Siehe zu der Vorschrift in diesem Stadium auch den Kommentar des Generalsekretärs in YB IX (1978) S. 119 f. und die Zusammenfassung der Kommentare der einzelnen Staaten in YB IX (1978) S. 137. Der Text von Art. 18 lautete nun:
(1) The contract may be modified or rescinded by the mere agreement of the parties.
(2) A written contract which contains a provision requiring any modification or rescission to be in writing may not be otherwise modified or rescinded. However, a party may be precluded by his conduct from asserting such a provision to the extent that the other party has relied on that conduct.
(3) ...

48 30. Mai bis 16. Juni 1978.

49 YB IX (1978) S. 45 Nr.189-192.

50 YB IX (1978) S. 13 Nr.18.

51 AaO. Nr.194; Der Text dieses Art. 27 lautete nun:
(1) The contract may be modified or abrogated by the mere agreement of the parties.

Abschließend beriet das erste Kommittee der Diplomatischen Konferenz in Wien auf seiner 13. Sitzung[52] über diese Vorschrift. Im wesentlichen wurden die folgenden Vorschläge diskutiert: Die italienische Delegation wollte in einem Absatz 3 solche Schriftformklauseln, die sich in Allgemeinen Geschäftsbedingungen befinden, von der Wirkung des Absatzes 2 ausnehmen.[53] Unter Hinweis auf die typische Verbraucherschutzsituation, die in internationalen Verträgen der vorliegenden Art gerade nicht gegeben sei,[54] und mit Rücksicht darauf, daß das Übereinkommen auf eine Regelung des Rechts der Allgemeinen Geschäftsbedingungen generell verzichtet,[55] wurde dieser Vorschlag Italiens abgelehnt.[56] Der Vorschlag Norwegens, die Vorschrift des Art.27 in den Teil des Übereinkommens über den Vertragsabschluß zu verschieben, griff die schon früher eingehend geführte Diskussion über die systematische Stellung von Vertragsänderungen auf, die in den einzelstaatlichen Rechtsordnungen unterschiedlich beurteilt wird.[57] Auch diesmal konnte sich die Ansicht, Aufhebung und Änderung gehörten zum Vertragsabschluß, nicht durchsetzen. Darüber hinaus wurden gegen eine solche Verschiebung jedoch auch praktische Gesichtspunkte vorgetragen wie die bessere Verweisungsmöglichkeit der Vorbehaltsnorm in Art.11 des New Yorker Entwurfes (jetzt Art.12 CISG),[58] die Auswirkungen bei nur teilweiser Ratifizierung des Übereinkommens durch einzelne Staaten[59] oder die mögliche Wechselwirkung mit Art.25 des New Yorker Entwurfes (jetzt Art.27 CISG).[60] Diese Überlegungen waren wohl ausschlaggebend für das schließlich erzielte Abstimmungsergebnis, die Stellung der Vorschrift nicht zu verändern.[61]

Bei der endgültigen Durchformulierung wurde die Vorschrift zu Art. 29 CISG umnumeriert.

Die Formulierung des englischen Textes hinsichtlich des in der deutschen Übersetzung nun verwendeten Begriffs der Aufhebung lautete zunächst "rescission" (Art.18 des Arbeitsgruppenentwurfs), dann "abrogation" (Art.27 New Yorker Entwurf) und wurde schließlich zu "termination" (Art.29 CISG), ohne daß hierfür besondere Gründe ersichtlich sind.

---

(2) A written contract which contains a provision requiring any modification or abrogation to be in writing may not be otherwise modified or abrogated. However, a party may be precluded by his conduct from asserting such a provision to the extent that the other party has relied on that conduct.

52 19. März 1980.

53 O.R. S. 305 Nr.56.

54 O.R. S. 306 Nr.58.

55 AaO. Nr.59.

56 AaO. Nr.60.

57 Vgl. die Stellungnahmen der Delegierten aus Norwegen (O.R. S. 306 Nr.61), Ungarn (aaO. Nr.64), Frankreich (aaO. Nr.65), Indien (aaO. Nr.66), Ägypten (aaO. Nr.68) und Rumänien (aaO. Nr.70).

58 AaO. Nr.61.

59 AaO. Nr.71 und 73.

60 AaO. Nr.69.

61 AaO. Nr.74.

IV. Begriff der Änderung und Aufhebung

1. Deutsches Recht

Sowohl die Änderung wie auch die einvernehmliche Aufhebung eines Vertrages bedürfen ihrerseits eines Vertrages zwischen den ursprünglichen Parteien. Durch die Änderung werden einzelne Vertragspflichten aufgehoben, eingeschränkt, erweitert oder ergänzt, durch die Aufhebung wird das gesamte Vertragsverhältnis zum Erlöschen gebracht oder in ein Rückgewährschuldverhältnis umgestaltet. Dabei haben es die Parteien in der Hand, Art und Umfang der Umgestaltung oder Auflösung ihrer Vertragsbeziehung sowie die Rechtsfolgen im einzelnen durch Vereinbarung festzulegen.[1] Aufhebungs- und Änderungsverträge werden in der Literatur meist als gemeinsame Verfügung beider Vertragsteile über das Schuldverhältnis als ganzes aufgefaßt,[2] es ist aber auch möglich, sie in einzelne, z.T. kausale und z.T. abstrakte Rechtsgeschäfte zu untergliedern. Auf eine vollständige Vertragsaufhebung zielen Schuldersetzung oder Novation[3] und ein gegenseitiger vollständiger Erlaß der Forderungen aus dem ursprünglichen Vertrag. Eine Vertragsänderung kann ebenfalls durch unterschiedliche Einzelverträge erreicht werden, z.B. durch den einseitigen Erlaß einer (Teil-)Schuld (§ 397 Abs.1 BGB), durch das negative Schuldanerkenntnis (§ 397 Abs.2 BGB), durch eine Annahme an Erfüllungs Statt (§ 364 Abs.1 BGB) oder erfüllungshalber und bei bestrittenen Forderungen durch den Vergleich.[4] Maßgeblich ist hier nicht, welcher Art eine gegenseitige Vereinbarung ist, sondern nur, welche Auswirkungen sie auf die ursprünglichen Verpflichtungen hat: Werden bei bestehendem Schuldverhältnis im Einvernehmen aller Parteien einzelne Forderungen aufgehoben oder verändert oder neue Pflichten geschaffen, so handelt es sich um eine Vertragsänderung. Fallen dagegen einvernehmlich alle bestehenden Pflichten rückwirkend oder ex nunc vollständig weg, so liegt eine Vertragsaufhebung vor. Wird dabei das Vertragsverhältnis in ein Rückgewährschuldverhältnis umgestaltet,[5] so ist dies nach der Systematik des deutschen Rechts eine Vertragsaufhebung. Es ist jedoch gleichfalls möglich, dies als Änderung zu bezeichnen, da das ursprüngliche Vertragsverhältnis mit geänderten Pflichten fortbesteht.

---

1 Zu den Einzelheiten vgl. unten S. 172 ff.

2 Vgl. MünchKomm/Söllner § 305 Rn.8, 30; m.w.N. Enneccerus/Lehmann § 74.1, S. 295, Gernhuber, § 17.2, S. 366 und m.w.N. Larenz SchR AT § 7 II, S. 89, § 19 II b), S. 273; Flume § 11 5.a), S. 141.

3 Hierunter fällt - anders als im amerikanischen Recht vgl. sogleich S.31 Fn.7 - nach der Rechtsprechung auch das Anerkenntnis einer Saldoforderung im Rahmen eines kaufmännischen Kontokorrentverhältnisses (§§ 355 ff. HGB). Diese Ansicht wird aber zunehmend von der Lehre bestritten, die die alten Forderungen bestehen läßt und das Anerkenntnis als eine nur erfüllungshalber aufgenommene Verpflichtung interpretiert, vgl. Larenz SchR AT § 7 III, S. 92; HGB-Großkomm./Canaris, § 355 HGB Rn.88 ff.

4 Vgl. auch Staudinger/Löwisch § 305 Rn.39.

5 Vgl. zu den Einzelheiten hierzu unten S. 172 ff.

2. Amerikanisches Recht

Der englische Ausdruck für Änderung ist *variation* oder *modification*, der für Aufhebung ist *rescission*. Jedoch gibt es hier wie im deutschen Recht zahlreiche andere Rechtsgeschäfte, die in ihrer Wirkung auf eine Änderung oder Aufhebung abzielen und diesen daher gleichzustellen sind:[6] *Substituted contract* (Schuldersetzung) und *novation* (Novation) sowie *mutual release* (gegenseitiger Erlaß) bewirken eine einvernehmliche Aufhebung des ursprünglichen Vertrages. *Accord executory* (entspricht in etwa der Annahme erfüllungshalber), *accord & satisfaction* (entspricht in etwa der Annahme an Erfüllungs Statt), *release* (Erlaß) und *compromise & settlement* (Vergleich) und unter Umständen auch *account stated*[7] (Saldoanerkenntnis) zielen auf die Abänderung des Vertrages. Auch hier ist jeweils nur der Effekt einer Vereinbarung als den ursprünglichen Vertrag ändernd oder aufhebend maßgeblich, nicht, wie sie sich im einzelnen eingruppieren läßt. Auf sie sind dann die allgemeinen Vorschriften über Vereinbarungen allgemein und über Vertragsänderung oder -aufhebung anzuwenden.[8]

3. Art.29 CISG

Der Anwendungsbereich von Art.29 CISG umfaßt nachträgliche einvernehmliche Änderungen und die Aufhebung des ursprünglichen Warenkaufvertrags. Wie soeben gezeigt, lassen sich in den einzelnen Rechtsordnungen verschiedene Arten von Vereinbarungen darunter fassen. Im Rahmen von Art.29 Abs.1 CISG darf die Auslegung, ob eine Vereinbarung darunter fällt, gemäß Art.7 CISG nicht alleine nach dem Namen getroffen werden, den ein innerstaatliches Recht Typen von Vereinbarungen verleiht. So würden die unter dem EKG entschiedenen Fälle, die eine Erlaßvereinbarung bzw. einen Vergleich aus dem Anwendungsbereich des EKG herausfallen ließen,[9] heute unter Art.29 CISG fallen, da solche Fälle dort als Aufhebung und Änderung geregelt sind. Daß sie darüber hinaus auch nach nationalem Recht noch als etwas anderes bezeichnet werden, ist unbeachtlich. Es muß unabhängig von jeder Kategorisierung nach nationalem Recht das ursprüngliche Vertragsverhältnis mit dem Vertragsverhältnis nach der Vereinbarung verglichen werden. Hat sich durch die Vereinbarung etwas geändert (z.B. durch Einschränkung oder Erweiterung der alten oder Aufnahme neuer Pflichten) oder sind alle Pflichten restlos weggefallen, so ist Art.29 Abs.1 CISG

---

6 Siehe dazu z.B. Calamari/Perillo § 21-1 bis § 21-13, S. 863-883 und ausführlich Farnsworth, Contracts, § 4.23, Bd.1 S. 466-478.

7 Anders als nach der noch herrschenden Meinung im deutschen Recht (vgl. oben S. 30 Fn.3) beinhaltet die Figur des *account stated* nicht für sich eine Abänderung des Vertrages, sondern nur dann, wenn die Auslegung ergibt, daß die Parteien die ursprünglichen Vereinbarungen abändern oder sich über streitige Forderungen vergleichen wollten, vgl. 6 Corbin Ch.72, §§ 1303 ff., S. 234 ff., insb. S. 240-243.

8 Vgl. z.B. 15A Am.Jur.2d, Compromise & Settlement § 7, S. 779, und § 10, S. 782; 6 Corbin § 1281 f., S. 135-141, § 1293, S. 188.

9 OLG Koblenz (1.3.1985), Magnus/Schlechtriem, Art.2 EKG Nr.9 = Art.17 EKG Nr.11; LG Marburg (24.5.1984), Schlechtriem/Magnus, Art.8 EKG Nr.14. Siehe dazu unten S. 109.

anwendbar.[10] Dies war ersichtlich auch die Meinung der verhandelnden Staaten, die es für selbstverständlich hielten, daß die Vorschrift auch die Schuldersetzung regelte.[11] Bei Art.29 Abs.2 CISG ergibt sich der Anwendungsbereich aus der ursprünglichen Vereinbarung selbst. Inwieweit eine spätere Vereinbarung von der Klausel erfaßt ist, ist nach dem objektiv erklärten Parteiwillen zu bestimmen.[12]

Wegen des engen Zusammenhanges von Aufhebung und Änderung - durch Aufsplitterung in Einzelvereinbarungen läßt sich beinahe in jeder Vertragsänderung auch eine (Teil)aufhebung entdecken; andererseits kann bei Einbeziehung von nicht abgewickelten Nebenpflichten oder bei der Umgestaltung des Vertragsverhältnisses in ein Rückgewährschuldverhältnis eine Vertragsaufhebung oft auch als Änderung qualifiziert werden[13] - bestehen nur in wenigen Bereichen Unterschiede in der rechtlichen Beurteilung. Daher soll im folgenden auf beide Vereinbarungsformen gemeinsam unter Darstellung der sich im Einzelfall ergebenden Besonderheiten eingegangen werden.

---

10 Vgl. dazu v.Caemmerer/Schlechtriem/Schlechtriem, Art.29 Rn.2, 6: Ergänzungen des Vertrages seien von Art.29 CISG erfaßt.

11 YB IX (1978) S. 72 Nr.140, vgl. oben S. 28.

12 Art.8 CISG.

13 Vgl. oben S. 30.

Teil II: Gesetzliche Voraussetzungen der Wirksamkeit von Aufhebung und Änderung im deutschen, amerikanischen Recht und im Einheitskaufrecht

I. Deutsches Recht

1. Allgemeines

Die Möglichkeit zur Aufhebung und Änderung von schuldrechtlichen Verträgen (also auch von Kaufverträgen) folgt aus der Privatautonomie, die es als Teil des allgemeinen Prinzips der menschlichen Selbstbestimmung dem einzelnen überläßt, seine Rechtsverhältnisse nach eigenem Willen zu gestalten.[1] Die Privatautonomie umfaßt die Vertragsfreiheit, die verfassungsrechtlich insbesonders durch Art.2 GG gewährleistet ist.[2] Danach ist dem einzelnen neben der Freiheit, Verträge inhaltlich nach eigenem Willen zu gestalten,[3] die Abschlußfreiheit gegeben, die neben Ablehnungs- und Partnerwahlfreiheit auch die Lösungsfreiheit, d.h. die Freiheit, einen geschlossenen Vertrag wieder zu ändern oder aufzuheben, einbegreift.[4] Während die Möglichkeit der Vertragsänderung in § 305 BGB vorausgesetzt wird, wurde die unbestrittene Möglichkeit der Vertragsaufhebung[5] vom Gesetzgeber nicht ausdrücklich erwähnt, da sie für ihn selbstverständlich war.[6] Beide sind nicht vertraglich ausschließbar, da Aufhebung und Änderung Verfügungen sind und gemäß § 137 S.1 BGB die Verfügungsmacht nicht vertraglich ausgeschlossen werden kann.[7] [8]

Für die einvernehmliche Aufhebung eines Vertrages ist der Abschluß eines zweiten Vertrages, des Aufhebungsvertrages, erforderlich.[9] Die "einseitige" vertragliche Aufhebung ist möglich bei vereinbartem Kündigungs- oder Rücktrittsrecht. Allerdings liegt dann in der Kündigungs -bzw. Rücktrittsklausel sozusagen das antezipierte

---

1 Flume § 1 1., S. 1.

2 BVerfGE 12, 341, 347; in neuerer Zeit vgl. BVerfG NJW 1984, 467; s. BGHZ 70, 313, 324. Zur Rechtsprechung des Bundesverfassungsgerichts vgl. Niebler, S. 131, 142-158.

3 Gestaltungs- oder Inhaltsfreiheit, vgl. § 305 BGB.

4 Jauernig/Vollkommer § 305 II 6b.

5 Vgl. Erman/Battes § 305 Rn.19; Palandt/Heinrichs § 305 Rn.7; Jauernig/Vollkommer § 305 II 6b.

6 Mot. II 79 (Mugdan II, 43 f.); Larenz AT § 29 III, S. 549; s. kurze geschichtliche Darstellung bei Flume § 33.5, S. 607.

7 Auch soweit in der Aufhebungsvereinbarung Rückgewähr-, Schadensersatz- oder ähnliche Pflichten begründet werden (s. dazu unten S. 173 ff.) und es sich somit um einen Verpflichtungsvertrag handelt, kann die Möglichkeit dazu nicht vertraglich ausgeschlossen werden, denn die Vertragsfreiheit kann keine Vereinbarungen zulassen, durch die sie selbst völlig aufgehoben wird.

8 Möglich bleibt es allerdings, im ursprünglichen Vertrag eine Kostenregelung o.ä. für den Fall der Aufhebung oder der Änderung zu vereinbaren. Eine Beschränkung der Aufhebbar- oder Änderbarkeit eines Vertrages durch Vereinbarung von Formklauseln wird (entgegen § 137 BGB) jedoch z.T. für zulässig erachtet, z.B. BGHZ 66, 378. Vgl. dazu unten Teil III.

9 "Contrarius consensus", vgl z.B. Palandt/Heinrichs § 305 Rn.7, Jauernig/Vollkommer § 305 II 6 b. Zu den Grundlagen des "contrarius consensus" im römischen Recht vgl. Happek, Arch.Bürg.R. 35 (1920) 404-447.

Einverständnis mit der Aufhebung, so daß auch hier gewissermaßen eine zweiseitige Vereinbarung besteht.[10] Nach § 305 BGB ist zur Änderung eines Schuldverhältnisses (also ebenfalls zur Änderung eines Kaufvertrages) ein Vertrag zwischen den Beteiligten erforderlich. Dabei ist in aller Regel die bloße Vereinbarung wirksam und für alle Beteiligten bindend. Mögliche Einschränkungen ergeben sich lediglich, wenn Rechte Dritter tangiert werden, oder wenn ausnahmsweise eine gesetzliche Formvorschrift eingreift.[11]

2. Auf den Abschluß anwendbare Vorschriften

Auf den Aufhebungs- und den Änderungsvertrag finden wie auf alle Verträge die Regeln über den Vertragsschluß, §§ 145 ff. BGB, Anwendung. Für die Wirksamkeit der einzelnen Willenserklärungen sind die §§ 104 ff. BGB maßgeblich.

3. Rechte Dritter

Die Ausgestaltung eines Vertrages als Vertrag zugunsten Dritter (§ 328 Abs.1 BGB) berührt die Aufhebbarkeit und Änderbarkeit des Vertrages selbst nicht; es ergeben sich aber besondere Rückabwicklungsprobleme: Nach § 328 Abs.1 BGB können die Parteien eines Vertrages vereinbaren, daß die von einem Teil versprochene Leistung direkt an einen Dritten erbracht werden soll und dieser Dritte eine unmittelbare Forderung bezüglich dieser Leistung gegen den Versprechenden erhält. Dabei ist das Vertragsverhältnis zwischen den beiden Parteien das eigentliche, die Rechtsbeziehungen prägende Verhältnis (Grundverhältnis). Es wird auch Deckungsverhältnis genannt, da der Versprechende aus ihm die Deckung, also die Gegenleistung für sein Versprechen, an den Dritten zu leisten, erhält. Rechtsgrund für den Dritten, die an ihn versprochene Leistung auch behalten zu dürfen, ist das Zuwendungs- oder Valutaverhältnis zwischen ihm und dem Versprechensempfänger. Häufig wird der Dritte Gläubiger des Versprechensempfängers sein, zuweilen wird auch Schenkung vorliegen. Dagegen ist das Vollzugs- oder Drittverhältnis zwischen Versprechendem und Dritten nicht als Vertragsverhältnis ausgestaltet. Das Forderungsrecht des Dritten gegen den Versprechenden ist vielmehr ein abgespaltener Teil des Deckungsverhältnisses.[12]

Einschränkungen für die freie Aufhebbarkeit und Änderbarkeit können sich für dieses Forderungsrecht ergeben, nämlich dann, wenn Versprechender und Versprechensempfänger vereinbart haben, daß dem Dritten die Forderung unwiderruflich, d.h. nicht ohne seine Zustimmung aufhebbar oder änderbar, zustehen soll. Ob dies der Fall ist, ist gemäß § 328 Abs.2 BGB jeweils durch Auslegung zu ermitteln. Das Deckungsverhältnis wird hiervon grundsätzlich nicht berührt, so daß der diesem Verhältnis

---

10 Die Möglichkeit, bei Leistungsstörungen etc. den Kaufvertrag aufzuheben und rückabzuwickeln soll hier außer Betracht bleiben.

11 Siehe dazu sogleich unten unter 3. und 4.

12 Vgl. statt vieler Palandt/Heinrichs Einf.v. § 328 Rn.3-5.

zugrundeliegende Vertrag jederzeit aufgehoben oder geändert werden kann.[13] Die unwiderrufliche Forderung des Dritten ist dann gegebenenfalls im Rahmen einer Rückabwicklung oder eines Bereicherungsausgleichs[14] zu beachten, hat aber auf die Gestaltungsmacht der Parteien keinen Einfluß.

Eingeschränkt ist die Möglichkeit zur Aufhebung und Änderung selbstverständlich dann, wenn einer der Vertragsschließenden gar nicht mehr Inhaber des vertraglichen Anspruchs ist, z.B. bei vorheriger Abtretung. Hier hat der Betreffende seine Verfügungsmacht über die Forderung verloren. Anders als bei dem Recht aus § 328 BGB ergibt sich dies aber nicht aus dem Kaufvertrag selbst, sondern aus anderen, nicht mehr im Bereich des Kaufrechts liegenden Vereinbarungen. Dieser Fall soll daher außer Betracht bleiben.

4. Formvorschriften für Aufhebungs- und Änderungsvereinbarung

a) Aufhebung

Selbst wenn gesetzliche Formvorschriften für die Begründung des Vertrags bestehen,[15] soll sich deren Anwendungsbereich nicht auf die Aufhebung erstrecken, die dann formfrei möglich ist.[16] Anderes gilt nur, wenn die Vereinbarung auch einen verpflichtenden Teil enthält (z.B. Regelung der Rückgewähr[17]) und eine der Neuverpflichtungen einer gesetzlichen Formvorschrift[18] unterfällt. Dies kann dann aber, wie oben dargestellt,[19] statt als Aufhebung des Vertrags auch als Änderung bezeichnet werden.

b) Änderung

Nicht uneingeschränkt formlos änderbar sind Verträge, bei denen für die Begründung der zu ändernden Verpflichtung bestimmte Formerfordernisse bestehen. Änderungen bedürfen derselben Form, wenn der Zweck der entsprechenden Formvorschrift ihre Anwendung gebietet,[20] d.h., wenn die Verpflichtung, deren Übernahme gesetzlich an eine bestimmte Form gebunden ist, verschärft, erweitert oder auf andere Art nicht lediglich erleichternd verändert wird. Dasselbe gilt, wenn die betreffende Formvorschrift im Interesse der Rechtsklarheit aufgestellt ist.[21] Bei den hier betrachteten Warenkaufverträgen gilt der Grundsatz der Formfreiheit. Formvorschriften greifen nur

---

13 Dies voraussetzend etwa BGH NJW 1986, 1165.

14 Ob eines von beiden - und ggf. welches - in Betracht kommt, bestimmt sich aus der Parteivereinbarung, vgl. unten S. 173 ff.

15 Bei Warenkaufverträgen ist dies die Ausnahme.

16 So entschieden für den Tarifvertrag, BAG BB 1977, 94; s. Palandt/Heinrichs § 305 Rn.7; MünchKomm/Söllner § 305 Rn.28.

17 Vgl. u. S. 172 ff.

18 Zur Bedeutung vertraglicher Schriftformklauseln s.u. Teil III.

19 Vgl. S. 30.

20 MünchKomm/Söllner § 305 Rn.20; Staudinger/Löwisch § 305 Rn.36.

21 Siehe BGH NJW 1974, 271; Staudinger/Löwisch § 305 Rn.36; MünchKomm/Förschler § 125 Rn.16 m.w.N.

in Ausnahmefällen ein. In Betracht kommen etwa der frühere § 1 a) AbzG, heute § 4 Abs.1 S.1 VerbrKrG,[22] § 34 GWB,[23] öffentlich-rechtliche Vorschriften wie § 54 GemO BW,[24] sowie §§ 311, 2371, 313 BGB, wenn die verkauften Waren das gesamte Vermögen oder eine Erbschaft darstellen oder als Zubehör von Grundstücken verkauft werden.[25]

5. *Rechtsbehelfe bei Formmangel*

a) Schadensersatz aus Verschulden bei Vertragsschluß (c.i.c.)[26]

Führt eine Partei bei dem Abschluß eines formbedürftigen Rechtsgeschäftes schuldhaft die Formungültigkeit herbei und verletzt sie dadurch ihre vorvertraglichen Sorgfalts- und Aufklärungspflichten, so ist anerkannt, daß die andere Partei einen Anspruch auf Schadensersatz aus dem Rechtsinstitut der culpa in contrahendo haben kann.[27] Ausgeschlossen ist ein solcher Anspruch allerdings, wenn beide Parteien die Formbedürftigkeit kannten, da sie dann das von ihnen angenommene Risiko der Formnichtigkeit tragen müssen,[28] selbst wenn eine Partei der anderen ihre Erfüllungsbereitschaft zugesichert hat.[29] Desgleichen ist ein Schadensersatzanspruch in der Regel nicht gegeben, wenn beide Parteien davon ausgingen, daß der Vertrag formlos gültig wäre, denn für ihren Irrtum hat jede Partei grundsätzlich selbst einzustehen.[30] In Betracht kommen Ansprüche aus c.i.c. vor allem, wenn (nur) eine Partei die Formbedürftigkeit kannte. Auch dafür müssen aber besondere Umstände gegeben sein, da es grundsätzlich jeder Partei selbst obliegt, sich die erforderlichen Rechtskenntnisse zu verschaffen.[31] Ob der Schadensersatzanspruch dann nur das negative Interesse, eventuell

---

22 Da das Abzahlungsgesetz und das Verbraucherkreditgesetz aber auf Konsumentenschutz abzielen und CISG auf Endverbraucherverträge nach seinem Art.2 a) i.d.R. gerade keine Anwendung findet, ist hier eine Kollision mit CISG so gut wie ausgeschlossen.

23 Siehe zur hierbei erforderlichen Form bei Ergänzung eines Vertrages OLG Köln, EWiR § 34 GWB 1/90 (Thamm/Detzer).

24 Oder die entsprechenden Vorschriften der Gemeindeordnungen der anderen Länder.

25 Zu Formvorschriften nach EG-Recht vgl. BGH NJW 1983, 519, 521 [§ 34 GWB wird von Schriftformerfordernissen nach EG-Recht verdrängt]. Zu den vertraglich vereinbarten Formvorschriften für Vertragsänderungen s.u. Teil III.

26 Siehe hierzu eingehend Reinicke, DB 1967, 109.

27 Vgl. z.B. MünchKomm/Förschler § 125 Rn.43-45; Soergel/Hefermehl § 125 Rn.38; Staudinger/Dilcher § 125 Rn.37.

28 Reinicke, DB 1967, 109.

29 RG Z 117, 124 (Edelmannfall); vgl. aber BGH Z 48, 396, 399; MünchKomm/Förschler § 125 Rn.44;

30 Reinicke, aaO.; BGH NJW 1973, 1455, 1456.

31 Etwa bei schuldhaft falscher Information oder Inanspruchnahme besonderen Vertrauens durch eine der Parteien. Die entschiedenen Fälle betrafen insbesondere gemeinnützige Wohnungsbau- und Siedlungsunternehmen, die eine Vielzahl von standardisierten Kaufverträgen schlossen, die später nicht beurkundet wurden. Die Siedler hatten dabei der Versicherung, daß mit der Unterzeichnung des ausführlichen Vertragswerkes alles in Ordnung sei, vertraut. Der Bundesgerichtshof legte daher dem Unternehmen, das die Vertragsbedingungen und -verhandlungsabläufe diktiert hatte, die Pflicht auf, sich genügend zu informieren und dies den Siedlern auch mitzuteilen. Durch die Verletzung dieser Pflicht entstanden Schadensersatz-

begrenzt durch das positive Interesse, umfaßt oder ob auch Schadensersatz wegen Nichterfüllung verlangt werden kann, wenn ohne die Pflichtverletzung ein formgültiger Vertrag zustande gekommen wäre, ist im einzelnen umstritten.[32] Bei den hier betrachteten Vereinbarungen über die Aufhebung oder Änderung von Verträgen käme als Rechtsgrundlage eines entsprechenden Schadensersatzanspruchs eher das Rechtsinstitut der positiven Vertragsverletzung in Betracht, da ja schon ein Vertragsverhältnis zwischen den Parteien bestand, aus dem sich Nebenpflichten ergeben haben können. Von der Rechtsfolge her sollten sich daraus jedoch keine Unterschiede ergeben, da die Interessenlage identisch ist.

Im Anwendungsbereich von CISG ist eine solche Haftung allerdings weder bei Vertragsschluß noch bei späteren Vereinbarungen denkbar, da für beides Formfreiheit besteht (Artt.11, 29 Abs.1 CISG). Bei der nach Art.29 Abs.2 CISG bindenden vereinbarten Schriftform kennen die Parteien die Formbedürftigkeit und müssen auf deren Einhaltung jeweils selbst achten.

b) Treu und Glauben (§ 242 BGB)

In seltenen Ausnahmefällen kann einer Partei nach Treu und Glauben (§ 242 BGB) die Berufung auf die Formnichtigkeit (§ 125 S.1 BGB) versagt sein.[33] Dann müßte aber die Nichtigkeitsfolge unter Berücksichtigung aller Umstände, auch eventueller Schadensersatzansprüche, etwa aus c.i.c.,[34] nicht nur ein hartes, sondern ein schlechthin untragbares Ergebnis für den Betroffenen sein,[35] der auf die volle Wirksamkeit des Rechtsgeschäfts vertraut hatte.[36] Diese Rechtsprechung wurde zunächst zu § 313 BGB entwickelt, ist aber auf andere Vorschriften entsprechend anwendbar, wobei jeweils

---

ansprüche aus c.i.c., vgl. BGH WM 1965, 315, 316; WM 1965, 674, 675; s. dazu auch BGH NJW 1969, 1167, 1169.

32 Vgl. eingehend Reinicke, DB 1967, 109 ff.; S. auch Soergel/Hefermehl § 125 Rn.42; MünchKomm/Förschler § 125 Rn.47; Flume § 15 III 4, S. 282 ff.; Alternativkomm/Hart § 125 Rn.20.

33 Seit RGZ 153, 56, 61 st.Rspr.; wie dieses Ergebnis systematisch einzuordnen ist, ist umstritten. Die Rechtsprechung sieht § 125 BGB als materiell-rechtlich durch § 242 BGB unmittelbar begrenzt an (BGH Z 12, 286, 304). Die überwiegende Ansicht in der Literatur geht dagegen dahin, bei im einzelnen unterschiedlichen Ansätzen aus § 242 BGB einen auf die Formnichtigkeit gestützten Haftungstatbestand herzuleiten, vgl. z.B. Canaris, S. 274-276; Flume, § 15 III 4 a), S. 270; Reinicke, S. 35-38; Soergel/Hefermehl § 125 Rn.40.

34 Siehe dazu die obigen Ausführungen. Das Verhältnis von § 242 BGB zu eventuell gegebenen Schadensersatzansprüchen ist nicht eindeutig. Während die einen primär die Ansprüche aus c.i.c etc. ausschöpfen wollen, bevor sie sozusagen als ultima ratio § 242 BGB eingreifen lassen, bejahen die anderen die Voraussetzungen der c.i.c. nur, wenn kein "untragbares Ergebnis" vorliegt. Vgl. zum einen MünchKomm/Förschler § 125 Rn.58; Soergel/Hefermehl § 125 Rn.44; Reinicke, DB 1967, 109; und zum anderen Alternativkomm/Hart § 125 Rn.20.

35 M.w.N. BGH WM 1975, 796; vgl. im übrigen die umfangreichen Nachweise bei Häsemeyer, S. 61, Fn.144; zur Kritik dieser Formel als nichtssagend vgl. Canaris, S. 289, und Larenz, SchR AT, § 10 III, S. 147.

36 Der Grundsatz von Treu und Glauben ist wie das Rechtsinstitut der c.i.c. (s.o. S. 36) nach der Rechtsprechung daher in der Regel unanwendbar, wenn beide Parteien den Formmangel kannten, BGH WM 1965, 1113, 1114; BGH NJW 1973, 1455, 1456; davon wird aber eine Ausnahme gemacht, wenn eine Partei die andere von der Einhaltung der Form abgehalten hat, vgl. BGH Z 48, 396, 399.

der Zweck der Vorschrift beachtet werden muß.[37] So soll wegen des besonderen Zwecks der Gewährleistung der behördlichen Kontrolle bei dem schon oben genannten § 34 GWB die Berufung auf § 242 BGB nie durchgreifen.[38]

Die für eine Versagung der Berufung auf die Formbedürftigkeit gebildeten Fallgruppen faßt der Bundesgerichtshof heute so zusammen, daß durch die Formnichtigkeit entweder die Existenz des Betroffenen gefährdet sein oder eine besonders schwere Treupflichtverletzung des anderen Vertragspartners vorliegen muß.[39] Dieser Rechtsprechung lagen folgende Sachverhalte zugrunde: In einem Fall, in dem es um die Wirksamkeit eines Siedlungsvertrages ging,[40] hat der BGH einen Verstoß gegen Treu und Glauben darin gesehen, daß das Wohnungsbauunternehmen, das eine weitgehende Betreuungspflicht gegenüber den Siedlern gehabt habe und dem berechtigterweise das Vertrauen entgegengebracht worden sei, es werde diese Pflicht durch Verschaffung einer gesicherten Rechtsstellung für die Siedler erfüllen, sich weiterhin offenhielt, den Kaufvertrag über das Grundstück für gültig oder ungültig zu betrachten. Dieser Schwebezustand sei für die Siedler ein untragbarer Zustand, dem nur durch die Schaffung der gesicherten Rechtsposition abgeholfen werden könne.[41] In einem späteren Fall sah der Bundesgerichtshof eine rechtsmißbräuchliche Berufung auf die fehlende Form darin, daß der Verkäufer eines Grundstücks den Formmangel selbst herbeigeführt hatte, um sich später, nachdem er mit dem gezahlten Teilkaufpreis aus einer finanziellen Notsituation herausgelangt sein würde, wieder von dem Vertrag lösen zu können.[42] Ferner hat der Bundesgerichtshof einen Verstoß gegen Treu und Glauben desjenigen bejaht, der den anderen unter Einsatz seines wirtschaftlichen Gewichtes und seines Ansehens von der Einhaltung der Form abgehalten hatte, indem er nachdrücklich darauf hingewiesen hatte, die Erfüllung auch eines formnichtigen Vertrages sei für ihn selbstverständlich.[43]

Später hat die Rechtsprechung auch noch weniger gravierende Fälle als Verstöße gegen § 242 BGB angesehen: Haben die Parteien etwa einen notariell beurkundeten Kaufvertrag über ein Grundstück geschlossen, ohne eine schon erfolgte Anzahlung zu erwähnen, so handele der Verkäufer, der die Ausstellung einer Quittung über die Anzahlung verweigert und den Empfang des Betrages im Prozeß zunächst bestritten, dann die Vereinbarung eines um diese Anzahlung erhöhten Preises behauptet habe, arglistig und treuwidrig. Nach dem Bundesgerichtshof ist ihm daher die Berufung auf

---

37 Vgl. Palandt/Heinrichs § 125 Rn.17, 27.

38 BGH NJW 1978, 823, 824; OLG Karlsruhe WRP 1979, 480 m.w.N.; a.A. allerdings OLG Frankfurt GRUR 1978, 184.

39 M.w.N. BGH NJW 1975, 43; BGHZ 85, 315, 319; BGH NJW 1987, 1069, 1070; BGH WM 1988, 1369.

40 An diesen Fällen hatte sich auch die Rechtsprechung zur Haftung aus c.i.c. bei Formnichtigkeit entwickelt, vgl. oben S. 36 Fn. 31.

41 BGH Z 16, 335, 338.

42 BGH Z 29, 6, 12; kritisch hierzu eingehend Canaris, S. 298; Reinicke, S. 69.

43 Vgl. m.w.N. BGH Z 48, 369, 399.

die Formnichtigkeit versagt.[44] Auch wenn die Parteien einen formungültigen Vertrag über längere Zeit als wirksam erachtet haben und der Teil, der sich nun auf die fehlende Form beruft, daraus schon erhebliche Vorteile gezogen hat, könne sich keine Partei mehr mit Hinweis auf Formvorschriften davon lossagen.[45] Bei einer Vertragsänderung schließlich hat der Bundesgerichtshof die Berufung auf die Formnichtigkeit des gesamten Vertrags, die durch die formlose Änderung herbeigeführt wird, nach § 242 BGB demjenigen versagt, zu dessen ausschließlichen Gunsten die Änderung erfolgte.[46] Dagegen sieht der Bundesgerichtshof die Berufung auf die fehlende Form nicht für treuwidrig an, wenn dem anderen Teil hierdurch lediglich wirtschaftliche Nachteile entstehen oder wenn die Parteien den Vertrag in Kenntnis der Formnichtigkeit längere Zeit als verbindlich betrachtet und im Vertrauen auf das Zustandekommen eines notariellen Vertrages erhebliche Leistungen ausgetauscht haben.[47]

Auch in der Literatur findet das Problem der Modifizierung der Rechtsfolgen von § 125 BGB durch den Grundsatz von Treu und Glauben viel Aufmerksamkeit. Während einige Autoren im wesentlichen den Standpunkt der Rechtsprechung präzisieren und systematisch darstellen,[48] haben andere eigene Lösungsansätze entwickelt. Zum Teil wird dabei eine Durchbrechung der Formnichtigkeit vollends abgelehnt,[49] zum Teil nur bei arglistiger Täuschung bejaht.[50] Besonders ausführlich werden einzelne Kriterien bei folgenden Autoren herausgearbeitet: Canaris hat - eingebettet in sein allgemeines System der Vertrauenshaftung - verschiedene, nacheinander zu prüfende Voraussetzungen aufgestellt, die zusammen ein "bewegliches System" bilden, in dem die Rechtsfolge im Hinblick auf den jeweiligen Einzelfall durch das Zusammenwirken der Elemente nach Zahl und Stärke bestimmt wird.[51] Für die demnach zu treffende Abwägung nennt er folgende Kriterien: Erstens müsse derjenige, der eine Leistung aufgrund eines formnichtigen Vertrages verlangt, gutgläubig gewesen sein.[52] Zweitens müsse eine Vertrauensinvestition, die über den bloßen Abschluß des Vertrages hinausgeht, vorgelegen haben.[53] Drittens müsse die so entstandene Lage dem Vertragspartner zurechenbar sein, das heißt, er muß entweder den Formmangel oder die Disposition

44 BGH Z 85, 315, 319.

45 BGH NJW-RR 1987, 42, 43 [Bürgschaftsvertrag]; RG Z 153, 59, 61 [Wettbewerbsverbot; diese Entscheidung ist allerdings von 1936 und argumentiert mit dem Begriff des Volksempfindens]; BAG Betr. 1972, 1492 [Arbeitsvertrag]; BAG NJW 1970, 349 [Prozeßvergleich]. Vgl. weitere Nachweise bei Canaris, S. 299 Fn.49.

46 BGH NJW 75, 1653, 1655.

47 BGH NJW 1975, 43.

48 Larenz, SchR AT, § 10 III, S. 147-149; Staudinger/Dilcher § 125 Rn.42-46; Soergel/Hefermehl § 125 Rn.42-47.

49 Wolf, S. 318-322.

50 Medicus, § 41 III 3 b) aa), Rn.631.

51 Canaris, S. 303.

52 Das heißt, er darf die Formnichtigkeit nicht gekannt haben und mußte sie auch nicht kennen, aaO. S. 294 f.

53 AaO. S. 296.

veranlaßt haben.[54] Weiterhin sei zu berücksichtigen, ob und inwieweit der Formzweck erfüllt wurde.[55] Weitere, im Einzelfall mögliche Gesichtspunkte seien das Bestehen von Betreuungspflichten, der Gleichbehandlungsgedanke etc. Ausgeschlossen werde ein Erfüllungsanspruch, wenn andere Haftungsnormen ausreichenden Schutz gewährten.[56] Canaris weist schließlich nach, daß er mit seinem System der Vertrauenshaftung im wesentlichen dieselben Ergebnisse wie die Rechtsprechung erreicht.[57] Im Anschluß an Flume[58] hat Reinicke in einer umfassenden Betrachtung folgende Kriterien für die Durchbrechung des Grundsatzes der Formnichtigkeit nach § 125 BGB aufgestellt:[59] Der nicht formgemäß geschlossene Vertrag sei gemäß § 242 BGB wirksam, wenn (nur) eine Partei beim Abschluß[60] oder bei der Annahme der Leistung[61] die Formnichtigkeit kannte und wußte oder damit rechnete, daß die andere Partei auf die Wirksamkeit des Geschäfts vertraute. Ferner sei bei beiderseitiger Unkenntnis und (auch nur vermeintlicher) Erfüllung des Vertrages dieser als gültig anzusehen, wenn die Parteien bei Kenntnis der Formbedürftigkeit das Geschäft formgerecht abgeschlossen hätten.[62] Dasselbe gelte, wenn ansonsten eine Partei die Vorteile des Vertrages erhielte, ohne die hiermit verbundenen Nachteile tragen zu müssen, wenn also eine sachgemäße Rückabwicklung unmöglich ist,[63] oder wenn die Formvorschrift ausschließlich dem Schutz der Partei dient, die den Vertrag bereits erfüllt hat oder zur Erfüllung bereit ist.[64] Die zusätzlich von Flume erwähnte Möglichkeit der Verwirkung, wenn eine Partei den Vertrag nach Kenntniserlangung noch gelten läßt,[65] nennt Reinicke nicht. Reinicke geht durch die Einbeziehung auch der bereicherungsrechtlichen Folgen noch über diese Fallgruppen hinaus. Eine Quasi-Gültigkeit von Verträgen kann nämlich dadurch erreicht werden, daß die schon erbrachten Leistungen nicht kondizierbar sind. Dies ist der Fall bei beiderseitiger Kenntnis der Formnichtigkeit und beiderseitiger Erfüllung (§ 814 BGB).[66] Reinicke verneint darüber hinaus auch dann die Kondiktion, wenn eine gutgläubige Partei wegen Verschuldens der anderen Partei einen auf das Erfüllungsinteresse gerichteten Schadensersatzanspruch

---

54 AaO. S. 296 f.

55 AaO. S. 297.

56 AaO. S. 298 ff.

57 AaO. S. 305-311.

58 § 15 III 4 c) aa)-ff), S. 276-288.

59 Rechtsfolgen formwidrig abgeschlossener Verträge, S. 33-74.

60 AaO. S. 46-50; vgl. auch Flume, aaO. S. 280 f.

61 AaO. S. 60.

62 AaO. S. 56 f., zusammengefaßt auf S. 61. So auch Flume, aaO. S. 288.

63 AaO. S. 63 ff., insb. S. 66.

64 AaO. S. 68.

65 AaO. (oben Fn.58) S. 288.

66 AaO. S. 55. Kannte nur eine Partei die Formnichtigkeit und hat nur diese Partei bereits erfüllt, so hat die ehemals gutgläubige Partei nun die Wahl, ob sie ihre Gegenleistung erbringt: in diesem Falle kann keine Partei kondizieren, da beide in Kenntnis der Formnichtigkeit handelten und der bezweckte Erfolg ihrer Leistung eingetreten ist, vgl. aaO. S. 59 f.; Vgl. auch schon Flume, aaO. S. 286.

hat.[67] Die von der Rechtsprechung entwickelten Gesichtspunkte wie die Absicht, sich später vom Vertrag lösen zu wollen, die Gefährdung der wirtschaftlichen Existenz, Benutzung der Form als Vorwand etc. sind für Reinicke irrelevant.[68] Dennoch kommt er unter Anwendung der dargestellten Maßstäbe in vielen Fällen zu demselben Ergebnis wie die Rechtsprechung,[69] zum Teil ergeben sich allerdings auch Abweichungen.[70]

c) Arglist

Selbstverständlich kann bei Betrug oder sittenwidriger Schädigung ein Schadensersatzanspruch nach § 823 Abs.2 BGB in Verbindung mit § 267 StGB oder nach § 826 BGB entstehen.[71]

II. Amerikanisches Recht

1. Allgemeines

Auch im amerikanischen Recht können die Parteien grundsätzlich einen Kaufvertrag durch nachträgliche Vereinbarung aufheben oder ändern, da die Bindung an den Vertrag im Parteiwillen begründet ist.[1] Diese Möglichkeit kann nicht im voraus wirksam abbedungen werden.[2] Auf die Aufhebungs- und Änderungsvereinbarung finden im amerikanischen *Common Law* die für den Vertragsschluß geltenden Rechtsregeln Anwendung.[3] Da aber die Wirksamkeit bloßer Vereinbarungen im amerikanischen Recht beschränkt ist, sind auch Aufhebungs- und Änderungsvereinbarungen nicht ohne weiteres wirksam und durchsetzbar.[4] So gibt es möglicherweise Beschränkungen der Einwirkung auf Verträge, an denen Rechte Dritter bestehen (unten 2.). Ferner bedürfen sie einer *consideration* (unten 3.) und der Form des *Statute of Frauds* (unten 4.).

---

67 AaO. S. 56.

68 AaO. S. 68-75.

69 Vgl. etwa die Darstellungen auf S. 43 und 48.

70 Vgl. etwa aaO. S. 45, 49 f., 53.

71 Das arglistige Abhalten von der Einhaltung der nötigen Form wird auch häufig eine besonders schwere Treuepflichtverletzung sein, die nach § 242 BGB zur Aufrechterhaltung des formungültigen Vertrags führt. Palandt/Heinrichs § 125 Rn.21 f. führt dies als eigene Fallgruppe auf.

1 M.w.N. West India Industries, Inc. v. Tradex, Tradex Petroleum Services, 664 F.2d 946 (5th Cir.1981) ["Be a contract ever so binding, it is but a meeting of the minds, and those who enter into a contract may by mutual agreement rescind or alter it"]. Im Uniform Commercial Code ist dies nicht geregelt, aber wohl vorausgesetzt, UCC § 1-109 (2). Die Möglichkeit folgt nach UCC § 1-103 aus dem *Common Law*, vgl. m.w.N. USA F/u/B/o Vulcan Materials v. Volpe Construction, 622 F.2d 880, 884 (5th Cir.1980).

2 Silver Dollar Club v. Cosgriff Neon Co., 389 P.2d 923, 924 (S.Ct.Nev.1964); m.w.N. Nickel v. Scott, 59 A.2d 206, 207 (D.C.1948); Rhoads Drilling Co. v. Allred, 70 S.W.2d 576, 583 (Tex.1934).

3 Siehe z.B. Grant v. The Aerodraulics Co., 199 P.2d 745, 749 (Cal.App.1948); m.w.N. 17A C.J.S. Contracts § 394; Restatement Contracts § 408 Comment a. Unter dem Uniform Commercial Code ist dies allerdings nicht selbstverständlich der Fall, vgl. dazu unten S. 107 f.

4 Vgl. auch Bericht des Max-Planck-Institutes S. 200.

2. Einschränkung von Aufhebbarkeit und Änderbarkeit durch Rechte Dritter

Das Institut des Vertrags zugunsten eines Dritten ("third party beneficiary"), der eigene Rechte gegen den Versprechenden geltend machen kann, existiert auch im amerikanischen Recht. Es hat sich erst gegen Ende des letzten Jahrhunderts herausgebildet und beruhte hauptsächlich auf Billigkeitserwägungen, die im Bereich der *equity*-Rechtsprechung[5] geltend gemacht werden konnten.[6] Im Mittelpunkt der Diskussion standen dabei wie im deutschen Recht die Fragen, wann überhaupt ein Dritter ein eigenes Forderungsrecht erhalten hat[7] und ob ihm dieses Recht gegebenfalls nachträglich durch Vereinbarung der Vertragsparteien ohne seine Mitwirkung entzogen werden kann.[8] [9]

5 Zur Unterscheidung zwischen *Law* und *Equity* vgl. James/Hazard, §§ 1.3-1.6, S. 8-19.

6 Vgl. Summers, 67 Cornell L.Rev. 880, 881, m.w.N. in Fn.13 (1982).

7 Siehe 2 Williston, Contracts, § 356A, S. 835-842; 4A Corbin, Contracts, § 776 f., S. 14-28; Summers, aaO. Für die zunächst geltende Abgrenzung je nach dem Zweck, den der Versprechensempfänger mit der Zuwendung verfolgte (eine eigene Rechtsposition wurde bejaht bei Erfüllung einer Verbindlichkeit - *creditor beneficiary* - oder Schenkung - *donee beneficiary* -) vgl. Restatement Contracts (1939) § 133. Heute wird maßgeblich darauf abgestellt, ob der Wille der Parteien, den Dritten zu begünstigen (*intent to benefit*) derart zum Ausdruck gekommen ist, daß Vertrauen des Dritten auf diese Zuwendung vernünftig erscheint und zu erwarten ist, vgl. Restatement (2d) Contracts § 302, Comment d. Siehe dazu aber Farnsworth, Contracts, § 10.3, Bd.3, S. 25, und seine Betrachtung von unter das Restatement (2d) Contracts fallenden Beispielen in § 10.3 f., Bd.3, S. 25-42. So wird in der neueren Rechtsprechung auch immer wieder betont, daß alleine der Parteiwille über die Rechtsstellung des Dritten entscheidet, vgl. Public Service Co. of New Hampshire v. Hudson Light and Power Dept., 938 F.2d 338, 342 (1st.Cir.1991); U.S. v. State Farm Mutual Automobile Insurance Co., 936 F.2d 206, 210 (5th.Cir.1991) ; Garco Industr. Equipment Co., Inc. v. Mallory, 485 N.E.2d 652, 654 (Ind.App.1985).

8 Dies wird verneint, wenn seine Rechtsposition sich verfestigt hat (*vested right*). Im ersten Restatement war das bei einem *donee beneficiary* sofort der Fall, während die Begünstigung des *creditor beneficiary* noch so lange zur Disposition der Vertragsparteien stand, bis dieser im Vertrauen darauf seine Position verändert oder auf Leistung geklagt hatte, vgl. Restatement Contracts §§ 142 f. Zum ganzen vgl. Page, 12 Wisc.L.Rev. 141-184 (1937). Die Rechtsprechung behandelte aber schon bald alle Fälle wie die des *creditor beneficiary*, s. z.B. McCulloch v. Canadian Pac.Ry., 53 F. Supp. 534, 545 (Minn.1943); Wolosoff v. Gadsden Land & Bldg. Corp., 18 So.2d 568, 571 (S.Ct.Ala.1944); Nachweise von Entscheidungen, die dem Restatement folgten bei Summers (oben Fn.6) S. 886 Fn.38. Das Restatement (2d) Contracts nahm daraufhin (entsprechend seinem einheitlichen Ansatz in der Frage, wer Rechte geltend machen kann) auch für spätere Vereinbarungen keine Unterscheidungen nach dem Grund der Zuwendung mehr vor: wenn nichts anderes bestimmt worden ist, ist der ursprüngliche Vertrag aufhebbar und änderbar, allerdings nur bis zu dem Zeitpunkt, in dem der Dritte im Vertrauen auf das Versprechen gehandelt, das Versprechen eingeklagt, oder es nach Nachfrage einer der Vertragsparteien angenommen hat, Restatement (2d) Contracts § 311. Vgl. auch Summers (oben Fn. 6) S. 890 f. Fn.63.

9 Die Unterscheidung zwischen der Frage der Drittbegünstigung und der Unentziehbarkeit wird nicht streng durchgeführt. So wird in der Entscheidung Public Service Co. of New Hampshire v. Hudson Light and Power Dept., 938 F.2d 338, 342 (1st.Cir.1991) die Klausel "This Agreement may be modified only by an instrument in writing signed by the duly authorized representatives of the Parties hereto" als Indiz gegen den Willen der Parteien, dem Dritten ein eigenes Forderungsrecht zukommen zu lassen, gewertet. Diese Klausel bedeute nämlich einen Vorbehalt der Änderung ohne Beteiligung des Dritten. Dies dürfte aber bei einer strikten Trennung zwischen den soeben dargestellten Fragen in Bezug auf die Position als *third party beneficiary* keine Bedeutung haben.

Eine theoretische Abgrenzung der einzelnen Rechtsverhältnisse unterblieb dagegen. Unklar bleibt daher, ob im Falle einer unentziehbaren Rechtsposition des Dritten die nachträgliche Änderbarkeit und Aufhebbarkeit hinsichtlich des gesamten Vertrages oder nur bezüglich der Rechte des Dritten eingeschränkt sind.

Für letzteres spricht die Formulierung der einschlägigen Bestimmung des Restatement (2d) Contracts. Dort werden die Begriffe "Versprechen" ("promise") und "Verpflichtung" gegenüber dem Dritten aus diesem Versprechen ("duty") benutzt. Behandelt werden die Einschränkungen hinsichtlich späterer Änderungen der Verpflichtung ("duty").[10] Die Rede ist dabei von einer Änderung, die gegenüber dem Dritten unwirksam ist.[11] Eindeutig, aber nicht weiter ausgeführt, ist dies bei Corbin, der zwischen den Verpflichtungen des Versprechenden gegenüber dem Versprechensempfänger und gegenüber dem Dritten unterscheidet. Hinsichtlich der Aufhebung des eigenen Rechts des Versprechensempfängers verweist er auf die allgemeinen Vorschriften.[12] Farnsworth hingegen äußert sich unklar. Seine Formulierung, der Dritte sei bei späteren Änderungen im Falle einer verfestigten Rechtsposition nicht mehr verwundbar ("vulnerable"),[13] spricht eher dafür, daß spätere Änderungen zwischen den Parteien möglich sind. Hingegen bemerkt Farnsworth an anderer Stelle, daß in bestimmten weiteren Fällen die Parteien nicht an einer späteren Vereinbarung gehindert sind ("not barred from making a subsequent agreement"),[14] was im Umkehrschluß darauf hindeutet, daß die Parteien bei einer verfestigten Rechtsposition in der Regel keine wirksamen späteren Vereinbarungen treffen können. Während sich auch in der Rechtsprechung Äußerungen finden, die darauf schließen lassen, daß eine spätere Vereinbarung nur hinsichtlich der Drittbegünstigung eingeschränkte Wirkung entfaltet,[15] wird dagegen in einigen Entscheidungen die gesamte Vereinbarung betrachtet und für unwirksam oder nichtig erklärt.[16] In der großen Mehrzahl der

10 Restatement (2d) Contracts § 311.

11 AaO. Abs.4: "ineffective against the beneficiary".

12 4A Corbin, Contracts, § 813, S. 244.

13 Farnsworth, Contracts, § 10.8, Bd.III S. 47.

14 AaO. S. 50.

15 Vgl. etwa Greenslate v. Tenneco Oil Co., 623 F.Supp. 573, 577 (D.C.La.1985): die nachträgliche Vereinbarung sei unwirksam hinsichtlich des Drittbegünstigten ("ineffective as to Marlin"); Bernard v. United Brands Co., N.E.2d 1003 (Mass.App.1989) ("the parties could not rescind the agreement as against NRM").

16 Vgl. Baldwin v. Leach, 769 P.2d 590, 593 (Idaho App.1989): Ein Grundstückspachtvertrag, in dem bestimmt war, daß ein Teil der Miete an einen Dritten zu zahlen war, wurde von den Vertragsparteien aufgehoben. Das Gericht befand die Aufhebung für ungültig und billigte dem Dritten ein Recht zur Durchsetzung der Pacht zu ("Accordingly we conclude that the rescission was invalid and that the Baldwins were entitled to enforce the lease"); McDaniel Title Co. v. Lemons, 626 S.W.2d 686, 892 (Mo.App.1981): Eine Scheidungsvereinbarung zugunsten der Kinder wurde nachträglich von den ehemaligen Eheleuten aufzuheben versucht. Das Gericht entschied, daß die *Vereinbarung* unwiderruflich war ("The agreement was irrevocable. It follows that the attempted recovation was a nullity"); Blackard v. Monarch's Mfrs. & Distributors, 97 ALR 2d 1255, 1261 (Ind.App.1961) ("where a contract for the benefit of a third person has been accepted or acted upon, it cannot be rescinded by the parties without the consent of the third person"). Vgl. hierzu auch die im Anschluß an die Entscheidung

Entscheidungen wird eine Formulierung wie die der Restatements gebraucht.[17] Auffällig ist aber, daß ein Ausgleich zwischen den Vertragsparteien für die fehlgeschlagene Aufhebung oder Änderung nicht erörtert wird, so daß folgendes Ergebnis festzuhalten bleibt: die spätere Änderung oder Aufhebung einer Vereinbarung, die ein unaufhebbares Recht eines Dritten begründete, ist hinsichtlich des Rechts des Dritten unwirksam, ihr übriges Schicksal, also ihre Wirkung zwischen den Vertragsparteien, ist ungeklärt.

3. Einschränkung der Bindungswirkung von Vereinbarungen durch die consideration Doktrin und die Auswirkungen auf Aufhebungs- und Änderungsvereinbarungen

A. Einführung und Geschichte

Consideration ist die aus der Prozeßstruktur gewonnene Antwort des englischen *Common Law*[1] auf die Frage, warum ein Versprechen vom Recht und schließlich von der staatlichen Gewalt sanktioniert werden soll. Im sehr formalistischen Recht des mittelalterlichen England gab es nur wenige Möglichkeiten, einen Anspruch aus einer Vereinbarung einzuklagen: Eine mögliche Klageform war die *action of covenant*, mit der ein Versprechen, das in einem versiegelten, dem Versprechensempfänger übergebenen Schriftstück festgehalten war (*under seal*), gerichtlich durchgesetzt werden konnte. Die zweite in Betracht kommende Klageform war die *action of debt* für Versprechen, eine bestimmte Geldsumme zu bezahlen, z.B. das Versprechen, einen geliehenen Betrag zurückzuerstatten, gelieferte Waren zu bezahlen oder geleistete Dienste zu entlohnen. Der zugrundeliegende Gedanke war hier, daß der Versprechende durch die vorangegangene Leistung des Versprechensempfängers etwas diesem zugehöriges besaß und es herausgeben mußte. Die erbrachte Leistung wurde häufig *quid pro quo* genannt.[2] Später trat als dritte Klageform die *action of assumpsit* dazu, die darauf aufbaute, daß der Versprechende eine bestimmte Handlung auszuführen unternommen hatte[3] und diese schlecht ausführte. Im späten 15. Jahrhundert wurde dies auf die

---

abgedruckte Kommentierung "Mutual rescission or release of contract as affecting rights of third-party beneficiary", insb. S. 1264; Auch die oben (Fn.9) schon erwähnte Entscheidung Public Service Co. of New Hampshire v. Hudson Light and Power Dept., 938 F.2d 338 (1st.Cir.1991) geht in diese Richtung, indem sie eine als Änderungsvorbehalt ausgelegte Klausel als Indiz gegen eine Drittbegünstigung sprechen läßt. Die Möglichkeit der Änderung des Grundverhältnisses zwischen den Parteien würde bei einer Unterscheidung der einzelnen Rechtsverhältnisse für die Frage der Drittbegünstigung jedoch bedeutungslos sein.

17 Vgl. etwa Supplies for Industry, Inc. v. Christensen, 659 P.2d 660, 662 (Ariz.App.1983); Biggins v. Shore, 565 A.2d 737, 741 f. (S.Ct.Pa.1989).

1 Der Begriff *Common Law* wird hier als Gegenbegriff zum kodifizierten Recht gebraucht. An anderer Stelle wird dieser Terminus jedoch auch der Billigkeitsrechtsprechung *equity* entgegengesetzt, vgl. z.B. unten S. 81. Diese Doppeldeutigkeit läßt sich nicht vermeiden, da die englische Sprache hier nur ein Wort kennt. Die jeweilige Bedeutung ist dann dem Kontext zu entnehmen.

2 Holdsworth, 11 Mich.L.Rev. 347, 348 (1913).

3 *Lat*: assumpsit: er hat unternommen. Diese Klage hatte mehrere Formen, *common counts* genannt, deren wichtigste in diesem Zusammenhang die für verkaufte und übergebene Ware (*goods sold and delivered*) und für geleistete Zahlung (*money paid*) waren.

Haftung des Versprechenden für den Fall, daß er die versprochene Handlung überhaupt nicht ausführte und dem Versprechensempfänger dadurch ein Vertrauensschaden entstanden war, erweitert. Erst Ende des 16. Jahrhunderts fand schließlich der Gedanke Anerkennung, daß dieser Nachteil in einem austauschweise gegebenen Versprechen bestehen konnte, da die Person dadurch ihrerseits gebunden war und ihre Handlungsfreiheit eingeschränkt sah.[4] [5] Die *action of assumpsit* wurde mit der Zeit generell die Basis für die Durchsetzung von Versprechen und das strenge Aktionensystem löste sich immer mehr auf.

Gleichzeitig tauchte der Begriff *consideration* als Voraussetzung für die Durchsetzung eines nicht unter Siegel gegebenen Versprechens[6] auf. Dieser Begriff wurde in vieler Hinsicht benutzt und sehr verschieden definiert. Aus der Geschichte verständlich sind die folgenden Elemente: Aus dem *quid pro quo*-Gedanken der *action of debt* kam die Idee des Austauschs, des Aushandelns.[7] Ebenfalls aus dieser Klageform entwickelte sich die Aussage, daß der Versprechende nur dann *consideration* für sein Versprechen erhalten hat, wenn ihm ein Vorteil ("benefit") zugeführt worden war. Aus *assumpsit* dagegen kam die Idee eines Schadens oder Nachteils ("detriment"),[8] den der Versprechensempfänger im Vertrauen auf das Versprechen erlitten haben muß. Bis zu einem gewissen Grad müssen alle drei Elemente vorliegen.[9]

Mit der so gehandhabten *Consideration*-Lehre war zumindest für sämtliche Austauschverträge eine Grundlage für ihre rechtliche Durchsetzbarkeit gefunden. Unbehagen wurde aber dennoch in einer großen Gruppe von Fällen empfunden: Wenn ein Versprechen gegeben worden war, ohne daß als Austausch eine Leistung verlangt wurde, der Versprechensempfänger aber im Vertrauen auf das Verprechen ihm nachteilige und nicht rückgängig zu machende Dispositionen getroffen hatte, wurde es als unbillig angesehen, wenn der Versprechende sich nun einfach lossagen konnte. So

---

4 Strangborough v. Warner, 4 Leo 3 (Q.B.1588); Holdsworth, 11 Mich.L.Rev. 347, 350 (1913).

5 Was wohl ein Zirkelschluß war, denn die andere Person war ihrerseits ja nur gebunden, wenn das Versprechen bindend war, was man gerade herausfinden wollte. Einleuchtender wäre es, gleich zu sagen, daß ein Versprechen dann bindend ist, wenn die andere Partei sich ihrerseits bindet.

6 Zur Bedeutung und Entwicklung des Siegels vgl. die Ausführungen unten unter 5., S. 106 f.

7 "Bargained for exchange", vgl. Farnsworth, 69 Col.L.Rev. 576, 598; Restatement (2d) Contracts § 75.

8 M.w.N. Harmer v. Sidway, 27 N.E. 256 (C.A.N.Y.1891) [in diesem in allen Lehrbüchern zitierten Fall mußte entschieden werden, ob die Tatsache, daß der Neffe bis zum 21. Lebensjahr weder rauchte, trank noch spielte, das Versprechen des Onkels, ihm dafür $ 5000 zu geben, durchsetzbar machte].

9 Siehe Kirksey v. Kirksey, 8 Ala. 131 (1845). Hier hatte ein Mann der Witwe seines verstorbenen Bruders eine Wohnung auf seinem Grundstück versprochen. Die Witwe Antillico gab daraufhin ihren eigenen Wohnsitz auf und unternahm die weite Reise zu ihrem Schwager. Dieser verweigerte die Erfüllung seines Versprechens. Aufgabe des Wohnsitzes und Anreise wurden nicht als *consideration* für das Versprechen angesehen, da Antillicos Nachteil hier dem Schwager keinen Vorteil brachte und auch nicht ausgehandelt war. Dasselbe drücken Cardozo [Allegheny College v. National Chautauqua County Bank of Jamestown, 159 N.E. 173 (C.A.N.Y.1927)] und Holmes [Wisconsin & Michigan Railway Co. v. Powers, 191 U.S. 379, 386 (1903)] damit aus, daß ein Nachteil nicht nur durch das Versprechen bewirkt worden, sondern umgekehrt das Versprechen gerade im Hinblick auf diesen Nachteil gegeben sein muß.

wurde zunächst noch im Schema der *Consideration* Doktrin selbst,[10] dann durch Entwicklung des neuen Rechtsinstituts *promissory estoppel* der Grundsatz aufgestellt, daß ein ganz und gar schenkweises Versprechen dann bindend ist,[11] wenn der Versprechensempfänger in für den Versprechenden voraussehbarer Weise endgültige Dispositionen getroffen hatte und es eine untragbare Härte wäre, ihm nun nicht die Vorteile des Versprechens zukommen zu lassen. Diese Fälle betrafen meist Versprechen innerhalb einer Familie oder an wohltätige Organisationen.[12] Inzwischen kann dieser Grundsatz jedoch auf Fälle jeglicher Art angewandt werden. Er wurde im ersten Restatement of Contracts[13] verankert, im Restatement (2nd) Contracts[14] mit gewissen Änderungen fortgeführt und ist nun in allen Staaten anerkannt.

Wie leicht zu sehen ist, ist im Kaufrecht das Vorliegen von *consideration* bei Vertragsabschluß wegen der Gegenseitigkeit der Verpflichtungen unproblematisch. Desgleichen ist die Aufhebung eines Vertrages zumindest immer dann von *consideration* begleitet, wenn auf beiden Seiten auf die noch bestehenden Ansprüche aus der ursprünglichen Vereinbarung verzichtet wird.[15] Bei Vertragsänderungen dagegen, die oft einseitig im Interesse einer Partei liegen, kann es häufig an dieser Voraussetzung fehlen, da die Erfüllung einer von der einen Partei schon nach der ursprünglichen Vereinbarung geschuldeten Leistung nach der sogenannten *pre-existing duty rule* nicht *consideration* für eine zusätzliche Vergünstigung sein kann, die die andere Partei gewährt. Um die oft dringend nötigen Änderungen daran nicht scheitern zu lassen, hat der Uniform Commercial Code in § 2-209 (1) das Erfordernis einer *consideration* abgeschafft.[16] Im folgenden sollen die Rechtsprechung zur Doktrin der *consideration* im *Common Law* und zu UCC § 2-209 (1) dargestellt, sowie die neuere Diskussion über dieses Thema erörtert werden.

B. *Consideration* und *Pre-Existing Duty Rule*

a) Strikte Anwendung

Entwickelt wurde die *pre-existing duty rule* in der Entscheidung des englischen House

10 Und zwar mit Hilfe einer rein konstruierten Gegenleistung, vgl. Phelan v. Brady, 78 N.E. 943 (N.Y.1906); Nebraska Wesleyan University v. Griswold's Estate, 202 N.W. 609, 615 (S.Ct.Neb.1925).

11 Bzw. der Versprechende sich auf die Unverbindlichkeit nicht berufen kann.

12 Zu beachten ist dabei insbesondere, daß in den entschiedenen Fällen meist nicht gegen den inzwischen verstorbenen Versprechenden, sondern gegen den die Leistung verweigernden Testamentsvollstrecker geklagt worden war, vgl. z.B. Ricketts v. Scothorn, 77 N.W. 365 (S.Ct.Neb.1898). Auch Kirksey v. Kirksey, oben Fn.9, hätte auf diese Weise gelöst werden können.

13 § 90.

14 §§ 89, 90.

15 Anders ist dies natürlich, wenn die eine Partei die geschuldete Leistung voll erbracht hatte und bei Aufhebung auf die Rückerstattung oder Vergütung verzichtet. Diese Situation entspricht einem einseitigen Erlaß der Schuld und ist wie eine einseitig begünstigende Vertragsänderung zu beurteilen.

16 Text s.u. S. 51 Fn. 44.

of Lords in Foakes v. Beer.[17] Dort hatte Julia Beer in einem vorangegangenen Prozeß ein Urteil gegen John Weston Foakes erstritten. Sie einigten sich aber später auf eine Ratenzahlung. Nach Erbringung aller Raten klagte Julia Beer erneut auf Zahlung von Verzugszinsen. Sie bekam diese zugesprochen, da die zwischenzeitliche Änderungsvereinbarung mangels *consideration* die Pflicht rechtzeitiger Zahlung nicht zum Erlöschen gebracht hätte. Diese Rechtsprechung wurde in den Vereinigten Staaten von Amerika übernommen. Eine grundlegende und bis heute immer wieder zitierte Entscheidung dazu ist Alaska Packers' Association v. Domenico.[18] Hier waren Fischer und Seeleute von einer Gesellschaft für eine Fahrt nach Alaska angeheuert worden. In Alaska legten die Arbeiter plötzlich die Arbeit nieder und verlangten höhere Löhne. Die Vertreter der Gesellschaft waren in Alaska nicht in der Lage, Ersatz für die Arbeiter zu finden. Eine Rückkehr ohne deren Einsatz war nicht möglich. Im übrigen drohten bei längerer Verzögerung große Verluste, da die Fischsaison zu Ende ging. Daher willigten die Vertreter der Gesellschaft in die Forderungen ein. Zurück im Heimathafen klagten die Arbeiter aus dieser Änderungsvereinbarung auf Zahlung des höheren Lohns. Das Gericht wies die Klage ab: selbst wenn man unterstelle, daß die Vertreter der Gesellschaft Vollmacht zum Abschluß dieser Änderungsvereinbarung gehabt hatten, so fehle eine *consideration*, da die eine Seite nur die Erfüllung der ohnehin schon geschuldeten Dienste versprochen hatte.[19]

Die Anwendung der *pre-existing duty rule* ist klar und führt zu einem eindeutigen Ergebnis: wenn nur die eine Vertragspartei der anderen in einer Änderungsvereinbarung Vergünstigungen gewährt, ohne zumindest eine kleine Gegenleistung dafür zu bekommen, so ist diese Vereinbarung nicht durchsetzbar. Diese Regel gilt zumindest im Grundsatz weiterhin und wird immer wieder zitiert und angewendet.[20] Da sich gegen die Starre dieses Grundsatzes schon bald Bedenken äußerten, insbesondere, da manche Vertragsänderungen für sehr sinnvoll erachtet wurden, fanden die Gerichte immer mehr Ausweichmöglichkeiten.[21] Selbst die oben dargestellte Entscheidung in Alaska Packers' Association v. Domenico hatte sich schon mit einer Reihe anderer Entscheidungen auseinanderzusetzen, die das Erfordernis einer *consideration* für entbehrlich gehalten hatten oder durch Annahme eines aufgelösten und anschließend neubegründeten Vertrages darum herum gekommen waren.[22] In einigen Staaten wurde

17 9 App.Cas. 605 (1884).

18 117 F. 99 (9th Cir.1902).

19 M.w.N. aaO. S. 102 f. Für weitere ältere Entscheidungen mit diesem Ergebnis s. Nachweise bei Schwartzreich v. Bauman-Basch, Inc., 131 N.E. 887, 890 (C.A.N.Y.1921).

20 Recker v. Gustafson, 279 N.W.2d 744, 753 ff. (S.Ct.Iowa 1979); R-Way Furniture Co. v. Powers Interiors, Inc., 456 S.W.2d 632, 637 (Mo.App.1970); Rosselini v. Banchero, 517 P.2d 955, 957 f. (S.Ct.Wash.1974) (mit Analyse der Rechtsprechung des Staates Washington); Steinbrecher v. Jones, 153 S.E.2d 295, 301 f. (W.Va.App.1967); Fairlane Estates, Inc. v. Carrico Const.Co., 39 Cal.Rptr. 35, 40 (Cal.1964); s. im übrigen die zahlreichen Nachweise bei 1A Corbin, Contracts, § 175, insb. S. 115 f., Fn.9, S. 117 f. Fn.11. und 17 Am.Jur.2d Contracts § 460, S. 926 f., Fn.19.

21 Dazu sofort unten unter (b) und (c).

22 AaO. S. 104 f.

sogar gesetzlich das Erfordernis einer *consideration* für Vertragsänderungen aufgehoben.[23] Festzuhalten bleibt aber, daß die *pre-existing duty rule* trotz allem in den meisten Staaten Gültigkeit hat und zumindest als Grundsatz auch angewandt wird[24].

b) *Promissory Estoppel*

Da eine Vertragsänderung gleichfalls ein Vertrag ist und daher zu seiner Wirksamkeit einer *consideration* bedarf, gelten auch die im Zusammenhang mit dem Erfordernis der *consideration* bei Vertragsschluß entwickelten Ausnahmen, namentlich der oben erwähnte Grundsatz des *promissory estoppel*. Danach ist eine Änderungsvereinbarung auch ohne *consideration* voll wirksam, wenn derjenige, dem sie zugute kommt, sich auf diese Zusage derart verlassen hat, daß es für ihn unzumutbar wäre, den Vertrag nun wieder nach der ursprünglichen Vereinbarung abzuwickeln. Fälle, die diesen Grundsatz im Bereich der Vertragsänderungen anwenden, sind allerdings sehr selten,[25] vermutlich weil sich so viele andere Möglichkeiten entwickelten, das Erfordernis einer *consideration* aus dem Weg zu schaffen.[26] Eine häufige Fallkonstellation ist die der Fristverlängerung für die zu erbringende Leistung. Wenn der andere im Vertrauen darauf z.B. seine Produktion oder seinen Geschäftsbetrieb auf den neuen Erfüllungszeitpunkt einstellt, kann sich der andere hinterher nicht mehr auf die ursprünglich vereinbarte Frist berufen.[27] Anders soll dies aber bei Fristverlängerung für die Geldzahlung sein,[28] vermutlich weil die schnelle Beschaffung von Geld oder die Zahlung von Zinsen nie als untragbare Härte qualifiziert wird. Ebensowenig kann die Aufnahme der Erfüllung der Vertragspflichten, auch wenn dies ganz alleine im Vertrauen auf eine zugesagte Änderung geschieht, einen Vertrauenstatbestand im Sinne des Rechtsinstituts *promissory estoppel* begründen.[29]

c) Andere Ausweichmöglichkeiten

Der Phantasie, die die Gerichte entwickelten, um die *pre-existing duty rule* nicht anwenden zu müssen, ist groß und führte zu einer Vielzahl unterschiedlicher Lösungsansätze:[30] In Goebel v. Linn[31] sah der ursprüngliche Vertrag Lieferung einer bestimmten Menge Eis an eine Bierbrauerei zum Preis von $ 1.75 bis $ 2.00 vor. Nach einem

---

23 Vgl. z.B. N.Y.Personal Property Laws § 33 (2): *consideration* ist entbehrlich bei schriftlicher Vertragsänderung, die von der Partei, deren ursprünglicher Anspruch geändert wurde, unterschrieben ist.

24 Nachweise s.o. Fn.20.

25 Die Zitate, die die selbstverständlich zulässige Anwendung des Grundsatzes von *promissory estoppel* in diesem Bereich belegen sollen, betreffen meist Fälle, in denen es um Schriftformerfordernisse, nicht um *consideration*, geht, vgl. z.B. 17 Am.Jur.2d Contracts § 473, S. 943 Fn.17 und 18.

26 Dazu sogleich unten c).

27 Siehe 17 Am.Jur.2d Contracts § 473, S. 943.

28 Vgl. mit vielen Nachweisen 17 Am.Jur.2d Contracts §§ 474-481, S. 944-951; so auch der oben erwähnte englische *leading case* Foakes v. Beer, 9 App.Cas. 605 (1884).

29 Fairlane Estates, Inc. v. Carrico Const. Co., 39 Cal.Rept. 35, 40 (Cal.1964).

30 Vgl. auch die Ausweichsratschläge von Farnsworth, Contracts, § 4.21, Bd.1, S. 452.

31 11 N.W. 284 (1882).

sehr warmen Winter verweigerte die Eisfirma die Auslieferung zum alten Preis und verlangte beträchtlich mehr. Die Brauerei erklärte sich schließlich einverstanden, da ansonsten das gesamte gelagerte Bier verdorben wäre. Als später der erhöhte Kaufpreis eingeklagt wurde, berief sich die Brauerei unter anderem auf mangelnde *consideration*. Das Gericht stellte dazu nur lapidar fest, daß das Zahlungsversprechen als Gegenleistung für Eis, das auch geliefert wurde, gegeben worden war, so daß *consideration* vorlag. Zumindest mit dieser Begründung ignoriert das Gericht schlichtweg die *pre-existing duty rule* und setzt sich über die Grundsätze des *Common Law* hinweg. Die oben genannte Entscheidung Alaska Packers'Association v. Domenico[32] nimmt daher zu diesem Urteil vor dem Hintergrund des damals geltenden Rechts völlig richtig Stellung: In Goebel v. Linn lägen vielleicht besondere Umstände vor. Als Rechtsregel für das Recht in Massachusetts verstieße es nicht nur gegen den überwiegenden Teil der Präzendenzfälle, sondern wäre prinzipiell falsch. Ein anderer berühmter Fall ist Schwartzreich v. Bauman-Basch, Inc.[33] Hier hatte eine Bekleidungsfirma einen Vertrag mit einem Textildesigner geschlossen, nach dem dieser für ein Jahr zu einem Lohn von $ 90 pro Woche eingestellt wurde. Noch vor Antritt der Stelle wurde dem Designer eine andere Position mit einer Entlohnung von $ 115 pro Woche angeboten. Dies teilte er der Bekleidungsfirma mit und in der Folge wurde eine Erhöhung des Lohnes auf $ 100 vereinbart. Aus dieser Vereinbarung klagte der Angestellte auf Zahlung. Das Gericht stellte zunächst fest, daß die *pre-existing duty rule* im Staate New York weitergelte. Es sei den Parteien aber unbenommen, den alten Vertrag aufzuheben und einen neuen zu veränderten Bedingungen abzuschließen. Dies sei auch möglich, wenn beides zum gleichen Zeitpunkt geschehe, was für den vorliegenden Fall angenommen wurde, so daß der Angestellte seinen Anspruch auf Zahlung von $ 100 gegen seinen Arbeitgeber durchsetzen konnte. Im konkreten Fall hätte man eine Aufhebung des ursprünglichen Vertrages und den Neuabschluß wohl daraus herleiten können, daß die alte Vertragsurkunde zurückgegeben oder -genommen und eine neue aufgesetzt worden war. Eine nähere Begründung des Ergebnisses oder gar eine Auseinandersetzung mit den Abgrenzungskriterien zwischen Änderung und Aufhebung/Neuabschluß fand aber nicht statt. Die Aufzählung von anderen Entscheidungen, die auf die eine oder andere Weise die *pre-existing duty rule* außer Kraft gesetzt bzw. die dies nicht getan hatten,[34] läßt eher vermuten, daß das Gericht infolge konträrer Entscheidungen und unsicherer Rechtslage einen großen Freiraum für sich in Anspruch nahm und einfach die ihm billig erscheinende Rechtsfolge anordnete. Ein ebenfalls oft erwähnter Fall ist die Entscheidung Watkins & Son, Inc. v. Carrig.[35] Der Kläger sollte zu einem Festpreis den Keller des Beklagten ausschachten. Nachdem er aber auf Fels gestoßen war, der zwei Drittel des auszuhebenden Raumes einnahm, wurde die Erhöhung des Preises auf ein Neunfaches vereinbart. Das Gericht sah hier eine

32 117 F. 99 (9th Cir.1902).

33 131 N.E. 887 (C.A.N.Y.1921).

34 AaO. S. 890.

35 21 A.2d 591 (S.Ct.N.H.1941).

Differenzierung nach Aufhebung oder Änderung für überflüssig an, da jede Änderung eine partielle Aufhebung sei.[36] Es qualifizierte stattdessen das Versprechen, mehr zu zahlen, als Verzicht auf das Recht, die Leistung auch für weniger fordern zu können. Dies aber sei ein vollzogenes Geschenk, so daß der Kläger für seine Arbeit den vereinbarten höheren Lohn fordern könne.[37] Diese Begründung erscheint sehr konstruiert und bietet mannigfach Ansatz zu Kritik. Das Gericht scheint aber auch selbst von seinem Lösungsweg nicht allzu überzeugt zu sein, da es immer wieder herausstellt, daß das Recht kein Zweck in sich selbst sei, sondern vernünftigen Erwägungen weichen müsse.[38] Hauptüberlegung war hier sicher, daß die Lohnerhöhung durch die geänderten Umstände gerechtfertigt erschien und das Gericht dem Kläger den zusätzlichen Betrag daher nicht versagen wollte.[39] Interessant ist in neuerer Zeit noch die Entscheidung in Byers Transport Co. v. Fourth National Bank & Trust Co., Wichita.[40] Hier hatten die Parteien eine Vereinbarung geschlossen, die vorsah, daß die Beklagten ein Unternehmen der Kläger zwecks Zusammenschlusses übernehmen sollten. Der Vertrag war aufschiebend bedingt durch die Erteilung der Genehmigung des Zusammenschlusses durch die Interstate Commerce Commission, bzw. auflösend bedingt durch deren Ablehnung. Die Genehmigung wurde nur mit Auflagen erteilt, jedoch einigten sich die Parteien darauf, die Vertragsbeziehung nicht enden zu lassen, sondern weiter zu verhandeln, u.a. über eine Anpassung des Preises. Das Gericht sah hierin eine wirksame Vertragsänderung. Die *consideration* liege in den gegenseitigen Vorteilen und Pflichten, die die weitergeführten Vertragsverhandlungen mit sich brächten.[41] Dieses Ergebnis läßt sich im konkreten Fall gut begründen, da das Hinausschieben des Vertragsendes zwecks weiterer Verhandlungen einem gegenseitigen Vorvertrag ähnlich ist und hier wirklich nicht klar war, ob diese Regelung nur im Interesse einer Partei lag. Nur ist die Frage, wo eine Grenze gezogen werden kann, ohne die *consideration* Doktrin völlig auszuhöhlen: Wenn Parteien sich über eine spätere Änderung einigen, kann davon ausgegangen werden, daß diese irgendwie immer in beider Interesse liegt, auch wenn sie sich einerseits als reine Schadensbegrenzung darstellt. Schließlich soll noch der Fall Steinbrecher v. Jones[42] erwähnt werden, der mit dem dem *promissory estoppel* verwandten Rechtsinstitut *waiver*

36 AaO. S. 592 f.

37 AaO. S. 593.

38 Z.B. aaO. S. 594.

39 Dies zeigt sich zum Beispiel in folgendem Zitat: "Changes to meet changes in circumstances and conditions should be valid if the law is to carry out its function and service by rules conformable with reasonable practices and understandings in matters of business and commerce." (AaO. S. 593). Die hierin ausgedrückte Idee der Notwendigkeit der Anpassung von Verträgen an geänderte Umstände wurde später auch im Restatement (2d) Contracts § 89 (a) aufgenommen.

40 333 F.2d 822 (10th Cir.1964).

41 Wörtlich heißt es: "But the mutual advantages and obligations manifest in continued negotiations toward the consummation of the original contract was new and sufficient consideration for the agreement to extend the closing date", aaO. S. 826.

42 153 S.E.2d 295, insb. S. 301 f. (W.Va.App.1967).

arbeitet.[43] Hier enthielt der Vertrag zwischen den Klägern und dem beklagten Bauunternehmer über ein zu errichtendes Wohnhaus die Klausel, daß der Einzug der bedingungslosen Abnahme gleichzusetzen war. Es kam zum vorzeitigen Einzug trotz noch offensichtlich vorhandener Mängel, weil die Kläger aus ihrem alten Haus ausziehen mußten. Dieses hatte zuvor dem beklagten Bauunternehmer gehört und der Auszug erfolgte wegen Weiterverkaufs an Dritte. Das Gericht sah die Abnahmeklausel als konkludent aufgehoben an. Dies sei trotz fehlender *consideration* voll wirksam, da der Beklagte sich erkennbar nicht mehr auf die ursprüngliche Vereinbarung berufen wollte. Indem der Beklagte dazu beitrug, daß der Auszug der Kläger aus dem alten Haus nötig wurde, und dem Einzug in das neue Haus zustimmte, verzichtete er auf sein Recht aus dem ursprünglichen Vertrag und könne sich nun nicht mehr wieder darauf berufen.

Die aufgeführten Entscheidungen zeigen, wie die Gerichte mit immer neuen Wegen die *consideration* Doktrin im Einzelfall umgangen haben, ohne diese Wege theoretisch aufzuarbeiten. Daher existiert für jeden Richter ein breites Instrumentarium, mit dem er eine Vereinbarung je nach Billigkeit für durchsetzbar oder nicht durchsetzbar erklären kann.

C. UCC § 2-209 (1)

a) *Good faith*

Wie die soeben dargestellte Rechtsprechung zeigt, wurde die *consideration* Doktrin immer mehr als der notwendigen und wünschenswerten Anpassung von Verträgen und somit den Bedürfnissen des modernen Geschäftsverkehrs im Wege stehend kritisiert. Die Schutzfunktion trat in den Hintergrund, während die Notwendigkeit der Flexibilität und der schnellen Anpassung an neue Situationen in den Vordergrund rückte. Daher schaffte der Uniform Commercial Code in § 2-209 (1)[44] das Erfordernis einer *consideration* ab.[45] Ganz lösen mochten sich die Verfasser des Uniform Commercial Code

---

43 Zu den Voraussetzungen und der Anwendung im einzelnen s.u. S. 86 ff.

44 Der Text von UCC § 2-209 lautet:
§ 2-209: Modification, Rescission and Waiver
(1) An agreement modifying a contract within this Article needs no consideration to be binding.
(2) A signed agreement which excludes modification or rescission except by a signed writing cannot be otherwise modified or rescinded, but except as between merchants such a requirement of a form supplied by the merchant must be separately signed by the other party.
(3) The requirement of the Statute of Frauds Section of this Article (Section 2-201) must be satisfied if the contract as modified is within its provisions.
(4) Although an attempt at modification or rescission does not satisfy the requirement of subsections (2) or (3) it can operate as a waiver.
(5) A party who has made a waiver affecting an executory portion of the contract may retract the waiver by reasonable notification received by the other party that strict performance will be required of any term waived, unless the retraction would be unjust in view of a material change of position in reliance on the waiver.

45 Vgl. UCC § 2-209, Comment 1.: "This section seeks to protect and make effective all necessary and desirable modifications of sales contracts without regard to the technicalities which at present hamper such adjustments."

dennoch nicht von dem Schutz vor erpreßten Vertragsänderungen, den die *pre-existing duty rule* trotz aller Unzulänglichkeiten gewährt hatte. Daher bestimmt Nr.2 des amtlichen Kommentars, daß Vertragsänderungen nach UCC § 2-209 zwar keiner *consideration* mehr bedürfen, daß sie aber in gutem Glauben ("good faith") vereinbart werden müssen.[46] Dies wird zunächst im Negativen näher dahingehend ausgeführt, daß die Erpressung einer Zustimmung zur Änderung ohne legitimen wirtschaftlichen Grund nicht durchsetzbar sei. Ferner wird gesagt, daß eine solche erpreßte Änderung auch nicht durch Erbringung einer rein technischen *consideration* durchsetzbar werde, also z.B. der Zusage eines minimalen Zugeständnisses. Für Kaufleute[47] wird weiterhin positiv bestimmt, daß der gute Glaube Wahrhaftigkeit und die Beobachtung eines wirtschaftlich vernünftigen Standards fairen Verhaltens im Handel einschließt.[48] In einigen Situationen bedürfe es daher eines objektiv aufzeigbaren Grundes für ein Verlangen der Vertragsänderung. Solch ein Grund sei aber schon in einer Marktveränderung zu sehen, die für den Antragenden ohne die Vertragsänderung Verluste mit sich brächte.[49]

Diese Bestimmung ist angesichts des jahrhundertealten Mißtrauen des *Common Law* gegenüber der bloßen Vereinbarung verständlich. Sie versucht, sowohl Flexibilität wie auch Schutz vor Erpressung zu gewähren, indem sie nicht an formale Kriterien wie eine *consideration* anknüpft, sondern nach einer materiellen Rechtfertigung der Vereinbarung fragt. Seltsam ist jedoch die Methode, mit der dieses Regelungsinstrument eingeführt wird: Der Grundsatz des guten Glaubens ist nur ganz allgemein für den gesamten Bereich des Uniform Commercial Code kodifiziert, nämlich in UCC § 2-103. Mit Hilfe des amtlichen Kommentars werden aus ihm ganz konkrete Merkmale hergeleitet, die dann sozusagen durch die Hintertür Eingang in den Tatbestand des § 2-209 (1) finden und dessen gerade erklärte Liberalisierung zum Teil wieder rück-

---

46 UCC § 2-209, Comment 2.: "Subsection (1) provides that an agreement modifying a sales contract needs no consideration to be binding.
However, modifications made thereunder must meet the test of good faith imposed by this Act. The effective use of bad faith to escape performance on the original contract terms is barred, and the extortion of a "modification" without legitimate commercial reason is ineffective as a violation of the duty of good faith. Nor can a mere technical consideration support a modification made in bad faith.
The test of "good faith" between merchants or as against merchants includes "observance of reasonable commercial standards of fair dealing in the trade" (Section 2-103), and may in some situations require an objectively demonstrable reason for seeking a modification. But such matters as a market shift which makes performance come to involve a loss may provide such a reason even though there is no such unforeseen difficulty as would make out a legal excuse from performance under Sections 2-615 and 2-616."

47 Der Begriff des "merchant" im Uniform Commercial Code ist weiter als der des Kaufmannes im Sinne des deutschen Handelsgesetzbuches, indem er alle umfaßt, die mit Ware der betreffenden Art handeln, die kraft ihrer Beschäftigung über besondere Kenntnis in diesem Bereich verfügen oder denen besondere Kenntnisse zumindest zugeschrieben werden, vgl. UCC § 2-104 (1) und (3), insbesondere Comment 2.; vgl. dazu auch Nelson v. Union Co-Op, 548 S.W.2d 352, 95 ALR 3d 471 (S.Ct.Tex. 1977).

48 "honesty in fact and the observance of reasonable commercial standards of fair dealing in the trade." Dies ergibt sich aus UCC § 2-209 Comment 2. (oben Fn.46) und UCC § 2-103 (1)(b).

49 Siehe UCC § 2-209 Comment 2. (oben Fn.46).

gängig machen. Dies deutet auf eine gewisse Ratlosigkeit hin, die schließlich in diesem mehr oder weniger gelungenen Kompromiß geendet hat.

b) Auslegung durch die Rechtsprechung

Die Rechtsprechung hat den Begriff *good faith* in der Zwischenzeit häufig auszulegen gehabt. Dabei hat sie die Prüfung in ein objektives (1) und ein subjektives (2) Element geteilt: (1) Ein objektiver wirtschaftlich vernünftiger Grund wurde in einer beachtlichen Steigerung der Kosten.[50] einer durch Mängel des gekauften Gegenstandes verursachten Zahlungsschwierigkeit[51] oder gravierenden Absatzschwierigkeiten aufgrund veränderter Marktlage[52] gesehen. Der gute Grund wurde jedoch verneint, wenn die behaupteten Hindernisse, die die Änderung nötig machten, nicht außerhalb der Kontrolle der Partei, die die Änderung verlangte, lagen.[53] [54] (2) Auch subjektiv muß

---

50 Roth Steel Products v. Sharon Steel Corp., 705 F.2d 134, 147 (6th Cir.1983) [Marktveränderungen und höhere Materialkosten für die Stahlproduktion, die ohne Änderung des Liefervertrages untragbare Verluste des Herstellers nach sich zögen, seien ein guter Grund für ein Änderungsverlangen]; Ex re Crane Co. v. Progressive Enterprises, Inc., 19 UCCRS 1306, 1308 (E.D.Va.1976) [Rasch ansteigende Materialkosten seien ein guter Grund für ein Preissteigerungsverlangen des Herstellers im Sinne von UCC § 2-209 (1) und Comment 2. Da der Käufer eine eigene Verpflichtung einging, bevor der Lieferungsvertrag mit dem Hersteller abgeschlossen war, liege kein Vertrauenstatbestand vor. Im Gegenteil verstoße die widerspruchslose Annahme des Änderungsverlangen mit der Absicht, es niemals zu erfüllen, ihrerseits gegen den Grundsatz des guten Glaubens in UCC § 2-103.]. Siehe zu dem subjektiven Element in den genannten Fällen sogleich unten S. 55 Fn.57.

51 Skinner v. Tober Foreign Motors, Inc., 187 N.E.2d 669, 672 (S.Ct.Mass.1963) [Das gekaufte Flugzeug zeigte Schäden, die von der Verkäufergarantie nicht gedeckt waren. Da die Käufer die Reparaturkosten nicht gleichzeitig mit dem vereinbarten Kaufpreis zahlen konnten, schlugen sie Rückgabe des Flugzeuges, Verfall der Anzahlung und Aufhebung der sonstigen Verpflichtungen vor. Der Verkäufer ging aber lieber auf eine Änderung der Zahlungsbedingungen ein. Später verlangte er dennoch wieder höhere Raten und beschlagnahmte schließlich das Flugzeug. Das Gericht stellte nur kurz fest, daß die Vereinbarung wegen UCC § 2-209 (1) keiner *consideration* bedürfe. Impliziert ist damit, daß in diesem Fall die nachträglich vereinbarte Zahlungserleichterung durch einen guten Grund gerechtfertigt war].

52 American Exploration Co. v. Columbia Gas Transmission Corp., 42 UCCRS 1218, 1222 (6th Cir.1985) [Ein Vertrag über Gaslieferungen war in einer Zeit der Knappheit zu sehr günstigen Bedingungen für den Lieferanten abgeschlossen worden. Als später der Markt von einem Überangebot beherrscht wurde, verlangte der Käufer eine Änderung der Abnahmeverpflichtung und des Preises. Dies sei ein objektiv aufzeigbarer, wirtschaftlich vernünftiger Grund für ein Änderungsverlangen]; Weisberg v. Handy & Harman, 747 F.2d 416, 420 (7th Cir.1984) [H & H nahm routinemäßig seine Produkte von den Käufern zurück, um Edelmetalle im Recyclingverfahren zurückzugewinnen. Der Preis wurde dabei regelmäßig nach dem Recyclingverfahren, das etwa vier bis sechs Wochen dauerte, nach dem jeweiligen Marktpreis festgesetzt. Unter diesen Bedingungen wurde ein Kaufvertrag zwischen H & H und Weisberg abgeschlossen. Das von Weisberg zum Zwecke des Recyclings gelieferte Material wurde wegen eines Streikes erheblich länger nicht fertig bearbeitet. Es verschwand auch zwischendurch und tauchte erst nach längerer Suche wieder auf. In der Zwischenzeit war der Marktpreis ganz erheblich gestiegen. Nach ungefähr zehn Wochen sandte Weisberg das Angebot, zum Tagespreis zu verkaufen. Da dieses Verlangen durch die erhebliche Marktänderung motiviert war und H & H in der Regel solchen Vereinbarungen zustimmmte, sah das Gericht darin einen rechtfertigenden Grund für die Änderung der ursprünglichen Vereinbarung gemäß UCC § 2-209 Comment 2. Allerdings konnte nicht festgestellt werden, daß H & H das Änderungsverlangen tatsächlich erhalten hatten, so daß im Ergebnis die wirksame Änderung verneint wurde.]

53 T & S Brass and Bronze Works, Inc. v. Pic-Air, Inc., 790 F.2d 1098 (4th Cir.1986) [Der

bei Vertragsänderung guter Glaube vorliegen, das heißt, die Vertragsänderung muß gerade im Hinblick auf die geänderten Umstände angetragen werden und darauf abzielen, die dadurch entstandenen Unbilligkeiten auszugleichen.[55] Dies sei z.B. dann nicht der Fall, wenn die Änderung nicht der Ermöglichung der Erfüllung, sondern der Maximierung von Schadensersatzansprüchen diene.[56] Ferner sei dabei die Ausübung wirtschaftlichen Druckes Anscheinsbeweis für Bösgläubigkeit, so daß eine besondere Rechtfertigung für solches Verhalten gegeben werden muß.[57] Eine Rechtfertigung kann z.B. darin liegen, daß das angedrohte Verhalten vertraglich vorbehalten ist.[58]

Hersteller hatte hier die Übernahme von Luftfrachtkosten verlangt und angedroht, ansonsten nicht rechtzeitig zu liefern. Der Käufer hatte angenommen, da sein Geschäftsbetrieb sonst empfindlich beeinträchtigt worden wäre. Kurz vor dem Änderungsverlangen hatte jedoch der Hersteller immer noch auf Anfrage die rechtzeitige Lieferung zugesichert, so daß das Gericht annahm, daß die Verspätung von ihm selbst verschuldet war und daher nicht als Rechtfertigung im Sinne von UCC § 2-209 Comment 2. gelte.]

54 Selbstverständlich wird *good faith* im Sinne von UCC § 2-209 Comment 2. ebenfalls verneint, wenn gar kein besonderer Grund vorliegt, außer daß die Gelegenheit für eine Verbesserung der eigenen Position wegen der schwierigen Lage der anderen Partei günstig ist, vgl. Tonka Tours, Inc. v. Chadima, 354 N.W.2d 519, 522 (Minn.App.1984) [Hier hatte der Verkäufer laut Vertrag noch gewisse Reparaturen am verkauften Hausboot vorzunehmen. Da der Käufer aber auf die rasche Übereignung des Bootes angewiesen war, bezahlte er noch vor Auslieferung und nahm das Boot schon vor Durchführung der Reparaturen an. Das Gericht fand eine Aufhebung der Reparaturpflichten durch nachträgliche Vertragsänderung, selbst wenn man eine solche annähme, wegen des *good faith* Erfordernisses undurchsetzbar: Nach Vertragsschluß hätte sich kein vernünftiger Grund für ein Änderungsverlangen ergeben, außer daß sich eine Möglichkeit bot, den Käufer "über den Tisch zu ziehen"]. Vgl. auch Erie County Water Authority for the use and benefit of Price Bros. Co. v. Hen-Gar Construction Corp., 27 UCCRS 49, 53 (N.Y.1979).

55 Bösgläubige Nichterfüllung irgendeiner Vertragspflicht alleine steht der Annahme des guten Glaubens dabei aber nicht im Wege, denn die Bösgläubigkeit muß auch gerade im Hinblick auf das Änderungsverlangen vorliegen, Fratelli Gardino S.p.A. v. Carribean Lumber Co., Inc., 587 F.2d 204 (5th Cir.1979).

56 Ralston Purina Company v. McNabb, 381 F.Supp. 181, 183 (Tenn.1974) [Der Käufer von Sojabohnen hatte nach schweren Unwettern die Erfüllungsfrist verlängert. Der Hersteller hatte dies konkludent durch spätere Durchführung einiger Lieferungen angenommen. Ein Teil der vereinbarten Menge wurde endgültig nicht geliefert. Der Käufer klagte auf Schadensersatz in Höhe der Differenz zwischen vereinbartem Preis und dem Preis für einen schließlich vorgenommenen Deckungskauf. Das Gericht entschied, daß der Käufer hier wußte oder wissen mußte, daß der Verkäufer wegen des überfluteten Landes auch zu einem späteren Zeitpunkt nicht in der Lage sein würde, den Vertrag voll zu erfüllen. Desgleichen sei ihm bekannt gewesen, daß die Marktpreise für Sojabohnen kontinuierlich stiegen. Daher hätte das Änderungsverlangen nur der Maximierung von Schadensersatzansprüchen gedient und sei nicht in gutem Glauben erfolgt]. Diese Entscheidung zeigt, daß derjenige, der sich auf die Änderung beruft, guten Glaubens sein muß, unabhängig davon, wen die geänderten Umstände betrafen.

57 Roth Steel Products v. Sharon Steel Corp., 705 F.2d 134, 148 (6th Cir.1983) [Erpresserisches Verhalten, d.h. die Drohung, ohne Preissteigerung überhaupt nicht mehr zu liefern und dem Abnehmer damit sehr hohe Verluste zuzufügen, sei Beweis ersten Anscheins für bösen Glauben. Da hier der Hersteller nie eine Rechtfertigung für die Drohungen lieferte, sei dieses subjektive Element nicht erfüllt, so daß die Änderungsvereinbarung nicht durchsetzbar sei], s. dazu auch oben Fn.50.

58 American Exploration Co. v. Columbia Gas Transmission Corp., 42 UCCRS 1218, 1223 (6th Cir.1985) [Die Ausübung wirtschaftlichen Drucks durch die Androhung, ansonsten überhaupt keine Gas mehr abzunehmen, spreche gegen den erforderlichen guten Glauben ("honesty in fact"). Da der Käufer jedoch vertraglich berechtigt war, vorübergehend die Abnahme zu

c) *Duress*

Zu beachten ist, daß durch diese Rechtsprechung zum Erfordernis des guten Glaubens in UCC § 2-209 der *Common Law* Grundsatz von "duress" (wörtlich: Zwang) seinen Eingang in den Anwendungsbereich des Uniform Commercial Code gefunden hat. Dieses Rechtsinstitut besagt, daß eine Willenserklärung, die jemand unter Zwang abgegeben hat, anfechtbar ist. Zunächst galt dies nur für körperlichen Zwang, wurde aber auch auf Drohungen ausgedehnt und schließlich für die Ausübung rein wirtschaftlichen Druckes anerkannt (*economic duress*).[59] Ein vielzitierter Fall ist in diesem Zusammenhang Austin Instrument, Inc. v. Loral Corporation.[60] Die klagende Gesellschaft, Loral Corporation, hatte einen Vertrag mit der U.S.Marine über die Herstellung und Lieferung von Radaranlagen geschlossen. Zur Herstellung einiger Einzelteile beauftragte sie die beklagte Firma, Austin Instrument, Inc. Ein knappes Jahr später, vor vollständiger Erfüllung der Verträge, erhielt Loral einen weiteren Auftrag von der Marine und holte Angebote über die Einzelteile ein. Austin bot für sämtliche Teile, Loral wollte aber nur für diejenigen Teile den Auftrag erteilen, für die Austin unter allen Bewerbern das niedrigste Angebot gemacht hatte. Austin drohte dann damit, den ersten Vertrag nicht weiter zu erfüllen, und verlangte eine erhebliche Preissteigerung für den gesamten ersten Vertrag und die Erteilung des Auftrages aus dem zweiten Marinevertrag. Austin stoppte tatsächlich die weitere Lieferung. Nachdem Loral erfolglos versucht hatte, über andere Zulieferer die Einzelteile in annehmbarer Frist zu erhalten, wurde dem Verlangen zugestimmt. Nach vollständiger Erfüllung sämtlicher Verträge klagte Loral auf Rückerstattung des nach der Änderung gezahlten höheren Kaufpreises. Das Gericht stellte fest, daß die Änderungsvereinbarung nach den Grundsätzen von *economic duress* anfechtbar ("voidable") sei, wenn Austin unrechtmäßig mit Vertragsbruch gedroht hat, Loral die Ware nicht anderweitig beschaffen konnte und die normalen Rechtsmittel gegen Vertragsbruch nicht ausreichend waren.[61] Hier hatte Austin gedroht, die bestellten Einzelteile nicht oder nicht rechtzeitig auszuliefern. Loral war auf rechtzeitige Lieferung dringend angewiesen, um die eigenen Verpflichtungen erfüllen zu können und um das Vertrauen eines so wichtigen Auftraggebers wie der U.S.Marine nicht zu verlieren. Alle anderen möglichen Zulieferer hätten nicht mehr rechtzeitig liefern können. Eine Klage wäre zwecklos gewesen, da damit die Teile auch nicht rechtzeitig herbeigeschafft worden wären.[62] Loral hat die Änderung auch im ersten möglichen Zeitpunkt, d.h., sobald die Abhängigkeit von

---

sperren und dies auch schon mehrfach geschehen war, sei die Vermutung bösen Glaubens wiederlegt], zum Sachverhalt s.o. Fn.52.

59 Vgl. Restatement (2d) Contracts § 176, Comment a.

60 272 N.E.2d 533 (C.A.N.Y.1971).

61 AaO S. 535.

62 Eine Klage auf Erfüllung ("specific performance") als Rechtsbehelf existiert im angloamerikanischen Recht nur unter besonderen Umständen. Im vorliegenden Fall hätte sie selbst bei Vorliegen solcher Umstände wegen des Zeitdrucks keinen Erfolg gehabt. Durch eine Schadensersatzklage wäre Loral nicht voll kompensiert worden, da der Verlust des Vertrauens der U.S.Marine kein in Geld bezifferbarer Schaden ist.

Austins Wohlverhalten weggefallen war, angefochten. Die Änderung war daher wegen *duress* ungültig.

Kernpunkt des Rechtsinstituts *economic duress* ist eine rechtswidrige Drohung. Eine harte Verhandlungsposition oder vom anderen nicht verursachter finanzieller Druck reichen dabei aber noch nicht aus,[63] ebensowenig sind die Inanspruchnahme eines bestehenden oder auch gutgläubig angenommenen Rechtes oder die Drohung damit[64] genügend. Nach der Entscheidung in Jamestown Farmers Elevator, Inc. v. General Mills, Inc.,[65] soll allerdings die Drohung, den anderen in den geschäftlichen Ruin zu treiben, wenn er nicht einer Begünstigung des Drohenden zustimmt, für *duress* genügen. Nach alledem muß im Rahmen der Prüfung, ob *duress* vorliegt, in Abwägung der einzelnen Umstände festgestellt werden, ob die Ausübung wirtschaftlichen Druckes illegal oder wegen ihres Schwergewichts sonst moralisch vorwerfbar war und mangels Ausweichsmöglichkeiten dem Vertragspartner die Zustimmung zu einer ihm nachteiligen Änderung aufnötigte. Dies sind aber genau die Merkmale, die auch im Falle der Prüfung des *good faith* nach UCC § 2-209 Comment 2. abgewogen werden müssen, wenn dort auch der Blickwinkel anders gesetzt ist. Der Zusammenhang wird im Restatement (2d) Contracts verdeutlicht: *duress* liege vor, wenn eine ungerechtfertigte Drohung ("improper threat") den anderen mangels zufriedenstellender Alternativen zu einer Einwilligung in eine Vertragsänderung genötigt hat.[66] Eine Drohung sei unter anderem dann ungerechtfertigt, wenn die Drohung einen Verstoß gegen Treu und Glauben und die Pflicht fairen Verhaltens aus einem Vertrag zwischen den Parteien ("duty of good faith and fair dealing") darstellt.[67] Dies aber verweist wieder auf UCC § 2-209 Comment 2. und verknüpft die beiden Tatbestände.[68]

D. Die neuere Diskussion um Vertragsänderungen

In den Vereinigten Staaten von Amerika hat die Diskussion um die Änderung von Verträgen beginnend in den siebziger Jahren mit dem Zunehmen der wirtschaftlichen Betrachtungsweise des Rechts, also der "Law and Economics" Bewegung, einen beachtlichen Aufschwung erfahren. Diese Diskussion kann hier nicht ausgeklammert werden, da sie die Schwierigkeiten, die Vertragsänderungen im angloamerikanischen Rechtssystem machen, deutlich macht und analysiert.[69]

---

63 Business Incentives Co., Inc. v. Sony Corp. of America, 397 F.Supp. 63, 69 (N.Y.1975).

64 Business Incentives Co., Inc. v. Sony Corporation of America, aaO. S. 69; Jamestown Farmers Elevator, Inc. v. General Mills, Inc., 552 F.2d 1285, 1290 (8th Cir.1977).

65 552 F.2d 1285, 1290 f. (8th Cir.1977).

66 § 275, s. insb. Illustrationen 5-7.

67 § 176.

68 So auch Mather, 33 S.Car.L.Rev. 615, 622 (1982), wohl auch Farnsworth, Contracts, § 4.22, Bd.1, S. 458. Vgl. dazu auch Hillman, 64 Iowa L.Rev. 849-902 (1979), der die *pre-existing duty rule* des *Common Law* und das *good faith* Konzept des Uniform Commercial Code für viel zu unbestimmt hält, um erzwungene Vertragsänderungen auszuschließen. Er befürwortet, die *Common Law* Grundsätze von *duress* mit genau festgelegten Beweisregeln an der Stelle von *good faith* im Uniform Commercial Code zu verankern.

69 Auch in Deutschland vertreten einige Autoren diesen Ansatz. Siehe zum Ganzen z.B.

a) Einführung in *Law and Economics*

aa) Grundbegriffe

Diese Bewegung ist der philosophischen Geistesrichtung des Utilitarismus verwandt, grenzt sich aber davon ab:[70] Während der Utilitarismus als Maßstab ethischen Verhaltens die Beförderung der Glückseligkeit setzt, ist für *Law and Economics* die Wohlstandsmaximierung entscheidend. Prämisse ist, daß sämtliche Handlungen eines Menschen durch das rationale Bestreben, den eigenen Wohlstand zu erhöhen, motiviert sind.[71] Wohlstand wird dabei gemessen an der Gesamtheit aller Waren und Dienstleistungen, und zwar zu dem Preis, den jemand für ein bestimmtes Gut zu zahlen bereit ist, bzw. den der Berechtigte für die Herausgabe oder Erbringung fordern würde. Eine Transaktion ist dann "gut" im Sinne dieser Theorie, wenn sie dazu führt, daß durch Zuführung einer Ware oder einer Dienstleistung zu einem sie höher bewertenden Gebrauch ein Mehrwert geschaffen wird.[72] Ein Kaufvertrag ist ein typischer Fall einer solchen Wertsteigerung: Ein Buch wird zum Preis von 10,- DM zum Verkauf angeboten. Der Käufer will lieber das Buch als die 10,- DM besitzen, also mißt er dem Buch einen Wert größer als diesen Betrag zu. Der Verkäufer hingegen bevorzugt die 10,- DM und mißt dem Buch einen niedrigeren Wert zu. Durch den Verkauf sind beide Parteien besser gestellt als zuvor, so daß auf beiden Seiten ein Mehrwert geschaffen wurde. Solche Transaktionen, in denen mindestens einer besser und keiner schlechter steht als vorher, werden effizient genannt, genauer "Pareto effizient" nach dem italienischen Ökonom und Soziologen Vilfredo Pareto,[73] der diesen Begriff entwickelte. Da dieses Kriterium als zu eng empfunden wurde, hat sich als weiteres Maß das sogenannte Kaldor-Hicks-Effizienzkriterium[74] durchgesetzt, das einen Vorgang auch dann als effizient bewertet, wenn zwar eine Partei anschließend schlechter dasteht als vorher, der Mehrwert für die andere Partei - oder für Dritte - jedoch größer ist als die Einbuße für den Erstgenannten. Daraus ergibt sich für das Vertragsrecht die Theorie des "effizienten Vertragsbruches". Diese geht davon aus, daß die Erfüllung von Verträgen in manchen Fällen gar nicht wünschenswert ist, sondern ein größerer Mehrwert aus einem Vertragsbruch bei gleichzeitiger Entschädigung der anderen Partei gezogen werden kann. Dann sollte der Vertragsbruch unterstützt werden.[75]

Schäfer/Ott, wo auch die im folgenden benutzten Begriffe und Theorien erklärt werden.

70 Siehe zu dieser Abgrenzung insb. Posner, Economics of Justice, S. 48-87.

71 Die Person wird damit zum *self-interested rational wealth maximizer*, vgl. Posner, Economic Analysis, Kap.1.1, S. 3.

72 Dies erscheint auf wirtschaftlichem Gebiet unmittelbar einleuchtend. Diese Betrachtungsweise wird aber inzwischen in alle Bereiche ausgedehnt und versucht Gebiete wie etwa Gleichberechtigung oder Strafrecht zu erklären, vgl. Posner, Economics of Justice, Kap.12, S. 351-363, Posner, Economic Analysis, S. 559 ff. Im folgenden soll die Darstellung sich jedoch auf das hier interessierende Kaufrecht konzentrieren.

73 (1848-1923).

74 Nach Nicholas Kaldor (1908-1986) und John Richard Hicks (*1904). Vgl. im einzelnen m.w.N. Posner, Economics of Justice, S. 88-92. Siehe dazu z.B. auch Schäfer/Ott S. 30.

75 Sogenannter "efficient breach". Als Beispiel kommt der Fall in Betracht, daß der Schuldner

bb) Folgerungen für ein Rechtssystem

Diese insoweit aus der Volkswirtschaftslehre bekannten Gedankengänge funktionieren hervorragend in einem idealen Markt, in dem alle Beteiligten vollständig informiert[76] und gleich stark sind, und in der Transaktionen nichts kosten. Unter diesen Bedingungen gelten auch die beiden Folgerungen des "Coase-Theorems":[77] (1) Parteien kommen in einer Verhandlung immer zum effizientesten Ergebnis. (2) Die rechtlichen Vorschriften, zum Beispiel das Gewähren eines Anspruches, sind für das Verhandlungsergebnis letztendlich nicht von Bedeutung, da die Parteien beim Verhandeln diese Vorschriften ausgleichen.[78] Unter solchen Bedingungen ist ein Rechtssystem letztendlich überflüssig. Da ein solcher "idealer" Markt aber nicht existiert, hindern die tatsächlichen Verhältnisse häufig das Aushandeln des effizientesten Ergebnisses. Dann sind die Rechtsregeln eben doch nicht bedeutungslos, sondern müssen versuchen, das "ideale" Ergebnis zu simulieren. Im einzelnen können sich in der Praxis, d.h. in einem "nicht-idealen" Markt, u.a. folgende Schwierigkeiten für effiziente Vertragsverhandlungen ergeben:[79] (1) Die Vertragskosten mögen zu hoch sein, so daß kein effizienter Austausch zustande kommt.[80] (2) Als Unterfall davon kann Informationsmangel bestehen und das Beschaffen von Informationen über wirtschaftlich sinnvolle Geschäfte mag zu teuer sein. Oder: Informationen sind womöglich gar nicht vorhanden, so daß die unterschiedlichen Angebote äußerlich ununterscheidbar

---

den Preis für seine Leistung zu niedrig angesetzt hat. Im Fälligkeitszeitpunkt solle es ihm freistehen, dem Meistbietenden die Leistung zu erbringen, wenn er durch den Mehrertrag den entstandenen Schaden des anderen gutmachen kann. Vgl. dazu Posner, Economic Analysis, § 4.8, S. 106. Diese Idee wurde im amerikanischen Recht schon sehr früh entwickelt, vgl. Holmes, 10 Harv.L.Rev. 456, 462 (1897).

76 Unter die vollständige Information fällt auch die Bedingung eines transparenten und effizienten Marktes, in dem die Parteien von vornherein alle Kosten und Risiken beziffern und in ihre Kalkulation einbeziehen können. Preise reflektieren in einem solchen Markt vollständig sämtliche Informationen über ein bestimmtes Gut. Zu der Anwendung dieser Prämisse im Wertpapierrecht vgl. z.B. Simonds, 26 Business Topics 371-372 (1978), zu empirischen Tests dieser Hypothese Gilson, S. 156-204.

77 Nach Coase, 3 J.Law & Econ. 1 (1960).

78 Coase zeigt dies anhand des Beispiels einer Viehherde, die das Feld eines Nachbarn beschädigt, und zwar umso mehr, je mehr Stücke Vieh die Herde besitzt. Anhand eines Rechenexempels wird demonstriert, daß die Stückzahl, auf die die Parteien sich schließlich einigen, bzw. ab der sich die Errichtung eines Zaunes lohnt, unabhängig davon ist, ob dem Herdenbesitzer das Recht gegeben wird, sein Vieh grasen zu lassen, oder ob dem Feldbesitzer das Recht zuerkannt wird, die Herde zu vertreiben. Eine mittelbare Bedeutung kommt der Verteilung der Berechtigungen allerdings dadurch zu, daß sie letztendlich darüber entscheiden, wer mehr "zahlt" und somit auf lange Sicht reicher ist.

79 Weder die Aufzählung der auftretenden Probleme noch deren Lösungsansätze können hier abschließend sein. Es soll nur die generelle Methode der ökonomischen Betrachtungsweise aufgezeigt werden. Zu den Details s. insb. Posner, Economic Analysis, Teil I, S. 3-26, und Schäfer/Ott, S. 70-83.

80 Problem der *transaction costs*. Unter Vertragskosten fallen nicht nur die unmittelbar anfallenden Ausgaben wie Aufsetzen, Schreiben und Ausfertigen eines Vertrages, Reisekosten, Personalkosten für die Verhandlung etc., sondern ebenso die Kosten der späteren Überwachung der vertragsgemäßen Erfüllung, der eventuellen späteren gerichtlichen Durchsetzung einschließlich des Risikos, zu verlieren, oder auch Kosten der Erfüllungsgarantie, z.B. eines *performance bond*.

sind und sich der "wirkliche" Wert erst nach Durchführung der Transaktion herausstellt.[81] (3) Es mag Kommunikationsmangel herrschen, so daß es für jeden einzelnen sinnvoll ist, sich egoistisch zu verhalten, obwohl durch Kooperation ein größerer Mehrwert geschaffen würde.[82] (4) Schließlich kann das Gleichgewicht zwischen den Parteien gestört sein, so daß kein Mehrwert geschaffen wird, sondern ein bloßer Wohlstandstransfer von der schwächeren auf die stärkere Partei stattfindet. Hierunter fällt auch opportunistisches Verhalten, durch das eine Partei eine Zwangslage der anderen Partei ausnutzt, um sich einen Vorteil zu verschaffen, der über dem ihr zustehenden "Preis" liegt.

Dies sind die Ansatzpunkte für ein Rechtssystem:[83] (1) Gesetze sollen versuchen, die Vertragskosten möglichst gering zu halten. Dies geschieht insbesondere durch die Bereitstellung von Rechtsnormen, die die große Mehrheit aller Parteien sonst als Vertragsklausel aufgenommen hätte. Gesetze fungieren insoweit als Allgemeine Geschäftsbedingungen, die das Aushandeln und Aufsetzen von Verträgen erleichtern. Ferner muß z.B. im Deliktsrecht festgelegt werden, welche Gefährdungen anderer überhaupt zulässig sind und welche Entschädigung im Falle der Beeinträchtigung zu zahlen ist, da ein vorheriges Aushandeln mit allen potentiell Geschädigten uferlos ist.[84] (2) Durch Bereitstellen eines Haftungssystems wird eine Mindestqualität garantiert, so daß eine allzu gründliche Informationsbeschaffung im Regelfall nicht nötig ist. (3) Das Rechtssystem soll den Kommunikationsmangel überbrücken und das Verhalten der anderen Partei durch Bereitstellung von Durchsetzungsmechanismen vorhersehbar machen. (4) Es müssen Normen und Einrichtungen geschaffen werden, die zum Beispiel Monopole verhindern, Geschäftsunfähige schützen, Täuschungen bestrafen etc.

---

81 Das sogenannte "Zitronenmarkt" (*lemon market*) Problem: Für den Käufer (und auch für den Verkäufer) von Zitronen unterscheiden sich die einzelnen Zitronen zunächst nicht voneinander. Erst beim Aufschneiden jeder einzelnen kann er erkennen, ob sie seiner Preisbemessung auch entspricht. Da die Kosten der Ermittlung qualitätsbewußter Anbieter in so einem Falle zu groß sind, gibt es keinen Anreiz, gute Qualität zu bieten.

82 Dies ist das sogenannte "Gefangenendilemma" - *prisoner's dilemma*. Es läßt sich an dem Kaufvertragsbeispiel gut demonstrieren: Wenn ein Kaufvertrag über das Buch zu einem Preis von 10,- DM abgeschlossen wurde, ohne daß eine Übergabe des Geldes oder des Buches stattfand und ohne daß Kommunikation möglich ist, so muß sich jede Partei fragen, ob es für sie sinnvoll ist, den Vertrag durch Senden des Geldes bzw. des Buches zu erfüllen. Dabei ergeben sich folgende Möglichkeiten: Sofern der Käufer sich entschieden hat, vertragsgemäß zu handeln, ist es vorteilhaft für den Verkäufer, vertragswidrig zu handeln, da er dann das Geld **und** das Buch hat. Hat der Käufer sich jedoch zum Vertragsbruch entschieden, so ist es ebenfalls für den Verkäufer besser, seinerseits den Vertrag nicht zu erfüllen, weil er dann immerhin das Buch behält, wenn er schon das Geld nicht bekommt. Für den Käufer stellt sich die Situation analog dar. Ein wertsteigernder Austausch wird daher verhindert. Vgl. auch Baird, 19 J.Leg.Stud. 538 f. (1990).

83 Für Posner, Economic Analysis, § 2.2, S. 20-22, hat das Recht dabei zwei Seiten: Positiv stellt er fest, daß das *Common Law* effizient ist, d.h., daß die richterlichen Einzelentscheidungen am besten unter Zugrundelegung einer wirtschaftlichen Betrachtungsweise erklärt werden können. Normativ setzt er als Aufgabe des Rechts, effizientes Verhalten zu fördern und Kosten zu minimieren.

84 Vgl. zu diesem Komplex insb. Calabresi/Melamed, 85 Harv.L.Rev. 1089 (1972).

Wie diese Rechtsregeln beschaffen sein sollen, bestimmt sich wiederum nach der Effizienz der vorhandenen Möglichkeiten: Soweit wie möglich sollen die Folgen und die Kosten jeder möglichen Regelung geschätzt werden, und es soll diejenige zum Gesetz werden, bei der die Kosten-Nutzen Rechnung den höchsten Wohlstand erwarten läßt.

b) Anwendung auf Vertragsänderungen

Richard Posner griff, soweit ersichtlich, als erster das Problem der Vertragsänderungen in diesem Zusammenhang auf.[85] Er wies auf das Dilemma hin, das sich bei der Frage der Durchsetzbarkeit von Vertragsänderungen auftut: Einerseits könne die Durchsetzbarkeit einer einseitig begünstigenden nachträglichen Änderung im Interesse beider Parteien liegen und solle dann ermutigt werden. Andererseits ergebe sich aus sehr vielen Vertragsbeziehungen nach einer gewissen Zeit und insbesondere bei höherer Spezialisierung eine Monopolsituation, die es einer Partei möglich mache, einen einseitigen Vorteil zu erpressen, der zu keinem wirtschaftlichen Nutzen führe und daher vermieden werden solle. Als Beispiel für eine Vereinbarung im beiderseitigen Interesse führt Posner den Bauunternehmer an, der bei der Konstruktion auf unvorhergesehene und unvorhersehbare Schwierigkeiten stößt. Der Bauherr möchte gerne mehr bezahlen, da dies für ihn immer noch die billigste Lösung ist, aber er möchte wegen des Konkursrisikos auf keinen Fall an den finanziell nicht sehr sicheren Bauunternehmer vorleisten. Die wirtschaftlich einfachste Lösung sei hier, das Änderungsversprechen rechtlich durchsetzbar zu machen. Posner zieht in diese Fallgruppe auch den Fall hinein, daß eine nachträgliche Vergünstigung nur deshalb verlangt und schließlich gewährt wird, weil ein Dritter ihn mit besseren Vertragsbedingungen abwerben will. Lasse sich der Schuldner nicht abwerben, so interpretiert Posner die verlorene Chance eines höheren Verdienstes als nachträglich gestiegene Kosten,[86] so daß diese Situation dem oben beschriebenen Fall gleichgesetzt werden könne. Die Monopolsituation beschreibt Posner mit folgendem Beispiel: So sei etwa der Werkunternehmer zunächst in der Lage, sich seine Zulieferer frei auszusuchen. Habe er aber den Auftrag über die Herstellung bestimmter Teile vergeben und sich auf die Ausführung verlassen, werde er desto abhängiger von der Vertragserfüllung, je näher der Fälligkeitstermin rückt. Denn er ist selbst bestimmten Fristen unterworfen, in denen er seine Werkleistung zu erbringen hat. Diese kann er nicht einhalten, wenn Ersatz nicht ausreichend schnell zu beschaffen ist.[87] Der Lieferant habe daher in Bezug auf den Werkunternehmer eine absolute Monopolstellung und er könne leicht eine ihn begünstigende Vertragsänderung[88] erzwingen. Unter diese Fallgruppe faßt Posner auch die Situation, in der einem Verlangen auf Vertragsänderung unter Andro-

---

85 Posner, 6 J.Legal Stud. 411 (1977). Vgl. auch Posner, Economic Analysis, Kap. 4.2, S. 87 f.

86 Sogenannte *opportunity costs*.

87 Siehe dazu den schon erwähnten Fall Austin Instrument, Inc. v. Loral Corporation, 272 N.E.2d 533 (C.A.N.Y.1971).

88 Den sogenannten Monopolzins (*monopoly rent*).

hung der Nichterfüllung nur deshalb stattgegeben wird, weil eine mögliche gerichtliche Geltendmachung den erlittenen Schaden nicht vollständig kompensieren würde.[89] Zu den erforderlichem Rechtsregeln zu diesen Fallgruppen stellt Posner einfach fest, daß Vertragsänderungen in der ersten Gruppe, in der sich die äußeren Bedingungen geändert haben und eine Modifikation des Vertrages rechtfertigen, durchsetzbar, und in der zweiten Gruppe, in der es sich um reinen Opportunismus handelt, nicht durchsetzbar sein sollen. Letzteres begründet er damit, daß erstens Opportunisten entmutigt werden und zweitens anderenfalls Versprechen durch die Möglichkeit eines späteren Nachforderns entwertet würden.

Posner hat in seinem Artikel zwar die Grundprobleme der Vertragsänderungen angesprochen und damit die Aufmerksamkeit der *Law & Economics* Bewegung auf diese gelenkt, aber er hat zur Lösung der schwierigsten Frage keine Stellung bezogen, nämlich zu dem Problem wie "nützliche" von "opportunistischen" Vertragsänderungsbegehren zu trennen sind. Damit, aber auch mit verwandten Problemen, beschäftigten sich im Anschluß daran eine Reihe von Autoren. Einige der Positionen sollen hier in der Reihenfolge ihres Erscheinens dargestellt werden.[90]

Muris[91] weist zunächst darauf hin, daß die Lösung des Problems opportunistischen Verhaltens auch außerhalb des rechtlichen Bereichs gefunden werden kann: Ein wirksamer Hinderungsgrund sei z.B. der Reputationsverlust, den der Opportunist zu befürchten habe. Daneben könne ein potentielles Opfer sich durch die Einkalkulierung möglichen opportunistischen Verhaltens absichern. Ferner komme eine vertikale Integration in Betracht, also die Möglichkeit, die erstrebte Ware selbst herzustellen. Und schließlich helfe eine besonders präzise Vertragsgestaltung dabei, Opportunismus durch die höhere Wahrscheinlichkeit späteren eigenen Obsiegens in einem Gerichtsverfahren wegen Vertragsverletzung abzuschrecken.[92] Alle diese tatsächlichen Hilfsmittel haben jedoch ihre Schwachstellen, insbesondere verursachen sie Kosten, die die Effizienz des Waren- und Dienstleistungsverkehrs beschränken und daher nicht wünschenswert seien.[93] Deshalb sollen Rechtsregeln versuchen, Opportunismus noch weiter zu verhindern. Deren Wirksamkeit hänge davon ab, wie präzise der Tatbestand "Opportunismus" definiert werden könne: Unpräzise Tatbestände ermutigen Prozesse und steigern damit die Kosten. Außerdem dürfen "nützliche" Änderungen nicht ebenfalls aus Versehen miterfaßt werden. Im Bereich der Vertragsänderungen unterscheidet Muris in der Theorie je nach den Motiven hinter der Einwilligung: War etwa Beweggrund, daß man sich einen Ruf als fairer Vertragspartner aufbauen, daß man den

89 Was im amerikanischen Rechtssystem fast immer der Fall ist, weil die Kosten nicht der unterliegenden Partei auferlegt werden, sondern dort liegen, wohin sie fallen.

90 Ausgeklammert werden hier neuere Beiträge der *Law & Economics* Theorie, die anhand äußerst technischer Modelle, insbesondere unter Anwendung der Spieltheorie, die Bedeutung des nachträglichen Neu- oder Wiederaushandelns (*renegotioation*) von Verträgen aufzeigt. Zu diesem Komplex vgl. m.w.N. Huberman/Kahn, 78 Am.Econ.Rev. 471-484 (1988).

91 Muris, 65 Minn.L.Rev. 521-590 (1981).

92 AaO. S. 527.

93 AaO. S. 527 f.

anderen vor Konkurs retten, daß man mangelhafter Erfüllung vorbeugen oder daß man Selbstschätzung gewinnen will, so liege keine "Erpressung" und somit auch kein Opportunismus vor. Wird dem Antrag auf Vertragsänderung dagegen nur stattgegeben, um die Kosten eines Rechtsstreites[94] zu vermeiden, so liege opportunistisches Verhalten vor.[95] In der Praxis hält Muris einen indirekten Zugang, wie ihn das *Common Law* bereithält, für gangbar:[96] Die *pre-existing duty rule* verlangt das Aufzeigen eines beiderseitigen Vorteils, § 89 Restatement (2d) Contracts fordert unvorhersehbare Umstände, die eine Änderung erforderlich machen. Als dritten - schwächeren - Weg schlägt er das Kriterium einer billigeren Alternative für den Versprechenden vor. Die Beweislast sollte je nach Häufigkeit der Arten von Änderungen - nützliche bzw. opportunistische - verteilt werden. Da dies jedoch empirisch kaum herauszufinden sei, sei die Lösung des *Common Law* zufriedenstellend, die Beweislast demjenigen aufzuerlegen, der von dem anderen die Änderung verlangte, insbesondere auch, weil dieser besser über mögliche Änderungen der äußeren Umstände informiert sei.[97] Durch diese Mechanismen alleine seien die Zahl und die Kosten von gerichtlichen Streitigkeiten erheblich gesenkt, da das Ergebnis vorhersehbar und die zu erhebenden Beweise vereinfacht seien. Dennoch sei es im Sinne materieller Gerechtigkeit legitim, wenn das *Common Law* die Kosten doch wieder anhebe, indem es der anderen Partei den Gegenbeweis erlaube, daß trotz Vorliegen eines objektiven Grundes oder eines beiderseitigen Vorteils eine Übervorteilung stattgefunden hat. Hier solle die Jury Kriterien wie das Maß der Bereitwilligkeit, mit der der Versprechende eingewilligt hat, die Fähigkeit zur vertragsgemäßen Erfüllung seitens des Schuldners oder die Schwere der geänderten Umstände berücksichtigen.[98] Den Ansatz des Uniform Commercial Code lehnt Muris unter Hinweis auf den Fall Pirrone v. Monarch Wine Co.[99] ab, da dort eine erzwungene Vertragsänderung vor Gericht Bestand gehabt habe. M.E. verkennt er dabei jedoch, daß dieser Fall unter Zugrundelegung des Kriteriums der billigeren Alternative durchaus richtig entschieden wurde,[100] und vor allem, daß in dieser Entscheidung überhaupt keine Auseinandersetzung mit der Voraussetzung des guten Glaubens stattfand.[101] Der Uniform Commercial Code interpretiert den guten Glauben wie oben gezeigt gerade im Sinne eines objektiv

---

94 Einschließlich des Risikos, gegebenenfalls einen Prozeß zu verlieren.

95 AaO. S. 534.

96 "Indirekt", weil nicht direkt auf die entscheidende Motivation abgestellt wird, sondern stattdessen objektive Indikatoren benutzt werden.

97 AaO. S. 543 und 546.

98 AaO. S. 548 f.

99 497 F.2d 25 (5th Cir.1974).

100 Monarch hatte sich geweigert, bei Fälligkeit den von Pirrone hergestellten Pfirsichschnaps abzunehmen, der in der Folge Pirrones Lager blockierte und die Produktion teureren Weines verhinderte. Die Alternative zu der angetragenen Änderung bzw. teilweisen Aufhebung des Vertrages wäre z.B. gewesen, den Schnaps zu vernichten und Schadensersatz wegen Vertragsbruchs zu verlangen.

101 Lediglich in Fußnote 9 auf S. 28 wird UCC 2-209 kurz zitiert, um zu zeigen, weshalb *consideration* nicht nötig ist.

aufzeigbaren Grundes für das Verlangen der Vertragsänderung und würde damit nach Muris' eigenen Ausführungen sehr wirksam in der Bekämpfung opportunistischen Verhaltens sein.

Aus einem anderen Blickwinkel, nämlich vom Rechtsinstitut des unerlaubten Zwanges *(duress)* her, nähert sich *Mather*[102] dem Problem.[103] Für die Ausfüllung des dafür im amerikanischen Recht benutzten Kriteriums "fair"[104] arbeitet er zunächst drei Bestimmungsfaktoren heraus: (1) "Harmlose" Vertragsänderungen, d.h. solche, die für die andere Partei keinen Nachteil bedeuten,[105] sollen immer wirksam sein und aus der Betrachtung ausscheiden. (2) In den verbliebenen Fällen solle zunächst (a) auf die objektive wirtschaftliche Situation desjenigen, der die Änderung verlangt und mit Nichterfüllung droht, geschaut werden. Es stelle sich die Frage, ob geänderte Umstände die Änderung rechtfertigen. Als Beispiele führt Mather gestiegene Kosten, ein höheres Angebot von dritter Seite, Kalkulationsfehler und einen Irrtum in der Verwendungsmöglichkeit der Leistung an.[106] Schließlich solle (b) die wirtschaftliche Situation der anderen Partei betrachtet und ermittelt werden, ob billigere Alternativen zur Verfügung standen. Dabei müsse berücksichtigt werden, daß die Möglichkeit, den Rechtsweg zu beschreiten, in vielen Fällen inadäquat sei.[107] Aus den Kriterien (a) und (b) ergeben sich die folgenden vier Kombinationen: 1. Bei der "Freundschaftlichen Vertragsänderung"[108] motivierten geänderte Umstände den Antrag, wobei die andere Partei eine mindestens ebensogute Alternative zur Einwilligung hatte. Hier sei das Einverständnis freiwillig erfolgt und die Änderung müsse voll wirksam sein. 2. Die "Unwahrscheinliche Vertragsänderung"[109] sei ohne geänderte Umstände, aber mit billigerer Alternative. Da auch hier von Freiwilligkeit der Einwilligung ausgegangen werden müsse, solle auch dieser Fall der Änderung voll durchsetzbar sein. 3. Als "Überfallsänderung"[110] bezeichnet er die Änderung, bei der keine geänderten Umstände und auch keine billigere Alternative bestanden. Diese dürfe nicht durchgesetzt werden, da nur so Vertragsbrüche, die den effizienten Güteraustausch behindern, auf lange Sicht wirksam abgeschreckt werden können. Eine Durchsetzbarkeit sei auch nicht

---

102 33 S.Car.L.Rev. 615-658 (1982).

103 Wie oben gezeigt, handelt es sich dabei in der Sache genau um dasselbe Problem des Abgrenzungskriteriums zwischen "nützlichen" und "opportunistischen" Vertragsänderungen. Nur wird hier die Betonung auf die Partei gelegt, die sich der Drohung, nicht zu leisten, ausgesetzt sieht. Im Mittelpunkt steht daher die Frage, ob wirklich Zwang ausgeübt wurde oder ob es vernünftige Alternativen gab, vgl. Mather aaO. S. 622.

104 Siehe UCC § 2-209 (1), Comment 2.; Restatement (2d) Contracts §§ 89 (a) und 175 f.; vgl. Mather, aaO. S. 622 f.

105 Als Beispiel nennt Mather das Verlangen des Auftraggebers, den geschuldeten Bau einer Garage statt auf die östliche Seite des Hauses auf die westliche Seite zu setzen, s. aaO. S. 626.

106 AaO. S. 628 f.

107 Vgl. aaO. S. 631.

108 "Sympathetic Amendment", vgl. aaO. S. 632 ff.

109 "Unlikely Amendment", vgl. aaO S. 634 ff.

110 "Holdup Amendment", vgl. aaO. S. 636 ff.

nötig, um im konkreten Fall den angedrohten Vertragsbruch zu verhindern, da ohne Änderung der äußeren Umstände es schließlich auch für den Drohenden vorteilhafter sei, zu erfüllen, statt Schadensersatz zu zahlen.[111] 4. Die "beiderseitige Bedrängnisänderung"[112] schließlich wurde auf der einen Seite durch Änderung der äußeren Umstände und andererseits durch fehlende Alternativen motiviert. Hier schlägt Mather die gerichtliche Durchsetzbarkeit der Vertragsänderung vor, will sie aber nach oben und nach unten begrenzen. Da die Vertragsänderung für beide Parteien besser als ein Vertragsbruch sei, müsse der Drohende vom Vertragsbruch abgehalten werden. Daher müsse die Änderung zumindest soweit durchsetzbar sein, wie er dadurch besser stehe als wenn er nicht leistet und Schadensersatz zahlen muß.[113] Nach oben will Mather den Umfang der Durchsetzbarkeit durch die Hälfte der Kosten, die durch die veränderten Umstände entstanden sind, begrenzen.[114] Der genaue Punkt zwischen diesen beiden Marksteinen solle durch das Gericht unter Berücksichtigung der Voraussehbarkeit und des angenommenen Risikos festgesetzt werden. Mather räumt selbst ein, daß diese Lösung des letzten Falles auf Probleme stößt, insbesondere bei der genauen Quantifizierung der "neuen" Kosten, bei unteilbaren Änderungen und bei der Bestimmung der Folgen eines nur virtuellen Vertragsbruches.[115] Aber auch schon vorher ist seine Betrachtungsweise nicht unproblematisch. Er definiert nicht genau, in welchen Fällen von geänderten Umständen auszugehen ist. Zwar gibt er Beispiele, jedoch sind diese wohl kaum abschließend und es fehlt jede Begründung, weshalb in diesen Fällen eine Rechtfertigung vorliegt. Auch finden weder die Probleme der Beweisbarkeit noch eine von den Parteien vorgenommene oder von der Rechtsordnung festgelegte Risikoverteilung Beachtung. Mathers Analyse klärt gut über einige Entscheidungsfaktoren bei der Frage der Durchsetzung von Vertragsänderungen auf, seine Lösung ist jedoch in der Praxis nicht wesentlich bestimmter als der von ihm kritisierte Begriff der "fairness".

In einen etwas breiteren Kontext stellt *Robison*[116] das Problem, indem er schon den Ansatz, erpreßte Vertragsänderungen mit Hilfe der Durchsetzbarkeit der Änderung lösen zu wollen, in Frage stellt. Er zeigt die ebenfalls zur Verfügung stehenden rechtlichen Instrumente auf, mit deren Hilfe Opportunismus eingedämmt werden kann,[117] nämlich z.B. die Einräumung eines Anspruches auf Vertragserfüllung als Regelfall,[118] hohe Beweisanforderungen an denjenigen, der eine Vertragsänderung

111 Und unter der Prämisse, daß jeder ein rationaler Wohlstandsmaximierer ist, wird sich der Drohende dieser wirtschaftlichen Betrachtungsweise schließlich unterordnen.

112 "Dual Distress Amendment", vgl. aaO. S. 642.

113 Diese Schwelle nennt Mather den "Inducement Term", vgl. aaO. S. 644 ff.

114 Der sogenannte "Equitable Term", vgl. aaO. S. 648 ff.

115 AaO. S. 653 ff.

116 68 Iowa L.Rev. 699-751 (1983).

117 Vgl. aaO. S. 707 ff.

118 Also "specific performance" statt Schadensersatz. Dem Einwand, daß dann der effiziente Vertragsbruch verhindert würde, begegnet Robison dadurch, daß ein gerichtlich durchsetzbarer Erfüllungsanspruch lediglich die Verhandlungsposition ändert, nicht dagegen das Ergebnis. Nun

verlangt, die Erstattung von Prozeßkosten an die obsiegende Partei, die Gewährung einer Vertragsstrafe bzw. pauschalierten Schadensersatzes oder sogar die Einführung eines Deliktstatbestandes des bösgläubigen Vertragsbruches, mit dem z.B. auch Rufschädigungen geltend gemacht werden könnten. Das amerikanische Recht verleite nämlich insofern zum Vertragsbruch, als seine Kompensationsregelungen den Schaden des Gläubigers nur ungenügend ausgleichen:[119] Es gebe nur in Ausnahmefällen einen Anspruch auf Erfüllung, im Regelfall müsse sich der Geschädigte mit Schadensersatz begnügen. Die zur Geltendmachung des Schadensersatzanspruchs aufgewendeten Kosten werden in keinem Fall ersetzt, so daß es im Zweifel wesentlich billiger sei, einer Vertragsänderung zuzustimmen. Nicht alle Schäden werden ersetzt, sondern meist nur der unmittelbare Schaden, und auch nur, wenn er von den Parteien von Anfang an für möglich gehalten wurde. Schließlich verweist Robison wie schon Muris auf die außerrechtlichen Mechanismen, die Opportunismus vorbeugen können. Da aber auch diese Mechanismen nicht perfekt funktionieren und das amerikanische Recht nicht den vorgeschlagenen Weg besseren Schutzes vor Vertragsbruch gehe, werden opportunistische Vertragsänderungen immer wieder vorkommen, die von außen insbesondere durch einseitige Vorteile, Fehlen von Alternativen für den Zustimmenden und fehlende mißliche Ausgangssituation für den Schuldner erkennbar seien.[120] In diesen Fällen spricht sich Robison gegen eine Durchsetzbarkeit der Änderung aus, weil dadurch auf lange Sicht Opportunisten davon abgehalten werden können, ungebührende Vertragsänderungen zu erzwingen. Abschließend argumentiert Robison, daß diese Abschreckung versage, wenn der Anreiz für den Schuldner zu groß sei, z.B. weil er für den entstehenden Schaden nicht einzustehen hat oder nicht einstehen kann. In diesen Fällen sei auch der Gläubiger darauf angewiesen, sich die vertragsgemäße Erfüllung zu erhandeln und einen zusätzlichen Vorteil zu gewähren, so daß trotz aller moralischer Bedenken die Änderungsmöglichkeit rechtlich gegeben werden solle. Dieser Gedankengang kann letztlich nicht überzeugen, da die ungenügende Sanktionierung eines Vertragsbruches sowohl als Grund für die Existenz opportunistischer Vertragsänderungen, gegen die durch generelle Nichtdurchsetzung vorgebeugt werden soll, als auch als Tatbestandsmerkmal für die Ausnahme von dieser Regel bestimmt wird. Dies zeigt aber deutlich, daß eine befriedigende Lösung letzlich nicht mit dem Mittel der Durchsetzbarkeit gefunden werden kann, weil jede der möglichen Regelungen in Einzelfällen mehr Schaden anrichtet als sie verhindert. Es ist das Verdienst von Robison, gezeigt zu haben, daß ein unmittelbar am Anreiz für Opportunismus ansetzender Weg womöglich mehr Erfolg verspricht als eine Lösung, die versucht, die Auswirkungen zu verhindern.

Eine andere Methode benutzen die kanadischen Autoren *Aivazian, Trebilcock* und

---

kann der Gläubiger seinen Erfüllungsanspruch an den Schuldner "verkaufen", während ansonsten er vom Schuldner die Erfüllung "erkaufen" müßte. Diese Argumentation steht auch im Einklang mit dem Coase-Theorem.

119 Vgl. aaO. S. 717 ff.

120 Hierbei stützt Robison sich auf die Analyse der auch hier zitierten Autoren, vgl. aaO. S. 732 f.

Penny.[121] Sie unterteilen die Fälle von Vertragsänderungen gemäß Posners Vorschlag in zwei Gruppen, nämlich erstens die Gruppe der nachträglichen Erlangung einer Monopolstellung, zweitens die Gruppe der Änderungen der zugrundeliegenden wirtschaftlichen Situation. Dabei verzichten sie vorläufig darauf, ein Abgrenzungsmerkmal zu nennen. Sodann untersuchen sie die kurz- und langfristigen Auswirkungen einer Regel, die Vertragsänderungen erlaubt, und einer, die diesen die volle Wirksamkeit versagt.[122] Wenn sich im Ergebnis keine Unterschiede ergeben, kann so die beste (= effizienteste) Lösung für alle Fälle gefunden werden, ohne daß Abgrenzungskriterien genannt werden müssen. Zu der ersten Gruppe stellen sie folgendes fest:[123] In einer idealen Welt mit vollständiger Information und ohne Vertragskosten im weitesten Sinne[124] sei die rechtliche Regelung letztlich egal, da in beiden Fällen die Möglichkeit der Änderung oder ihr Fehlen von vornherein berücksichtigt werden können und sich im Preis niederschlagen. In einer realen Welt, in der Vertragsänderungen Kosten verursachen, sei dagegen deren Nichtdurchsetzbarkeit effizienter, da dadurch diese Kosten gespart werden und andererseits negative Anreize durch das auf den ersten Blick nicht zu ermittelnde spätere Verhalten der verschiedenen Anbieter[125] geschaffen werden. Parallel dazu verläuft die Analyse der zweiten Gruppe von Vertragsänderungen:[126] Im idealen Markt können wiederum sämtliche Möglichkeiten im ursprünglichen Vertrag Berücksichtigung finden,[127] so daß die Art der Regelung letztlich egal sei. In der realen Welt finde durch eine durchsetzbare Vertragsänderung nur dann eine effiziente Umverteilung statt, wenn der Gläubiger keine billigere Alternative zu der Änderung hat. Da dies im einzelnen aber von vielen zusammentreffenden Faktoren abhänge, sei das Ergebnis mehr oder weniger zufällig. Daher solle durch die Festsetzung einer Risikoverteilung im ursprünglichen Vertrag ein idealer Markt simuliert werden. Das Risiko für geänderte Umstände solle demjenigen zugeschrieben werden, der es am besten abschätzen und sich am besten vor Konkretisierung des Risikos schützen kann. Um die optimale Risikoverteilung zu gewährleisten, dürfen nachträgliche Änderungen nicht zugelassen werden, da dies einen Anreiz für den Risikoträger gäbe, seine Anstrengungen zur Vermeidung des Eintritts des Risikofalles zu vermindern, und da auf lange Sicht die effiziente Zuordnung des Risikos zu dem besseren Risikoträger entmutigt würde. Die Autoren kommen somit zu dem Ergebnis, daß generell Vertragsänderungen nicht durchgesetzt werden sollen. Allerdings wird auch hier eine Ausnahme zugelassen, nämlich in der

121 22 Osgoode Hall L.J. 173-212 (1984).

122 Diese können hier nicht im gesamten Umfange dargestellt werden.

123 AaO. S. 189 ff.

124 S.o. S. 58.

125 Dies ist das oben, Fn.81, beschriebene Zitronenmarktproblem.

126 Vgl. aaO. S. 191 ff.

127 Vgl. zu einem tatsächlich existierenden Beispiel einer Gruppe von Verträgen (nämlich langfristige Kohlelieferungsverträge an die Elektrizitätsindustrie), in denen im Vorhinein zukünftige Änderungen der äußeren Umstände mitkalkuliert werden, den interessanten Artikel von Joskow, 31 J.L.& Econ. 47 (1988).

zweiten Gruppe für die Fälle, in denen auch das Kriterium des besseren Risikoträgers versagt: Sofern dieser nicht zu ermitteln ist oder ein Risiko zu entfernt und unbestimmt ist, um schon im ursprünglichen Vertrag berücksichtigt zu werden, solle den Parteien ein nachträgliches Aushandeln bei Eintritt des Risikos erlaubt werden. Diese Lösung zeigt einen weiteren Aspekt des Problems der Vertragsänderungen, nämlich die Risikoverteilung, auf. Aber auch mit deren Hilfe ist eine einheitliche Lösung nicht zu bewerkstelligen, da es immer Fälle gibt, in denen Ausnahmen zugelassen werden müssen. Darüber, wie diese vom Regelfall abgegrenzt werden können und wie das Problem der mangelnden Beweisbarkeit bewältigt werden soll, gibt auch der Ansatz dieser Autoren letztlich keine Auskunft.

Schließlich seien noch die sehr interessanten Ausführungen von *Narasimhan* erwähnt.[128] Nach einer ausführlichen Diskussion des schon dargestellten Zusammenhanges zwischen dem Sanktionssystem für Vertragsbrüche und dem Anreiz zu opportunistischem Verhalten und nach einer Betrachtung der Vor- und Nachteile eines Erfüllungsanspruches (*specific performance*) stehe als Ergebnis fest, daß zumindest nicht sicher sei, daß das amerikanische System, das diesen Anspruch nicht gewährt, unvorteilhaft sei. Unter dieser Prämisse wird dann der Spieß umgedreht und der bis dahin unverdächtige Gläubiger der vertraglichen Leistung auf Opportunismus hin untersucht. Dieser könne nämlich in einer Situation, in der ihm eigentlich nur ein ungenügender Anspruch auf Schadensersatz zustehe, sozusagen qua Selbsthilfe eine Vertragserfüllung herbeiführen, indem er einer Vertragsänderung zustimme, den Schuldner dadurch zur Leistung motiviere und anschließend die Einlösung seines Änderungsversprechens unter Berufung auf fehlende Voraussetzungen wie *consideration* ablehne. Dadurch werde aber das existierende Sanktionensystem ausgehöhlt. Änderungen sollten daher durchsetzbar sein. Ausnahmen seien die Fälle, in denen ein Erfüllungsanspruch im *Common Law* ausnahmsweise gewährt worden wäre[129] oder nur deshalb nicht hätte gewährt werden können, weil das Gerichtssystem nicht gut und schnell genug funktionierte. Die Ausführungen von Narasimhan verblüffen dadurch, daß sie die Rollen von "Opfer" und "Täter" vertauschen. Sie zeigen erneut, daß insbesondere die zugrundeliegende Verteilung von Rechten und Ansprüchen die Ursache für Opportunismus ist und daß der Versuch eines "ex-post" Ausgleichs durch Regelung der Durchsetzbarkeit der Änderungen nur neue Möglichkeiten der opportunistischen Betätigung aufreißt.

c) Ergebnisse

Es ist der Verdienst der soeben dargestellten Literatur, mit unterschiedlichen Methoden und Schlußfolgerungen herausgearbeitet zu haben, welche tatsächlichen und rechtlichen Gegebenheiten zu dem Phänomen der opportunistischen Vertragsänderungen beitragen und welche Mechanismen dem entgegenwirken können. Dies kann etwa folgendermaßen zusammengefaßt werden:

---

128 97 Yale L.J. 61-95 (1987).

129 Dies ist insbesondere in den Fällen der Einzigartigkeit der Leistung, sehr unbestimmten Schadens oder drohenden Konkurses des Schuldners der Fall, vgl. aaO. S. 72.

aa) Definition einer opportunistischen Vertragsänderung

In vielen Vertragsbeziehungen ist der Gläubiger mit zunehmender Nähe des Fälligkeitstermins auch zunehmend abhängig von der einwandfreien Durchführung des Vertrages seitens des Schuldners, z.B. dadurch, daß er sich zum Weiterverkauf oder zum Einbau der zu liefernden Ware verpflichtet hat und alternative Zulieferer nicht sofort zur Verfügung stehen. Der Schuldner erlangt hier im Bezug auf seinen Gläubiger eine Monopolstellung. Er kann damit drohen, seine Leistung nicht oder nicht vertragsgemäß zu erbringen. Wenn der Gläubiger ihn nicht rechtlich oder tatsächlich zur Erfüllung bewegen kann, wird er bereit sein, ihm ein "Bestechungsgeld" für die vertragsgemäße Leistung zu zahlen, solange dieser abverlangte Monopolzins niedriger ist als der nach Ausschöpfung aller rechtlicher Mittel übrigbleibende Schaden für den Gläubiger. Ein aus dieser Lage motiviertes Änderungsbegehren des Schuldners wird "Überfall" (*hold-up*) genannt und führt zu einer opportunistischen Vertragsänderung.

bb) Wertung einer opportunistischen Vertragsänderung

Die direkte Folge einer opportunistischen Vertragsänderung ist, daß der Schuldner mehr erhält und der Gläubiger mehr geben muß als ursprünglich vereinbart. Dies ist ein reiner Wohlstandstransfer und führt zu keiner Mehrwertschaffung. Auf lange Sicht ergibt sich eine Steigerung der Kosten für mögliche Transaktionen: Gläubiger müssen mit Opportunismus der anderen Partei rechnen. Daher werden sie zum Beispiel ihre eigenen Preise erhöhen oder auf einer Senkung der Preise des Schuldners bestehen. Sie werden Erfüllungsgarantien oder Vertragsstrafeklauseln verlangen. Sie werden nicht mit dem Anbieter verhandeln, der das günstigste Angebot macht, sondern mit dem, den sie lange kennen. Sie werden sich selbst nicht mehr fest gegenüber eigenen Kunden binden. Und sie werden einige günstige Geschäfte vielleicht überhaupt nicht mehr tätigen aus Angst vor späteren "Überfällen". All dies verursacht direkte oder indirekte Kosten, die den effizienten Güter- und Dienstleistungsverkehr behindern, so daß diese Art der Änderungen verhindert werden sollte.

cc) Faktoren, die das Verhalten der Parteien beeinflussen

Sobald der potentielle Opportunist erkannt hat, daß er eine Monopolstellung erlangt hat, wird er sich im ersten Schritt überlegen, ob er mit dem Gläubiger eine dauerhafte Vertragsbeziehung haben will und ob er unter Umständen einen guten Ruf im Geschäftsleben verlieren kann. Wenn beides nicht der Fall ist, oder auch, wenn von außen nicht festgestellt werden kann, ob nicht doch die Änderung äußerer Umstände eine Vertragsänderung im verlangten Umfang rechtfertigt, wird er auf einer Vergünstigung für sich bestehen. Im zweiten Schritt wird sich der Gläubiger überlegen, in welchem Verhältnis die Mehrkosten der Änderung zum Aufwand, sich über die zugrundeliegenden Umstände zu informieren und gegebenenfalls zur Wehr zu setzen, stehen. Hier ist entscheidend, welche rechtlichen Möglichkeiten dem Gläubiger zur Hand gegeben werden. Wenn er ohne hohe Kosten schnell einen Erfüllungsanspruch gerichtlich durchsetzen kann, muß der Schuldner die Verweigerung des Änderungsbegehrens durch den Gläubiger hinnehmen. Auch ein erwartbarer sehr hoher Schadensersatz, der weit über die Vergünstigung für den Schuldner durch die Änderung hinausgeht, hilft dem Gläubiger weiter. Dies hilft allerdings nur unvollkommen, wenn der Gläubiger noch weiteren Schaden zu befürchten hat, für den er keinen Ersatz verlangen kann. Eine Rechtsordnung kann hier auf das Verhalten der Parteien einwirken, indem sie Erfüllungsansprüche, vorläufigen Rechtsschutz und möglichst umfassenden Schadensersatz[130] gewährt, und indem sie für die erfolgreiche Partei die Inanspruchnahme des Rechts kostenlos macht. Falls es trotz allem zu einer Änderung gekommen ist, so kann diese im dritten Schritt angefochten werden. Die Erfolgschancen einer Anfechtung bzw. der Durchsetzung der Änderung haben eine Vorwirkung auf das Verhalten der Parteien im zweiten Schritt.

dd) Die praktische Anwendung im amerikanischen Recht

Die rechtlichen Möglichkeiten eines Gläubigers, im zweiten Schritt die Erfüllung rechtlich durchzusetzen, sind beschränkt: (1) Einen Erfüllungsanspruch kennt das amerikanische Recht nur in Ausnahmefällen, nämlich dann, wenn Schadensersatz inadäquat wäre.[131] Dies ist nur dann der Fall, wenn die Leistung einzigartig ist oder ein Schaden schwer zu berechnen wäre. Traditionell sind hier nur absolute Einzelstücke wie rare Kunstwerke gemeint. Die Rechtsprechung[132] und nun auch der Uniform Commercial Code[133] berücksichtigen allerdings, daß eine Ware auch dann einzigartig für den Käufer werden kann, wenn ein Deckungskauf nicht oder nur sehr schwer möglich ist. Dennoch steht auch hiernach die Gewährung eines Erfüllungsanspruchs im Ermessen des Gerichts[134] und der Ausgang eines Prozesses mit allen seinen Kosten ist daher mehr als unsicher. Das Fehlen des Erfüllungsanspruchs hat neben der unmittelbaren Folge der schlechteren Verteidigungsmöglichkeit noch zwei weitere Auswirkungen. Zum einen kann bei Berechnung eines Schadens argumentiert werden, daß nie ein Recht zur unbedingten Vertragserfüllung bestanden habe, so daß Ersatz eines Vertrauensschadens den Gläubiger besser stelle.[135] Zum anderen kann die oben genannte Rufschädigung desjenigen, der mit Vertragsbruch droht, gemindert werden: nur in einem System, das die Vertragserfüllung als primär ansieht und an dem Prinzip "pacta sunt servanda" festhält, ist ein Vertragsbruch auch moralisch verwerflich und

---

130 Dazu gehört eine Beweisregel, die dem Gläubiger die Geltendmachung seines vollen Schadens erleichtert.

131 Auch dies ist nur durch die Rechtsgeschichte zu verstehen. Es beruht auf der Trennung von *law* und *equity* im englischen Königreich. Nur dem Kanzler war erlaubt, zu etwas anderem als der Zahlung einer Geldsumme zu verurteilen. Seine Zuständigkeit war aber nur eröffnet, wenn der Rechtsschutz der allgemeinen Gerichte im Einzelfall versagte, also inadäquat war. Vergleiche z.B. Newman, Kap. I-IV; James/Hazard, §§ 1.3-1.6, S. 8-19.

132 Vergleiche z.B. Campbell Soup Co. v. Wentz, 172 F.2d 80 (3d Cir.1948).

133 UCC § 2-716, insb. auch Comment 2.

134 Vgl. insb. UCC § 2-716 (1) und Comment 1.; Siehe z.B. auch den Fall Campbell Soup Co. v. Wentz, 172 F.2d 80 (3d Cir.1948), in dem zwar prinzipiell die Voraussetzungen für einen Erfüllungsanspruch bejaht werden, dieser jedoch schließlich aus Billigkeitsgründen abgelehnt wird: der Gläubiger habe einen für sich so vorteilhaften Vertrag ausgehandelt, daß er nicht mit dem Mitleid des Gerichts rechnen könne.

135 Dies ist auch der den Ausführungen von Narasimhan (oben S. 67) zugrundliegende Gedanke.

rufschädigend. Im amerikanischen Recht, das primär Schadensersatz gewährt, gibt es dagegen starke Bestrebungen, den Vertragsbruch als moralisch neutral und im Falle des *efficient breach* als wirtschaftlich wünschenswert hinzustellen.[136] (2) Vorläufiger Rechtsschutz wird im amerikanischen Recht ebenfalls nur in Ausnahmefällen gewährt. Bei Rechtshängigkeit kann eine vorläufige Anordnung (*preliminary injunction*) getroffen werden, um den Status Quo aufrechtzuerhalten. Ansonsten kann eine einstweilige Unterlassungsverfügung (*temporary restraining order*) ergehen, deren Voraussetzungen eine große Wahrscheinlichkeit des Bestehens des zu sichernden materiellen Anspruchs, ein nicht wiedergutzumachender Schaden bei Versagung des vorläufigen Rechtsschutzes, überwiegende Härte bei dem Antragsteller und Fehlen eines entgegenstehenden öffentlichen Interesses sind.[137] Da auch hier ein Vermögensschaden nicht als irreparabel angesehen wird, muß z.B. geltend gemacht werden, daß der gesamte Geschäftsbetrieb ansonsten kurz vor dem Ruin steht.[138] Außerdem wird dieses Rechtsmittel in der Regel nur zugesprochen, um einen bestehenden Zustand zu erhalten, nicht um ein positives Tun zu erwirken. So könnte der Gläubiger wohl die anderweitige Veräußerung einer Ware verhindern, jedoch nicht die Herausgabe an sich selbst erwirken.[139] (3) Schadensersatz wird im amerikanischen Recht in der Höhe gewährt, die den Verletzten in eine ebensogute Position versetzt wie er sie ohne das schädigende Ereignis innehätte. Das bedeutet, daß Erfüllungsschadensersatz gezahlt wird. Alle Folgeschäden können nur dann geltendgemacht werden, wenn sie unmittelbar (*proximate*) und eindeutig (*certain*) durch den Schädiger verursacht worden sind. Dies wird im Vertragsrecht dahin ausgelegt, daß die Schäden bei Vertragsschluß für die Parteien erwartbar waren.[140] Auf besondere Umstände, aus denen ein besonders hoher Schaden resultiert, muß der Schuldner vorher aufmerksam gemacht worden sein.[141] (4) Kosten und Auslagen anläßlich eines Gerichtsprozesses werden grundsätzlich nicht erstattet, sondern liegen dort, wo sie hinfallen.[142] Daher lohnen sich

136 Vgl. Holmes, 10 Harv.L.Rev. 456, 462 (1897); Posner in Patton v. Mid-Continent Systems, Inc., 841 F.2d 742, 748 (7th Cir.1988). Diese Ansicht ist jedoch keinesfalls unbestritten, vgl. 1 Williston, Contracts, § 130 A, S. 538.

137 Benda v. Grand Lodge of Machinists, 584 F.2d 308, 315 (9th Cir.1978). Die letzte Voraussetzung wird sogar manchmal positiv in der Weise gefaßt, daß die Verfügung im öffentlichen Interesse liegen muß, vgl. Los Angeles Memorial Coliseum Commission v. National Football League, 634 F.2d 1197, 1201 (9th Cir.1980), Leubsdorf, 91 Harv.L.Rev. 525, 526 (1978).

138 Corning Savings & Loan Association v. Federal Home Loan Bank Board, 562 F.Supp. 279, 283 (Ark.1983).

139 Rechtsmittel, die den Status Quo ändern, werden höchstens gewährt, wenn die gesamte Lage ganz eindeutig für den Antragsteller spricht, Doe v. New York University, 666 F.2d 761, 772 (2d Cir.1981); Perey-Faney v. District Director, I.N.S., 611 F.Supp. 990, 1001 (Cal.1984).

140 Seit Hadley v. Baxendale, 9 Exch. 341 (1854) (England). In neuerer Zeit s. Vitol Trading S.A., Inc. v. SGS Control Services, 874 F.2d 76, 79 (2d Cir.1989); s. auch UCC § 2-715 (2). Für den Fall, daß Geldzahlungen zurückgehalten werden, vertreten einige Gerichte den Standpunkt, daß Folgeschäden nie ersetzt werden dürfen, da diese in Zinszahlungen ihre ausschließliche Berücksichtigung finden, vgl. Meinrath v. Singer Co., 87 F.R.D. 422 (N.Y.1980). Anders aber UCC § 2-710.

141 Vgl. UCC § 2-715 Comment 2., 3. und 6.

142 Einige Staaten haben gesetzliche Ausnahmen geschaffen, s. z.B. Tex.Rev.Civ.Stat.Ann.

gerichtliche Schritte gegen den opportunistischen Schuldner nur, wenn die verlangte Änderung einen großen Umfang erreicht. Ein Ausweg ist die Vereinbarung des in den Vereinigten Staaten erlaubten Erfolgsgehalts für den Anwalt (*contingent fee*), so daß wenigstens bezüglich der eigenen Kosten kein Risiko eingegangen werden muß. Auch möglich ist die Beantragung eines Strafschadensersatzes (*punitive damages*), mit denen dann die Kosten abgedeckt werden können. *Punitive damages* werden allerdings im Vertragsrecht in der Regel nur gewährt, wenn deliktsrechtliche Elemente wie Betrug, Arglist, grobe Fahrlässigkeit oder Erpressung vorliegen.[143] [144] Die Rechtsprechung ist dabei äußerst zurückhaltend, so daß diese mögliche Kompensation sicher kein Anreiz zur Einreichung einer Klage sein kann, wenn die Kosten gefürchtet werden.

Wenn aber die rechtlichen Möglichkeiten zur Verhinderung des Vertragsbruches der anderen Partei in der Regel nur indirekt, zu langsam, kostenintensiv und im Ergebnis unzureichend sind, und wenn gleichzeitig zumindest von einem Teil der Judikatur und der Literatur der Vertragsbruch als unter Umständen wünschenswert - da effizient - bewertet wird, besteht ein besonderer Anreiz, unter Drohung der Nichterfüllung eines bestehenden Vertrages eine besondere Vergünstigung für sich auszuhandeln.[145] Dem versucht das amerikanische Recht sozusagen ex post zu begegnen, indem es bei der Frage der Durchsetzbarkeit von Vertragsänderungen versucht, die effizienten von den nicht effizienten (oder auch je nach theoretischem Ansatz: die freiwilligen von den unfreiwilligen, die gutgläubigen von den bösgläubigen) zu trennen. Als rechtliche Mechanismen fungieren dabei *consideration* und *pre-existing duty rule*, Restatement (2d) Contracts § 89, *duress* und *good faith.* Alle diese Instrumente bewirken,[146] daß der Gläubiger der neuen Vergünstigung zeigen muß, daß sein Änderungsverlangen durch eine Änderung der äußeren Umstände motiviert war. Dies gilt insbesondere, wenn er dabei wirtschaftlichen Druck ausgeübt hat. Darüber hinaus kann der Schuldner zeigen, daß die Vertragsänderung über den Ausgleich der Verschiebung des Gleichgewichts hinausgeschossen ist und er nur unter Zwang eingewilligt hat. Die oben dargestellte Literatur[147] hat aufgezeigt, welche Kriterien dabei berücksichtigt werden sollen und auch in vielen Entscheidungen immer berücksichtigt

---

Art.2226 (Vernon 1985), Ariz.Rev.Stat.Ann. § 12-341-01 (1983), Alaska Civil Rule 82.

143 Vgl. Canada Dry Corp. v. Nehi Beverage Co., 723 F.2d 512, 524-526 (7th Cir.1983); Brink's Inc. v. City of New York, 717 F.2d 700 (2d Cir.1983).

144 Im Versicherungsrecht wurde auch eine deliktsähnliche Weigerung, die geschuldete Leistung zu erbringen, als Anlaß gewertet, *punitive damages* zu gewähren, vgl. Bankers Life and Casualty Co. v. Crenshaw, 108 S.Ct. 1645, 1649 (1988); Childs v. Mississippi Valley Title Insurance Co., 359 So.2d 1146, 1152 (Ala.1978). Dies sind allerdings noch extreme Einzelfälle, die nicht in das allgemeine Vertragsrecht übertragen werden können. Interessant ist in diesem Zusammenhang auch die Entscheidung Patton v. Mid-Continent Systems, Inc., 841 F.2d 742, 748 (7th Cir.1988), in der Richter Posner *punitive damages* im Falle eines effizienten Vertragsbruches verweigert. Es stellt sich die Frage, ob der Umkehrschluß gilt, daß sie zu gewähren sind, wenn der Vertragsbruch nicht effizient ist.

145 Siehe zu den Auswirkungen unterschiedlicher Regelungen der Folgen des Vertragsbruches auf nachträgliche Vereinbarungen Craswell, 61 S.Cal.L.Rev. 630-670 (1988).

146 Siehe dazu die oben, S. 46-56, dargestellte Rechtsprechung.

147 S.o. S. 60-67.

worden sind, wobei die einzelnen Autoren jeweils den Schwerpunkt auf nur einen Teil der Merkmale gelegt haben, um daran die Unterscheidung zwischen effizienten (und daher erlaubten) und opportunistischen (und somit nicht durchsetzbaren) Änderungen festzumachen. Alleine die Vielzahl der Vorschläge zeigt, daß eine einwandfreie und sichere Lösung nicht gefunden werden kann. Vielmehr stößt eine inhaltliche Nachprüfung der Situation zum Zeitpunkt der Änderungsvereinbarung schnell an Beweisbarkeitsgrenzen, die auch durch mehrschichtige Beweislastverteilungen nur ungenügend zu beheben sind. Damit wird die Entscheidung zum mehr oder weniger zufälligen Ereignis. Getreu dem Grundsatz der ökonomischen Betrachtungsweise, daß Probleme immer am besten an der Wurzel angegangen werden, statt indirekt die Auswirkungen auszugleichen, sollte statt einer nachträglichen Billigkeitsprüfung lieber der anfängliche Schutz vor wirtschaftlichem Druck verbessert und so der Anreiz für opportunistische Änderungsbegehren vermindert werden.

4. Formvorschriften: Statute of Frauds

A. Einführung

Im selben Grade wie sich in England mit der *action of assumpsit* die Möglichkeit, mündliche Vereinbarungen durchzusetzen, ausbreitete,[1] stieg auch die Gefahr des Mißbrauchs. Da es im englischen Zivilprozeß dem Beklagten versagt war, vor Gericht in eigener Sache auszusagen, konnte ein Kläger mit Unterstützung eines falschen Zeugen leicht ein angebliches Versprechen durchsetzen, das der Beklagte nie gegeben hatte.[2] 1677 reagierte das englische Parlament auf diese Entwicklung mit dem Erlaß des sogenannten *Statute of Frauds*,[3] das zur Eindämmung von Betrug und falschem Zeugnis für verschiedene Transaktionen formale Voraussetzungen aufstellte. Für den Warenkauf maßgeblich waren insbesondere Sec.17 und Sec.4,[4] die unerfüllte Kaufverträge zu einem Preis von 10 Pfund und mehr und Verträge, die nicht innerhalb eines Jahres erfüllt werden sollen, nur dann für verbindlich erklärten, wenn ein unterzeichnetes Schriftstück darüber existierte. Da diese Vorschriften zwar verhinderten, daß jemand für ein nicht gegebenes Versprechen einstehen mußte, andererseits aber ebenfalls verhinderten, daß ein redlicher Vertragspartner ein mündliches Versprechen einklagen konnte, wurde die Berechtigung dieser Vorschrift schon bald in Zweifel gezogen.[5] Insbesondere durch die Einführung der Parteiaussage im Prozeß und die allmähliche Ausübung einer gewissen richterliche Kontrolle über die Jury wurde dem Gesetz der ursprüngliche Zweck entzogen.[6] In England wurde es 1954 abgeschafft.[7]

---

1 S.o. S. 44.

2 Vgl. die Illustration in White/Summers, S. 66, aufgegriffen in Thomson Printing Machinery Co. v. B.F.Goodrich Co., 717 F.2d 744, 36 UCCRS 737 (7th.Cir.1983). Siehe Farnsworth, Contracts, § 6.1, Bd.2, S. 82; Holdsworth VI S. 388 f.

3 29 Car.II, c.3, 8 Stat. at Large 405. Zu den Autoren des Statute of Frauds (1677) s. die Untersuchungen von Hening, 1 U.Pa.L.Rev. 283-316 (1913) und Costigan, 26 Harv.L.Rev. 329 (1913). Vgl. auch Holdsworth VI S. 379-384 und allgemein zu der Berechtigung eines solchen Gesetzes im Hinblick auf Formfunktionen Perillo, 43 Fordham L.Rev. 39, 67 f. (1974).

4 Der Text lautet:
Section 17: And be it further enacted by the authority aforesaid, that from and after the said four and twentieth day of June no contract for the sale of any goods, wares and merchandises, for the price of ten pounds sterling or upwards, shall be allowed to be good, except the buyer shall accept part of the goods so sold, and actually receive the same, or give something in earnest to bind the bargain, or in part of payment, or that some note or memorandum in writing of the said bargain be made and signed by the parties to be charged by such contract, or their agents thereunto lawfully authorized.
Section 4: And be it further enacted by the authority aforesaid, That from and after the said four and twentieth day of June no action shall be brought ... upon any agreement that is not to be performed within the space of one year from the making thereof (6) unless the agreement upon which such action shall be brought, or some memorandum or note thereof, shall be in writing, and signed by the party to be charged therewith, or some other person thereunto by him lawfully authorized.

5 Child v. Godolphin, 21 Eng.Rep. 181 (1723).

6 Vgl. (für England) Report of the Law Revision Committee on the Statute of Frauds and the Doctrine of Consideration 6-7 (6th Interim Report, Cmd 5449 (1937), abgedruckt in 15 Can.B.Rev. 585-619 (1937).

In den Vereinigten Staaten von Amerika, wo das *Statute of Frauds* während der Kolonialzeit Einzug erhielt, wurde es von Judikative und Legislative in das geltende Recht aufgenommen.[8] Im 20. Jahrhundert wurde die Warenkaufsbestimmung durch Übernahme von Sec.4 Uniform Sales Act (1906) in ca. zwei Dritteln der Staaten Gesetz.[9] [10] Der Uniform Commercial Code hat in § 2-201 (1)[11] ein *Statute of Frauds* für den Warenkauf formuliert, das durch UCC § 2-209 (3)[12] auch für Änderungen gilt. Das *Statute of Frauds* ist nach der geltenden Terminologie damit schon längst kein einheitliches Gesetzeswerk mehr, sondern besteht aus verstreuten Vorschriften, die ihren Ursprung jeweils in dem englischen *Statute of Frauds* von 1677 haben. Ebenso wie bei der *Consideration* Doktrin wurden aber auch bei Anwendung des *Statute of Frauds* aus Billigkeitserwägungen harte Folgen für eine Partei nach vertretbarem und erwartbarem Vertrauen auf eine Vereinbarung durch das Rechtsinstitut *promissory estoppel* gemildert. Im Restatement Contracts wurde dies in § 178 aufgenommen und nach weiterer Anerkennung durch viele Gerichte[13] in Restatement (2d) Contracts § 178 ausgeweitet. Im Uniform Commercial Code ist dieses Rechtsinstitut in § 2-201 (3) für Warenkäufe und in § 2-209 (4), (5) für deren Änderungen ausformuliert worden. Inwieweit daneben noch die weiteren Common Law Grundsätze des *promissory estoppel* anwendbar sind, ist umstritten.[14]

Wegen der besseren Übersicht über die inzwischen recht kompliziert gewordenen Vorschriften soll im folgenden zunächst nur auf die Regelungen für den Vertragsschluß eingegangen werden, indem die einzelnen Tatbestände (unter B.) und die Art der Formerfordernisse (unter C.) sowie die Ausnahmen von diesem Formerfordernis (unter D.) beschrieben werden. Erst im Anschluß daran wird dargestellt, inwieweit diese Grundsätze auch auf Vertragsänderungen Anwendung finden und welche Besonderheiten dort gelten (unter E.).

---

7 Grunfeld Law Reform (Enforcement of Contracts) Act 1954, 17 Mod.L.Rev. 451 (1954); Note, 40 Cornell L.Qu. 581 (1955), 68 Harv.L.Rev.383 (1954)

8 In Maryland und New Mexico wurde das englische *Statute of Frauds* als Teil des englischen *Common Law* aufgefaßt und damit durch richterliche Entscheidung in das amerikanische Recht aufgenommen, s. Lewis v. Tapman, 45 A.459 (Md.App.1900); Childers v. Tabbott, 16 P. 275 (S.Ct.N.M.1888). Fast alle anderen Staaten erließen eigene Gesetze, in denen das ursprüngliche *Statute of Frauds* kodifiziert wurde. Nur in Louisiana erhielt diese Vorschrift keine Geltung, vgl. Farnsworth, Contracts, § 6.1, Bd.2, S. 83 Fn.6.

9 Der Text von Section 4 (1) lautete: "A contract to sell or a sale of any goods or choses in action of the value of five hundred dollars or upward shall not be enforceable by action unless the buyer shall accept part of the goods or choses in action so contracted to be sold or sold, and actually receive the same, or give something in earnest to bind the contract, or in part payment, or unless some note or memorandum in writing of the contract or sale be signed by the party to be charged or his agent in that behalf."

10 Vgl. auch White/Summers S. 3.

11 Text s.u. S. 77 Fn.28.

12 Text oben S. 51 Fn.44.

13 Leitentscheidung war Alaska Airlines, Inc. v. Stevenson, 217 F.2d 295 (9th.Cir.1954).

14 Calamari/Perillo, S. 844 Fn.75; vgl. hierzu unten S. 84.

B. Die einzelnen *Statute of Frauds* Tatbestände

Beleuchtet werden sollen im folgenden nur diejenigen Vorschriften, die auch für Warenkaufverträge gelten können und im Anwendungsbereich von CISG theoretisch mit dem Grundsatz der Formfreiheit (Artt.11, 29 Abs.1 CISG) kollidieren. Die hier in Betracht kommenden Bestimmungen sind die folgenden:

a) "One Year Provision"

Verträge, die nicht innerhalb eines Jahres erfüllt werden sollen, unterliegen einer bestimmten Form.[15] Abgestellt wird dabei generell auf die Vollendung der Erfüllung.[16] Da die Berechtigung dieser Vorschrift im Hinblick auf die Funktionen eines Formzwanges in Zweifel gezogen wurde,[17] tendierten die Gerichte zu einer restriktiven Auslegung und ließen nur solche Verpflichtungen der *One Year Provision* unterfallen, deren Erfüllung vor Ablauf eines Jahres nicht nur nicht vorgesehen oder unwahrscheinlich, sondern laut Vereinbarung unmöglich war.[18] Einige Gerichte stellten allerdings auf den von den Parteien anvisierten Zeitpunkt ab[19] oder setzten als Erfüllungszeitraum die Spanne ein, die realistisch erscheint.[20] Generell ist jedoch davon auszugehen, daß unbefristete Verträge, auch wenn sie im Nachhinein vielleicht länger als ein Jahr unerfüllt bleiben, nicht der *One Year Provision* des *Statute of Frauds* unterfallen.[21] Dasselbe gilt für Verträge, deren Ausführung nach Eintritt einer

---

15 Diese Bestimmung ist im Restatement (2) Contracts §§ 110 (e), 130 festgehalten. Die einzelstaatlichen Kodifizierungen sind in der Statutory Note zum Restatement (2d) Contracts, ch.5, vor § 110, aufgelistet. Die Vorschrift gilt in allen amerikanischen Staaten außer in North Carolina und Pennsylvania, s. Farnsworth, Contracts § 6.4, Bd.2, S. 110 Fn.5.

16 Siehe z.B. Calamari/Perillo § 19-17, S. 806.

17 Sie wird der Beweisfunktion nicht gerecht, da kein Zusammenhang zwischen anvisiertem Ende der Erfüllung und dem Zeitpunkt einer möglichen Streitigkeit besteht, vgl. D & N Boening, Inc. v. Kirsch Beverages, Inc., 472 N.E.2d 992, 993 (N.Y.1984) (Franchize Vertrag); s. auch Perillo, 43 Fordham L.Rev. 39, 77 (1974). Ebensowenig läßt sie sich mit der Warnfunktion angesichts besonders bedeutender Verpflichtungen rechtfertigen, da eine erst spät zu erfüllende Vertragspflicht keineswegs wichtiger sein muß als eine, deren Erfüllung innerhalb eines Jahres zu bewirken ist, Farnsworth, Contracts, § 6.4, Bd.2, S. 110 f.

18 M.w.N. Howarth v. First National Bank, 540 P.2d 486, 491 f. (Alaska 1975); Adams v. Wilson, 284 A.2d 434, 438 (Md.1971); mit guter Darstellung und w.N., D & N Boening v. Kirsch Beverages, 472 N.E.2d 992, 993-995 (N.Y.1984) [formbedürftig, wenn Beendigung immerhalb eines Jahres lediglich durch Vertragsbruch möglich wäre]; Ohanian v. Avis Rent A Car System, Inc., 779 F.2d 101, 107 [nicht formbedürftig dagegen, wenn die Beendigung innerhalb eines Jahres nicht nur bei Bruch der anderen Seite, sondern auch aus betrieblichen Gründen -"for just cause"- vorgesehen ist]; Restatement (2d) Contracts § 130, Comment a.; m.w.N. 2 Corbin, Contracts, § 444, S. 534 ff.

19 Cumberland & M.R.Co. v. Posey, 244 S.W. 770, 772 (Ky.1922); zum ganzen mit vielen Beispielen 3 Williston, Contracts, § 500, S. 606-613.

20 Krueger v. Young, 406 S.W.2d 751, 755 (Tex.Civ.App.1966); Mercer v. C.A.Roberts Co., 570 F.2d 1232, 1236 (5th Cir.1978) [Arbeitsvertrag]; San Francisco Brewing Corp. v. Bowman, 343 P.2d 1, 7 (Cal.1959) [Bierlieferungsvertrag. Auch hier griff das Gericht zunächst auf die vereinbarte Zeit zurück. Wenn aber implizit eine Vertragsdauer von "vernünftiger" Länge (*reasonable time*) vereinbart war und die Jury als solches eine Dauer von mehr als einem Jahr bestimmte, greift die *One Year Provision*].

21 S.o. Fn.18; Joe Regueira, Inc. v. American Distilling CO., 642 F.2d 826, 830 (5th Cir.1981) [Alkohollieferungsvertrag fällt nicht unter diese Vorschrift, wenn die Fortdauer des

Bedingung beginnen oder enden soll, sofern dies möglicherweise innerhalb eines Jahres geschieht.[22] Denkbare Fälle im Überschneidungsbereich von CISG und der Einjahresvorschrift sind demnach Kaufverträge, in denen Lieferung oder Kaufpreiszahlung später als nach Ablauf eines Jahres erfolgen sollen oder in denen Erfüllung in mehreren Lieferungen oder Raten vorgesehen ist, deren letzte weiter als ein Jahr in der Zukunft liegt. In diesen Fällen bedarf der gesamte Vertrag der Form des *Statute of Frauds*.[23]

b) "Land Contract Provision"

Nach dieser Vorschrift sind alle Verträge über den Kauf eines Rechtes an einem Grundstück formbedürftig. Dies ist in Bezug auf Warenkaufverträge nur ausnahmsweise relevant, nämlich dann, wenn sowohl Land wie auch bewegliche Sachen verkauft werden. Die Rechtsprechung tendiert in solchen Fällen dahin, den gemischten Vertrag insgesamt nach dem überwiegenden Element (Land oder bewegliche Sache) zu qualifizieren, sofern der Vertrag ein einheitlicher ist und nicht einfach in seine Bestandteile aufgeteilt werden kann.[24] Der Begriff Verkauf ("contract for sale") wird dabei weit ausgelegt und umfaßt jede Verpflichtung, irgendein Recht an einem Grundstück oder bezüglich eines solchen zu bestellen oder zu übertragen, so u.U. Miete,[25] Wegerechte, Hypotheken etc.[26] Denkbare Beispiele von hier interessierenden CISG Verträgen im Anwendungsbereich dieser Vorschrift sind dann Miet- oder Kaufverträge über Lagerhäuser mit Übernahme der lagernden Bestände, Kauf von Unternehmen, Höfen oder Privathäusern inklusive der in ihnen befindlichen Einrichtung, Ware, Ausrüstung etc.

Lieferverhältnisses z.B. an das Bestehenbleiben des Marktanteils geknüpft ist]; Weiner v. McGraw-Hill, Inc., 443 N.E.2d 441, 33 ALR 4th 110, 115 (C.A.N.Y.1982) [Arbeitsvertrag, der "at will" oder "for just cause" beendet werden kann, unterfällt nicht dem Statute of Frauds].

22 Canister Co. v. National Can Corp., 63 F.Supp.361, 367 (Del.1945) (Lieferungsvertrag für die Dauer des Krieges ist formfrei). In Kitsos v. Mobile Gas Service Corp., 404 So.2d 40, 42 (Ala.1981) wird ein lebenslanger Arbeitsvertrag als nicht der Einjahresvorschrift unterfallend angesehen, da der Tod ja innerhalb des nächsten Jahres eintreten könnte. In Joseph v. Sears, Roebuck Co., 77 S.E. 583, 40 ALR 2d 742 (1953) (m.w.N.) wird unter Berufung darauf auch die Zusage der Verkäuferin, ein Dampfkochtopf sei absolut gefahrlos und gegebenenfalls würden alle Schäden ersetzt, von dieser Bestimmung ausgenommen, auch wenn der schließlich nach 2 Jahren eingetretene Schaden gänzlich unwahrscheinlich war und der Topf eine Lebensdauer von 15 Jahren hat. Davon zu unterscheiden sind die Fälle, in denen eine bestimmte Vertragsdauer vorgesehen ist, die aber durch den Tod einer Partei innerhalb eines Jahres (möglicherweise) erledigt werden. Hier bewirkt das Ereignis des Todes einer Partei nur die Befreiung von der Leistungspflicht, nicht jedoch deren vollständige Erfüllung, so daß der Vertrag nicht aus diesem Grund von der Einjahresvorschrift ausgenommen ist, s. Calamari/Perillo, § 19-20, S. 810 m.w.N.

23 Restatement (2d) Contracts § 130 (1), Comment d.

24 Blanchard v. Calderwood, 260 A.2d 118, 211 f. (N.H.1969) [Das Versprechen, sämtliches Vermögen gegen Erbringung von Dienstleistungen zu hinterlassen, wurde hier als insgesamt der Form des *Statute of Frauds* bedürftig angesehen, da das Vermögen auch Rechte an Grundstücken enthielt]; Lemire v. Haley, 19 A.2d 436, 440 (N.H.1941); Dehahn v. Innes, 356 A.2d 711, 716-718 (Me.1976).

25 Vgl. dazu aber Restatement (2d) Contracts § 125 Comment b).

26 Siehe Farnsworth, Contracts, § 6.5, Bd.2, S. 122-124; Restatement (2d) Contracts § 127.

c) "Sale of Goods Provision"

Auch diejenigen Kaufverträge über Waren, deren Wert einen bestimmten Betrag überschreitet, bedurften der Form des *Statute of Frauds*.[27] Diese Bestimmungen sind in UCC § 2-201[28] aufgegangen.[29] Danach sind Warenkaufverträge formbedürftig, wenn der Kaufpreis mehr als $ 500 beträgt.[30] Indem nunmehr auf den Kaufpreis abgestellt wird statt auf den Wert der Ware, wie es der Uniform Sales Act tat, wurden die Zweifelsfälle, in denen der Kaufpreis und der Wert auseinanderfallen, geklärt. Problematisch bleiben aber immer noch die Fälle, in denen die Gegenleistung zum Teil in Geld, zum Teil anders erbracht wird,[31] so daß wieder auf den Wert der nichtmonetären Gegenleistung zurückgegriffen werden muß.[32] Werden mehrere Gegenstände verkauft und liegt der Preis nur für die Gesamt-heit über $ 500, so

---

27 Wie erwähnt, war dies zunächst geregelt im Statute of Frauds von 1677, dann im einzelstaatlichen Recht und schließlich in § 4 Uniform Sales Act (1906).

28 Der Text lautet: <u>§ 2-201</u>: Formal Requirements; Statute of Frauds
(1) Except as otherwise provided in this section a contract for the sale of goods for the price of $ 500 or more is not enforceable by way of action or defense unless there is some writing sufficient to indicate that a contract for sale has been made between the parties and signed by the party against whom enforcement is sought or by his authorized agent or broker. A writing is not insufficient because it omits or incorrectly states a term agreed upon but the contract is not enforceable under this paragraph beyond the quantity of goods shown in such writing.
(2) Between merchants if within a reasonable time a writing in confirmation of the contract and sufficient against the sender is received and the party receiving it has reason to know its contents, it satisfies the requirements of subsection (1) against such party unless written notice of objection to its contents is given within ten days after it is received.
(3) A contract which does not satisfy the requirements of subsection (1) but which is valid in other respects is enforceable
a) if the goods are to be specially manufactured for the buyer and are not suitable for the sale to others in the ordinary course of the seller's business and the seller, before notice of repudiation is received and under circumstances which reasonably indicate that the goods are for the buyer, has made either a substantial beginning of their manufacture or commitments for their procurement; or
b) if the party against whom enforcement is sought admits in his pleading, testimony or otherwise in court that a contract for sale was made, but the contract is not enforceable under this provision beyond the quantity of goods admitted; or
c) with respect to goods for which payment has been made and accepted or which have been received and accepted (Sec. 2-606).

29 Diese Vorschrift gilt heute in allen Staaten der Vereinigten Staaten von Amerika mit Ausnahme Louisianas, das den gesamten Artikel 2 (den sogenannten Sales Article) nicht übernommen hat.

30 Für Kaufverträge, die nicht der "Sale of Goods Provision" unterfallen, sieht UCC § 1-206 als Auffangtatbestand ein vergleichbares Formgebot vor, allerdings erst ab einem Kaufpreis von $ 5000. Diese Vorschrift ist im Anwendungsbereich von CISG jedoch kaum anwendbar: In UCC § 2-105 (1) werden "goods" in Bezug auf Warenkaufverträge, für die dann UCC Art.2 gilt, definiert als alle Gegenstände (mit einigen Ausnahmen, die aber auch nach Art.2 CISG vom Anwendungsbereich des Übereinkommens ausgenommen sind), die im Zeitpunkt der Zuordnung zum Vertrag bewegliche Sachen sind. Ungeborene Tiere und Früchte auf dem Feld sind ausdrücklich eingeschlossen. Ein Kaufgegenstand, der CISG unterfällt, aber dennoch dieser Definition nicht genügt, ist schwer vorzustellen.

31 UCC § 2-304 macht deutlich, daß das UCC *Statute of Frauds* auch in diesen Fällen anwendbar bleibt.

32 Siehe Farnsworth, Contracts, § 6.6, Bd.2, S. 128 und Fn.14.

unterfällt der Vertrag der Bestimmung von UCC § 2-201, wenn die Gegenstände als Einheit verkauft werden.[33]

C. Die erforderliche Form

a) *Statute of Frauds*

Das ursprüngliche Statute of Frauds von 1677 setzte für die Durchsetzbarkeit einer Verpflichtung voraus, daß die schriftliche Vereinbarung, ein Memorandum oder eine Notiz darüber existierten, die von dem Verpflichteten unterschrieben war. Dies wurde in die einzelstaatlichen Regelungen übernommen.[34] In dem Schriftstück müssen die Identität der Vertragsparteien, der Vertragsgegenstand und alle essentiellen Vertragsbestimmungen niedergelegt sein.[35] Bei Form und Inhalt des Schriftstückes wird allerdings großzügig verfahren. Maßgeblich ist, daß überhaupt irgendeine, auch nachträgliche, Dokumentation über die wesentlichen Züge der streitigen Verpflichtung vorliegt.[36] Daher qualifizieren sich als Schriftstück schon Empfangsbestätigungen,[37] Briefe,[38] Telegramme und Telex,[39] Schecks, auf denen Einzelheiten vermerkt sind,[40] Sitzungsprotokolle[41] oder auch eine Abschiedsnote des Selbstmörders.[42] Sogar ein nicht mehr existierendes Schriftstück soll genügen, sofern mit anderen Beweismitteln dessen früheres Bestehen bewiesen werden kann.[43] Bezüglich des Inhalts wurde es als

33 Siehe Anderson § 2-201:40, S. 32; Calamari/Perillo § 19-16, S. 801. Das Fehlen jeglicher Rechtsprechung zu dieser Frage unter dem Uniform Commercial Code (White/Summers, § 2-2, verweisen z.B. insofern auf Corbin, Contracts, aus dem Jahre 1950, und Entscheidungen vor Bestehen des Uniform Commercial Code) läßt darauf schließen, daß die praktische Bedeutung des Problems gering ist. Sie wird im Bereich internationaler Kaufverträge wegen des typischen Auftragvolumens eher noch geringer sein. Dennoch sind einige realistische Problemfälle denkbar, wie z.B. die sukzessive Bestellung von Büchern ausländischer Verlage durch Buchhandlungen für mehrere Einzelkunden oder Nachbestellungen von verschiedenen Ersatzteilen ausländischer Hersteller für diverse Abnehmer.

34 Die einzelstaatlichen Regelungen variieren diesbezüglich, jedoch nur so geringfügig, daß eine generelle Betrachtung möglich bleibt. Im konkreten Fall muß aber der genaue Wortlaut herangezogen werden.

35 Goetz v. Hubbel, 266 N.W. 836, 838 (S.Ct.N.D.1936); Siehe Restatement Contracts § 207 und Restatement (2d) Contracts § 131.

36 Vgl. zu den Voraussetzungen allgemein Restatement (2d) Contracts § 131 ff. Nach § 133 ist es nicht nötig, daß das Schriftstück im Zeitpunkt seiner Aufsetzung als Memorandum gedacht war.

37 Goetz v. Hubbell, 266 N.W. 836, 839 f. (N.D.1936).

38 Restatement (2d) Contracts § 133 u. Comment c.; Schmoll, Fils & Co. v. Wheeler, 136 N.E. 164, 165 (Mass.1922); Aragon v. Boyd, 450 P.2d 614 (S.Ct.N.H.1969); Dies gilt selbst dann, wenn sie den Vertrag nur dadurch anerkennen, daß sie ihn zurückweisen: Webb v. Woods, 55 P.2d 959, 962 (S.Ct.Okl.1936).

39 Hillstrom v. Gosnay, 614 P.2d 466, 468 f. (S.Ct.Mont.1980); Ore & Chem. Corp. v. Howard Butcher Trading Corp., 455 F.Supp. 1150, 1153 (Pa.1978).

40 Cohn v. Fisher, 287 A.2d 222, 226 f. (N.J.1972); Clark v. Larkin, 239 P.2d 970, 973 (S.Ct.Kan. 1952).

41 Jennings v. Ruidoso Racing Ass'n, 441 P.2d 42, 44 (S.Ct.N.M.1968).

42 Petition of Schaeffner, 410 N.Y.S.2d 44, 45 (N.Y.1978).

43 Restatement Contracts § 216; Restatement (2d) Contracts § 137; Farnsworth, Contracts, § 6.7, Bd.2, S. 136, m.w.N. in Fn.25.

ausreichend angesehen, daß das Angebot oder der Abschluß des Vertrages, der Vertragsgegenstand und die Identität der Vertragsparteien aus dem Kontext hervorgehen.[44] Schwierigkeiten bereitet das Erfordernis, daß alle wesentlichen Bestandteile der Vereinbarung schriftlich niedergelegt sein müssen. Was wesentlich ist, bestimmt sich nach dem jeweiligen Vertrag und auch aus der vorliegenden Streitigkeit.[45] Zu beachten ist aber, daß auch wesentliche Vereinbarungen sich nur mit vernünfiger Sicherheit (*reasonable certainty*) aus dem Schriftstück ergeben müssen. Wenn ein Punkt impliziert werden kann,[46] so schadet seine fehlende Erwähnung im Schriftstück nicht. Ferner muß das Memorandum vom Verpflichteten unterschrieben sein, wobei die meisten Gerichte aber nicht verlangen, daß die Unterschrift am Ende des Textes erscheint[47] oder daß der Name ausgeschrieben ist, wenn nur der Wille, das Geschriebene als eigenes anzuerkennen, deutlich wird.[48]

b) Uniform Commercial Code

UCC § 2-201 gibt das Erfordernis auf, daß alle wesentlichen Elemente der Vereinbarung schriftlich erwähnt sein müssen, und verlangt lediglich, daß das Schriftstück vermuten läßt, daß die streitige mündliche Aussage auf Tatsachen beruht.[49] Die einzige notwendige Bestimmung ist die der Menge oder Anzahl, wobei eine Falschangabe nicht etwa das Nichtgenügen der Form insgesamt bewirkt, sondern nur zur Folge hat, daß die Durchsetzbarkeit der Verpflichtung auf die schriftlich angegebene Menge beschränkt ist.[50] Für die in UCC § 2-201 (1) vorgesehene Unterschrift gilt das oben gesagte, d.h. es genügt, wenn irgendein Zeichen oder Symbol für den Verpflichteten

---

44 Clark v. Larkin, 399 P.2d 970, 973 (Kan.1952) (mit Verweis auf Restatement Contracts § 207); Butler v. Lovoll, 620 P.2d 1251, 1253 (S.Ct.Nev.1980) [Preis, Parteien und Beschreibung des Grundstücks als "Miller and Concord" sind genug, wenn das Grundstück dadurch genau identifiziert werden kann]; Randazzo v. Kroenke, 127 N.W.2d 880, 884 ff. (S.Ct.Mich.1964) ["undisclosed principal" reicht zur Bezeichnung der Partei, wenn im vorliegenden Rechtsstreit die Identität nie wirklich in Zweifel stand].

45 Restatement (2d) Contracts § 131, Comment c), e) und f); Ginsberg Mach.Co. v. J.& H. Label Processing Co., 341 F.2d 825, 828 (2d Cir.1965) [Dauer eines Konkurrenzverbotes ist wesentlich, insbesondere wenn hinterher die Beendigungsmöglichkeit streitig ist].

46 Z.B. die Art der Anstellung, wenn es sich um eine Verlängerung eines Arbeitsvertrages handelt (hier sind wir schon im Bereich der Vertragsänderungen), Marks v. Cowdin, 123 N.E. 139, 141 (C.A.N.Y. 1919), oder der Zeitpunkt der Erfüllung, wenn eine angemessene Zeit angenommen werden kann, oder das verkaufte Grundstück, wenn die Lage beschrieben war und es das einzige Grundstück war, das der Verkäufer besaß, Cousbelis v. Alexander, 54 N.E.2d 47, 48 f. (Mass.1944).

47 Southwest Engr. Co. v. Martin Tractor Co., 473 P.2d 18, 23 (Kan.1970) [Name in Druckbuchstaben in der oberen Ecke des Schriftstückes reicht aus]; Cook v. Pearce, 153 A. 661, 662 (Md.App.1931) [sogar eine Quittung des Verkäufers über eine Anzahlung genügt gegenüber dem Käufer, wenn dieser sie selbst aufgesetzt und dabei seinen Namen im fortlaufenden Text niedergeschrieben hat].

48 Restatement (2d) Contracts § 134; Vgl. Farnsworth, Contracts, § 6.8, Bd.2, S. 144 f. und Nachweise in Fn.6-10.

49 UCC § 2-201 Comment 1.

50 UCC § 2-201 (1) und Comment 1.

die Authentizität bestätigt.[51] Für Kaufleute ist sogar dieses Unterschrifterfordernis noch gelockert, da nach UCC § 2-201 (2) ein Bestätigungsschreiben des Berechtigten gegen den Verpflichteten genügt, wenn letzterer nicht innerhalb von zehn Tagen nach Erhalt widersprochen hat. Diese Bestimmung ist deutlicher Ausdruck der Tendenz der Rechtsprechung, aus Billigkeitserwägungen[52] und Praktikabilitätsgründen von einer rigiden Anwendung des *Statute of Frauds* abzusehen.

D. Ausnahmen vom *Statute of Frauds*

a) Teilweise Erfüllung (*Part Performance*)

Teilweise Erfüllung ist die älteste anerkannte Ausnahme vom *Statute of Frauds*, so alt wie das Gesetz selbst.[53] Soweit eine Formvorschrift nur Beweisfunktion hat, kann die teilweise Erbringung der Leistung und deren Annahme durch die andere Partei als Beweis für eine tatsächlich bestehende Vereinbarung dienen. Ob dies der Fall ist, ist für die einzelnen Tatbestände unterschiedlich zu beurteilen

aa) *Sale of Goods*

In diesem Bereich wurde die Ausnahme vom *Statute of Frauds* bei teilweiser Erbringung der Leistung als erstes anerkannt, vermutlich wegen der ausschließlichen Beweisfunktion dieser Vorschrift.[54] So bestimmte schon § 17 des englischen *Statute of Frauds* (1677), daß teilweise Leistung und Annahme (sei es Übergabe der Ware oder Zahlung des Kaufpreises) die Einhaltung der Form ersetzen. Diese Bestimmung wurde beinahe wortgleich in § 4 des Uniform Sales Act (1906) übernommen. Sie wurde weit ausgelegt, so daß auch eine noch so geringfügige Leistung den gesamten Vertrag durchsetzbar machte.[55] In UCC § 2-201 (1) wurde eine entsprechende Bestimmung übernommen, allerdings mit der Einschränkung, daß der Vertrag nur in dem Umfang durchsetzbar ist, in dem er schon erfüllt ist. Die Gegenleistung kann dann proportional zum schon Geleisteten verlangt werden.[56] Diese Einschränkung ist verständlich im Zusammenhang mit der Betonung der Mengenangabe in UCC § 2-201: Da Warenkaufverträge in den meisten Fällen teilbar sind und daher (anders als es zum

---

51 Vgl. Anderson, UCC § 2-201:80-85, S. 54 f. m.w.N.; Southwest Engineering Co. v. Marin Tractor Co., 473 P.2d 18, 22 f. (S.Ct.Kan.1970).

52 Siehe dazu sogleich unten.

53 Vgl. Costigan, 26 Harv.L. Rev.329, 344 (1913); Note, 66 Mich.L.Rev. 170, 171 f. (1967).

54 Siehe Nachweise bei Farnsworth, Contracts, §§ 6.1 und 6.9, Bd.2, S. 85 u. 155.

55 Siehe insb. den berüchtigten Fall Helen Whiting v. Trojan Textile Corp., 121 N.E.2d 367, 370 (C.A.N.Y.1954), in dem durch Lieferung und Annahme von 3 Stoffstücken à 1 yard der ganze Vertrag über tausende yard Stoff rechtlich voll wirksam wurde.

56 UCC § 2-201 Comment 2. Sofern eine proportionale Festsetzung nicht möglich ist, z.B. wenn bisher nur Teile einer auseinandergenommenen Maschine geliefert wurden, soll der gesamte Vertrag von der Form ausgenommen sein, vgl. Farnsworth, Contracts, § 6.9, Bd.2, S. 157 f. Dies gelte auch für die Anzahlung für ein Auto, da hier ja klar sei, daß das gesamte Fahrzeug als die kleinste verkäufliche Einheit verkauft worden ist, vgl. Lockwood v. Smigel, 96 Cal.Rptr. 289, 289 (Cal.App.1971) und Thomaier v. Hoffman Chevrolet, Inc., 410 N.Y.S.2d 645, 648 f. (N.Y.2d Dept.1978) m.w.N.; Zu den dabei noch anfallenden Problemen s. insb. Beane, 13 UCCLJ 135 (1980).

Beispiel bei Grundstücken der Fall ist) eine falsche Mengenangabe gleichbedeutend sein kann mit einem ganz und gar erfundenen Vertrag in Bezug auf die Restmenge, ist es sinnvoll, die Durchsetzung auf die Menge zu beschränken, für die die fragliche Verpflichtung aufgrund der von dem anderen erbrachten Leistung zweifelsfrei erwiesen ist.

bb) *Sale of Land*

Auch bei Grundstückskaufverträgen wird die teilweise Erfüllung des Vertrages als Beweis der gesamten Vereinbarung angesehen. Dies ist allerdings nur dann der Fall, wenn die erbrachte Leistung eindeutig auf den behaupteten Vertrag hindeutet, wenn diese Leistung also ohne einen solchen Vertrag überhaupt keinen Sinn machen würde.[57]

Im Unterschied zu dem gesetzlich festgelegten Grundsatz der teilweisen Erfüllung beim Warenkauf ist dieses Institut für Verträge über Grundstücke eine reine *equity* Doktrin. Daraus ergeben sich einige Beschränkungen, da in *equity* nur Rechtsmittel zugesprochen werden durften, wenn in *law* keine angemessenen Ausgleichsmöglichkeiten zur Verfügung standen: Zum Beispiel führte die Zahlung des Kaufpreises alleine nicht zum Wirksamwerden des Kaufvertrages, da hier Bereicherungsansprüche in Frage kommen und einen angemessenen Ausgleich bieten können. Es muß eine weitere Vertrauensbetätigung wie etwa durch die Inbesitznahme und Verbesserung des Grundstückes durch den Käufer dazukommen. Ebensowenig kann der Verkäufer nach dieser Doktrin den Kaufpreis einklagen, da die Zahlung einer Geldsumme der Abteilung *law* unterfällt.[58]

Mit der Zeit wurde die Teilerfüllungsdoktrin in diesem Bereich jedoch von dem weiteren, sich immer mehr ausbreitenden *equity*-Grundsatz des *promissory estoppel* abgelöst.[59]

cc) *One Year Provision*

Die Ausnahme des Rechtsinstituts der teilweisen Erfüllung (*part performance*) wird im Anwendungsbereich der Einjahres-Formvorschrift nicht zugelassen. Die meisten Gerichte sprechen aber dennoch derjenigen Partei, die ihre eigene Leistung vollständig erbracht hat, ein Recht auf die Gegenleistung zu.[60]

---

57 Cardozo, in Burns v. McCormick, 135 N.E. 273 (C.A.N.Y.1922) [verneint für den Fall, in dem die Kläger auf das Versprechen, ihnen Haus und Grundstück zu hinterlassen, zum Versprechenden gezogen sind und ihn bis zu dessen Tod gepflegt haben. Diese Dienste könnten ebensogut auf andere Versprechen hin erbracht worden sein und zeigen nicht eindeutig, daß Land übertragen werden sollte]. Zu der Anwendung der *part performance* Doktrin in den einzelnen Staaten, s. die Nachweise bei Calamari/Perillo § 3 19-15, S. 798 Fn.70.

58 Siehe Nachweise bei Farnsworth, Contracts, § 6.9, Bd.2, S. 158 f. Fn.13-15.

59 Zu diesem Begriff s. schon oben S. 48; vgl. Miller v. Lawlor, 66 N.W.2d 267, 272 (S.Ct.Iowa 1954).

60 Siehe z.B. Buttorff v. United Electronic Laboratories, Inc., 459 S.W.2d 581, 587 (Ky.1970). Vgl. Restatement (2d) Contracts § 130.

b) *Estoppel*

aa) *equitable estoppel*[61]

Nach diesem Institut darf jemand, der etwas Falsches behauptet oder etwas Wesentliches verschwiegen hat, worauf der andere billigerweise zu seinem Nachteil vertraute, sich nicht auf die tatsächliche Situation berufen.[62] Im Bereich des *Statute of Frauds* kann sich demnach derjenige nicht auf mangelnde Form berufen, der dem anderen vorspiegelte, die Einhaltung einer gewissen Form sei nicht nötig, ein Schriftstück sei schon aufgesetzt oder er werde die Ausführung desselben übernehmen.[63] Traditionell greift das Rechtsinstitut *equitable estoppel* jedoch nur ein, wenn Täuschung vorliegt. Das Vertrauen auf ein formloses Versprechen alleine ist nicht ausreichend.[64]

bb) *promissory estoppel*

Dieses Rechtsinstitut entwickelte sich zunächst als Instrument, Härten zu vermeiden, die durch die rigorose Anwendung der *consideration* Doktrin entstanden wären.[65] Da auch im Bereich des *Statute of Frauds* Härten auszugleichen waren und das bewährte Institut *equitable estoppel*, das nur Vertrauen auf vorgetäuschte Fakten, nicht das auf das Versprechen selbst schützte, als zu kurzgreifend empfunden wurde, erhielt diese Figur, allerdings erst in den 50er Jahren, Einzug im Bereich des *Statute of Frauds*: In Monarco v. Lo Greco hielt der Supreme Court of California eine formlose Vereinbarung trotz Anwendbarkeit des *Statute of Frauds* für wirksam, wenn der Versprechensempfänger im Vertrauen auf die Vereinbarung dem Versprechenden Vorteile gewährt hatte, die wegen ihrer Eigenart nicht herausgegeben werden konnten.[66] Das Gericht verzichtete dabei auf die im Grundsatz des *equitable estoppel* verankerte Voraussetzung, daß sich die Zusicherungen auf die Voraussetzungen des *Statutes of Frauds* selbst beziehen müssen.[67] Der Court of Appeal für den 9. Circuit erkannte wenige Jahre später das Rechtsinstitut des *promissory estoppel* im Bereich des *Statute of Frauds* an, aber nur solange in dem Versprechen irgendwie auch von einer zukünf-

---

61 Auch "estoppel in pais", vgl. 16 Halsbury's Laws, § 1505 f.; Taylor v. Kenco Chemical & Mfg. Corp., 465 So.2d 581, 586 (Fla.App.1985).

62 1 Williston, Contracts, § 139, S. 601-607.

63 Vgl. Restatement Contracts § 178, Comment f.

64 1 Williston, Contracts, § 139, S. 606; Boesiger v. Freer, 381 P.2d 803, 806 f. (S.Ct.Idaho 1963); Chequer, Inc. v. Painters and Decorators Joint Committee, Inc., 655 P.2d 996, 998 f. (S.Ct.Nev.1982).

65 Siehe im einzelnen oben S. 48.

66 220 P.2d 737, 740 (1950) [Der Stiefsohn gab sein Vorhaben, den Hof zu verlassen, im Hinblick auf das Versprechen, den Hof später hinterlassen zu bekommen, auf und brachte ihn nach jahrelanger Bewirtschaftung zum Blühen. Der Stiefvater hatte aber inzwischen sein Testament geändert und seinen Enkel als Erben eingesetzt].

67 AaO S. 740 f.; Das Gericht verzichtete auf dieses Erfordernis jedoch nur, wenn im Falle der Nichtdurchsetzbarkeit der mündlichen Verpflichtung dem Versprechensempfänger ein unverhältnismäßiger und nicht wiedergutzumachender Schaden entstehen würde oder der Versprechende ungerechtfertigt bereichert wäre. Dies sind traditionell die typischen Indizien, daß die normalen Rechtsmittel (*legal remedies*, d.h. Schadensersatz in Geld) nicht ausreichend sind und auf Billigkeitsrechtsprechung (*equity*) ausgewichen werden muß, vgl. James/Hazard, §§ 1.3-1.6, S. 8-19.

tigen schriftlichen Festlegung die Rede war.[68] Der überwiegende Teil der Rechtsprechung ist seither diesem Ansatz gefolgt.[69] Zu beachten ist daher, daß mit dieser Auslegung das Rechtsinstitut *promissory estoppel* hier im Vergleich zu seiner Anwendung im Bereich der *consideration* Doktrin eng gefaßt wird[70] und von seinem Vorläufer *equitable estoppel* oft schwer zu trennen ist, da viele Entscheidungen das vernünftige Vertrauen auf das formlose, später streitige Versprechen alleine nicht genügen lassen, sondern ein zusätzliches, wenn auch noch so angedeutetes Versprechen fordern, das sich auf die Einhaltung der Form selbst bezieht,[71] wie zum Beispiel das Versprechen, sich später nicht auf die fehlende Form zu berufen[72] oder die Vereinbarung später schriftlich niederzulegen.[73] Insofern wird der Unterschied zwischen *equitable* und *promissory estoppel* oft so gefaßt, daß ersteres sich auf eine falsche Behauptung von schon geschaffenen Tatsachen beziehe, während letzteres die falsche Behauptung betreffe, etwas werde in der Zukunft eintreten.[74]

Für den Warenkauf hat dieses Rechtsinstitut in UCC § 2-201 (3)(a) ohne das Erfordernis eines Zusatzversprechens im Sinne einer reinen Vertrauenshaftung

---

68 Alaska Airlines v. Stephenson, 217 F.2d 295, 298 (9th Cir.1954). Hier ging es um einen Pilot, dem die Fluglinie einen schriftlichen Zweijahresvertrag versprach, sobald gewisse Flugrouten genehmigt wären. Die Genehmigung kam, aber kein Vertrag wurde ausgefertigt. Da der Pilot im Vertrauen auf das Versprechen das Recht, zu seinem vorherigen Arbeitgeber zurückzukehren, aufgegeben hatte und mit seiner ganzen Familie umgezogen war, sah das Gericht es als unbillig an, wenn die Fluglinie sich unter Berufung auf eine Formvorschrift der Verpflichtung entziehen könnte. Das Gericht berief sich dabei auf Restatement Contracts § 178, Comment f. Die Ausführungen zum Tatbestand von *promissory estoppel* sind allerdings sehr knapp gehalten.

69 Siehe insb. Restatements Contracts § 178, Comment f., Restatement (2d) Contracts § 139, Illustrationen 1. und 2.

70 Für einen Vergleich der u.U. einschlägigen Vorschriften der Restatements in beiden Bereichen s. Comment, 56 ALR 3d 1037, 1046-1052.

71 Vgl. Computer systems of America v. International Business Machines, 578 F.Supp. 558, 562 Fn.3 (Mass.1983); Margate Industries, Inc. v. Samin Corp. Inc., 582 F.Supp. 611, 618 (N.Y.1984); Siehe auch Del Hayes & Sons, Inc. v. Mitchell, 230 N.W.2d 588, 593 f. (Minn.1975), wo der Unterschied der Figur in ihren beiden Anwendungsbereichen klar gemacht wird: *promissory estoppel* sei ein Institut, das einen nicht bestehenden Vertrag fingiere. Die formlose Vereinbarung für sich sei aber ein bestehender Vertrag, so daß promissory estoppel nicht greife, wenn kein zusätzliches Versprechen hinzutrete. Duesenberg, 33 Bus.Law. 1859, 1868 (1978), drückt dasselbe mit der Sichtweise aus, daß *promissory estoppel* nicht den Beweis einer Vereinbarung betreffe, sondern ihr Zustandekommen. Viele neuere Entscheidungen setzen darüber hinaus auch formlose Versprechen durch, wenn das Resultat sonst zu schwerwiegenden Nachteilen geführt hätte. Oft wird dabei mehr oder weniger deutlich gesagt, daß die Berufung auf die Form angesichts sehr schwerwiegenden Vertrauensschadens der anderen Partei selbst schon eine Art Betrug sei ("fraud"), und daher das *Statute of Frauds*, das *fraud* schließlich verhindern und nicht fördern soll, keine Anwendung findet, vgl. Decatur Cooperative Ass'n v. Urban, 547 P.2d 323, 329 (S.Ct.Kan.1976); Buddman Distributors, Inc. v. Labaltt Importers, Inc., 458 N.Y.S.2d 395, 397 (N.Y.1982); Long Island Pen Corp. v. Shatsky Metal Stamping Co., Inc., 463 N.Y.S.2d 39, 40 (N.Y.1983). Für eine gute, aber leider schon recht alte Übersicht (1972) über die verschiedenen Sichtweisen vgl. Comment, 56 ALR 3d 1037, insb. S. 1052-1077.

72 Tiffany, Inc. v. W.M.K. Transit Mix, Inc., 493 P.2d 1220, 56 ALR 3d 1028, 1036 (m.w.N.)

73 Alaska Airlines v. Stephenson, 217 F.2d 295, 298 (9th Cir.1954).

74 Tiffany, Inc. v. W.M.K. Transit Mix, Inc., 493 P.2d 1220, 56 ALR 3d 1028, 1034.

beschränkt auf den Fall von Spezialanfertigungen Niederschlag gefunden.[75] Da das Institut des *promissory estoppel* nur einschlägig ist, wenn der Versprechensempfänger schon im Vertrauen auf das Versprechen nachteilige Dispositionen getroffen hat, ist der in UCC § 2-201 (3)(a) konkretisierte Grundsatz sicher auch der Hauptanwendungsfall im Bereich des Warenkaufs. Denkbar sind aber auch andere Fälle wie die Beschaffung von Krediten, Bereitstellung von Lagerplatz oder Übernahme von Verpflichtungen gegenüber anderen.[76] Inwieweit hier auf den allgemeinen Grundsatz des *promissory estoppel* zurückgegriffen werden kann, ist streitig. Viele Entscheidungen sehen in UCC § 2-201 eine abschließende Sonderregelung,[77] wohingegen andere im Hinblick auf UCC § 1-103, der bestimmt, daß allgemeine Rechtsprinzipien, einschließlich *estoppel*, das Gesetz ergänzen sollen, eine Anwendung dieses Grundsatzes neben UCC § 2-201 befürworten.[78]

c) Geständnis

Für den Sonderfall des Warenkaufs nach Artikel 2 UCC sieht UCC § 2-201 (3)(b) eine weitere Ausnahme von der Form vor: soweit der Versprechende irgendwo das Bestehen des Vertrages zugestanden hat, kann das darin enthaltene Versprechen trotz des Formmangels eingeklagt werden. Diese Möglichkeit besteht jedoch nur bis zur zugestandenen Menge. Diese Bestimmung ist seit Bestehen des Uniform Commercial Code von den Gerichten großzügig ausgelegt worden,[79] und es ist ebenfalls viel Freiheit bezüglich der im amerikanischen Prozeß vorgeschriebenen *pre-trial discovery* und der darin gestatteten Ermittlungsmethoden, durch die ein solches Zugeständnis erlangt werden kann, gewährt worden.[80] Für *Statute of Frauds* Vorschriften außerhalb des Uniform Commercial Code gilt diese Ausnahme jedoch nicht.[81]

---

75 Für Vertragsänderungen gelten allerdings weitere Regeln, vgl. UCC § 2-209 (4) und unten S. 90 ff.

76 Letzteres genügt nach Caplan v. Roberts, 506 F.2d 1039, 1041 (Cal.App.1974), nicht für *promissory estoppel*.

77 M.w.N. Lige Dickson Co. v. Union Oil Co. of California, 635 P.2d 103, 107 (S.Ct.Wash.1981) (ansonsten bestehe Umgehungsgefahr); s.a. Nachweise bei Calamari/Perillo § 19-48, S. 844 Fn.75.

78 Werder & Lee Elevator, Inc. v. Britten, 274 N.W.2d 339 (S.Ct.Iowa 1979) [Getreidelieferungsvertrag]; m.w.N. Atlantic Wholesale Co., Inc. v. Solondez, 320 S.E.2d 720, 723 (S.C.App.1984) [Kaufvertrag über Silber. Allerdings hier ohne Bezug auf UCC § 2-103 gelöst]; eine ausgiebige Diskussion der Gesichtspunkte und viele Nachweise finden sich in der Entscheidung Potter v. Hatter Farms, Inc., 641 P.2d 628, 33 UCCRS 819, 823-826 und Fn.3 (Or.App.1982); w.N. bei Cunningham, 85 Com.L.J. 361, 362 Fn.12; s.a. Anderson, § 2-201:233-243, S. 125-131. Eine andere Entscheidung ist mit dem Wortlaut von UCC § 1-103 m.E. kaum zu vereinbaren.

79 Siehe dazu Weiskopf, 19 UCCLJ 195-218 (1987).

80 Siehe z.B. Garrison v. Piatt, 147 S.E.2d 374, 736 (Ga.App.1966); Oskey Gasoline & Oil Co., Inc. v. Continental Oil Co., 534 F.2d 1281, 12484 f. (8th.Cir.1978); s. zum Ganzen Cunningham, 85 Com.L.J. 361, 362 (1980); zur Frage, ob auch unfreiwillige oder fiktive Zugeständnisse dieser Ausnahme genügen, s. Duesenberg, 33 Bus.Law. 1859, 1860-1867 (1978).

81 Thomas J. Baird Inv. Co. v. Harris, 209 F. 291, 296 (8th Cir.1913); Cornett v. Clere, 236 S.W. 1036, 1037 (Ky.App.1922).

E. Anwendbarkeit des *Statute of Frauds* auf Vertragsänderungen

a) Der Tatbestand der Formbedürftigkeit

Ob eine nachträgliche Parteivereinbarung einer Formvorschrift des *Statute of Frauds* unterfällt, beurteilt sich nicht nach der Formbedürftigkeit der ursprünglichen Vereinbarung,[82] sondern danach, ob die Verpflichtungen, wie sie im nun geänderten Vertrag festgelegt sind, einem *Statute of Frauds* Tatbestand unterfallen.[83] Daher ist die einvernehmliche Aufhebung eines beiderseits unerfüllten Kaufvertrages immer formfrei, da schließlich keine dem *Statute of Frauds* möglicherweise unterfallenden Pflichten bestehen bleiben.[84] Änderungsverträge, die Pflichten unberührt lassen oder auch neu vereinbaren, die im Falle der erstmaligen Vereinbarung einer *Statute of Frauds* Vorschrift unterfallen, unterliegen dagegen ihrerseits diesen Vorschriften und bedürfen zu ihrer uneingeschränkten Wirksamkeit der Einhaltung der Form.[85]

Zu den Fällen des Warenkaufs, die in UCC § 2-209 geregelt sind, wird allerdings vertreten, daß eine Formbedürftigkeit für Änderungen lediglich besteht, wenn der Preis durch die Änderung selbst die $ 500 Grenze überschreitet, und nicht schon dann, wenn eine vorher schon formbedürftige Vereinbarung auch nach der Änderung noch den Tatbestand von UCC § 2-201 erfüllt.[86] Begründet wird dies damit, daß UCC § 2-201 keinen Formzwang mehr für die wesentlichen Elemente der Vereinbarung vorsehe. Es schade daher nicht, wenn ein auch vorher nicht formbedürftiges Detail bei seiner Änderung nicht schriftlich fixiert werde. Die formbedürftigen Teile des geänderten Vertrages[87] hingegen seien ja schon im ursprünglichen Vertrag schriftlich festgehalten.[88] Ebenfalls gegen eine weite Anwendbarkeit des gesetzlichen *Statute of Frauds* spricht, daß ein vertragliches Formgebot dann nur noch für eher unbedeutende Verträge (d.h. solche, bei denen der Kaufpreis unter $ 500 liegt) Sinn machte. Dies

---

82 So aber Holt v. Story, 642 S.W.2d 394 (Mo.App.1982), Edelstein v. Carole House Apartments, Inc., 286 A.2d 658, 662 (Pa.1972) (dictum); Implizit Asco Mining Co. v. Gross Contracting Co., 3 UCCRS 293, 295 f. (Pa.App.1965).

83 Farnsworth, Contracts, § 6.2, Bd.2, S. 91 f., Nachweise in Fn.23; Patterson, 1 N.Y.State Law Revision Commission, Study of the Uniform Commercial Code 643 f. (1955), m.w.N. in Fn.150; White/Summers, § 1-6, S. 56; Holland, 22 UCCLJ 301, 302 (1990); Finer v. Loeffler-Green Supply Co., 456 P.2d 534, 536 (Okla.1969) [Vertrag über ein Grundstück: nach einem Gesetz in Oklahoma konnte der Vertrag nur schriftlich oder durch schon erfüllte mündliche Vereinbarung geändert werden. Der Teil, der das Grundstück betraf, war schon erfüllt, die bestehenbleibende Verpflichtung alleine unterfiel nicht dem Statute of Frauds]; Schaap v. Wolf, 181 N.W. 214, 215 (Wis.1921).

84 Farnsworth, Contracts, § 6.2, Bd.2, S. 91, m.w.N. in Fn.25; m.w.N. Calamari/Perillo, § 19-37, S. 831 Fn.93; Eisler, 58 Wash.U.L.Qu. 277, 284 Fn.22 (1980). Zu den anwendbaren Vorschriften im Falle der Aufhebung ganz oder teilweise erfüllter Verträge, vgl. Padgham v. Wilson Music Co., 88 N.W.2d 679, 681 (S.Ct.Wis.1958) [Warenkaufvorschrift gilt für die Aufhebungsvereinbarung bei vollständig erfülltem ursprünglichen Vertrag], und im einzelnen unten S. 176 ff.

85 Farnsworth, Contracts, § 6.2, Bd.2, S. 91 Fn.23.

86 Anderson § 2-209:32 f., S. 329 ff.

87 Abschluß, Parteien, Menge, s.o. S. 79.

88 Vgl. auch Holland, 22 UCCLJ 301, 306 (1990), der aber darauf hinweist, daß Vergrößerung der Menge oder Anzahl der Ware dem *Statute of Frauds* dann unterfallen müßte.

kann aber kaum von den Zeichnern des Uniform Commercial Code gewollt gewesen sein, da die Bindung der vertraglichen Formvereinbarung gesondert festgelegt worden ist.[89] Die dargestellte Ansicht, die eine enge Auslegung von UCC § 2-209 (3) befürwortet, hat sich allerdings noch nicht durchgesetzt.[90]

b) Ausnahme: UCC § 2-209 (4) und (5)

Eine versuchte Vertragsänderung oder Aufhebung, deren Durchsetzbarkeit am *Statute of Frauds* scheitert, kann nach UCC § 2-209 (4) aber dennoch als *waiver* fungieren. Da ein Verständnis dieser Vorschrift und ihrer Auslegung durch die Gerichte die Kenntnis der entsprechenden Regelungen im *Common Law* voraussetzt, soll hier zunächst das Rechtsinstitut *waiver* und seine Bedeutung im amerikanischen Recht kurz vorgestellt werden, bevor anschließend auf die Besonderheiten des Uniform Commercial Code eingegangen wird.

aa) *waiver* im *Common Law*

Diese Figur, die wohl am angemessensten mit Verzicht übersetzt werden kann, wird meist als die freiwillige und bewußte Aufgabe eines dem Träger zustehenden und ihm bekannten Rechtes[91] definiert. Diese Figur trat zunächst hauptsächlich im Zusammenhang mit dem angeblichen Verfall von Versicherungsansprüchen wegen Nichteinhaltung von Vertragsbedingungen auf und wurde zu einem gültigen Einwand dagegen.[92] Es war aber immer anerkannt, daß der Anwendungsbereich darauf nicht beschränkt ist, sondern *waiver* sich auf jedwedes Recht beziehen kann.[93] Es beruht auf dem

---

89 Siehe Holland, aaO. S. 305.

90 Pro: Thoe v. Rasmussen, 322 N.W.2d 775, 777 (S.Ct.Minn.1982) [bei Grundstückskaufvertrag ist die Änderung nicht formbedürftig, wenn sie nur die Durchführung betrifft]; United California Bank v. Eastern Mountain Sports, Inc., 34 UCCRS 849, 851 f. (Mass.1982). Contra: Omaha World-Herald Co. v. Nielsen, 369 N.W.2d 631, 636 (S.Ct.Neb.1985); Dangerfield v. Markel, 252 N.W.2d 184, 188 (S.Ct.N.D.1977); Symbol Technologies, Inc. v. Sonco, Inc., 36 UCCRS 402, 406 (Pa.1983) [da der Kaufpreis über $ 500 betrug, unterfiel die Verlängerung des Rückgaberechts dem *Statute of Frauds*]; Double-E Sportswear Corp. v. Girard Trust Bank, 488 F.2d 292, 295 f. (3d Cir.1973) [nachträgliche Knüpfung eines vorbehaltenen Rücktrittsrechtes an eine Bedingung unterliegt grundsätzlich dem *Statute of Frauds*]; Asco Mining Co., Inc. v. Gross Contracting Co., Inc., 3 UCCRS 293, 295 (Pa.1965) [Zahlungsfristverlängerung fällt unter *Statute of Frauds*]. M.w.N. Holland, 22 UCCLJ 301, 303 f. (1990). Siehe insgesamt auch Eisler, 58 Wash.U.L.Qu. 277, 294-298 (1980), die allerdings ganz anders ansetzt, indem sie nur Änderungen ohne *consideration* als von UCC § 2-209 (3) erfaßt sieht, vgl. insb. S. 279 f.

91 "Voluntary relinquishment of a known right", s. z.B. Arctic Contractors, Inc. v. State, 564 P.2d 30, 40 (Alaska 1977). Die ungekürzte Version lautet etwa: "voluntary and intentional relinquishment and abandonment of a known existing right, advantage, benefit, claim, or privilege, which, except for such waiver, the party would have enjoyed", vgl. Dangerfield v. Markel, 252 N.W.2d 184, 191 (S.Ct.N.D.1977). Zu den Variationen dieser Definition vgl. die zahlreichen Nachweise in 92 C.J.S. Waiver, S. 1941-1049.

92 Siehe z.B. Sentinel Fire Ins. Co. v. McRoberts, 179 S.E. 256, 262 (Ga.App.1935); Wall Inv. Co. v. Schumacher, 125 S.W.2d 838, 930 (S.Ct.Mo.1939); Mancini v. Thomas, 34 A.2d 105, 109 (S.Ct.Vt.1943). Vgl. auch Rosenthal v. New York Life Ins. Co., 99 F.2d 578, 580 (8th Cir.1938).

93 Clark v. West, 86 N.E. 1, 5 (N.Y.App.1908) [Vertragsbestimmung, beim Schreiben des Auftragswerkes keinen Alkohol zu konsumieren]; Carfi v. De Martino, 46 N.Y.S.2d 134, 135 f. (N.Y.1944) [Recht auf Zinszahlungen aus einer Hypothek zwischen Eheleuten].

Gedanken des Verbots des venire contra factum proprium: Wer zu erkennen gibt, daß er ein ihm gegenüber dem anderen zustehendes Recht nicht ausüben wird, kann sich später auch nicht mehr auf dieses Recht berufen.[94] Die Voraussetzungen für die Annahme eines *waiver* sind die Existenz eines Rechtes, die Kenntnis davon und die freiwillige und bewußte Aufgabe dieses Rechtes.[95]

i) Existenz des Rechts

Der Begriff des Rechts ist hier in einem sehr weiten Sinne auszulegen. Es genügt jeglicher Vorteil, der dem Berechtigten zukommt und von der Rechtsordnung geschützt wird.[96] Dieser Vorteil muß tatsächlich bestehen, zukünftige Ansprüche reichen nicht aus.[97]

ii) Kenntnis

Der Rechtsverlust durch *waiver* setzt einen freiwilligen und bewußten Verzicht auf Seiten des Verzichtenden voraus. Daher ist es notwendig, daß er seinen Vorteil überhaupt zur Kenntnis genommen hat.[98] Diese Kenntnis muß sich auf alle wichtigen Tatsachen, die dieses Recht und seine Durchsetzbarkeit betreffen, beziehen.[99]

---

94 Atlas Life Insurance Co. v. Schrimsher, 66 P.2d 944, 948 (S.Ct.Okl.1937); Moulden v. Kansas City Life Ins. Co., 139 F.Supp. 904, 906 (Colo.1955); Hall Laboratories, Inc. v. Millar Bros. & Co., 152 F.Supp. 797, 802 (Pa.1957). Da dies ein Gebot der Billigkeit ist, wird dieses Rechtsinstitut auch vorwiegend dem Bereich *equity* zugeordnet, vgl. Riverside Development Co. v. Ritchie, 650 P.2d 657, 662 (S.Ct.Idaho 1982) und die oben genannten Entscheidungen.

95 Matter of Garfinkle, 672 F.2d 1340, 1347 (Fla.App.1982), Murphy v. Stevens, 645 P.2d 82, 93 (S.Ct.Wyo.1982). Eine alte Streitfrage ist, ob für einen gültigen *waiver consideration* vorliegen muß, vgl. Schindel v. Danzer, 157 A.283, 288 (S.Ct.Okl.1937). Ältere Entscheidungen verlangten diese häufig, s. Robberson Steel Co. v. Harrell, 177 F.2d 12, 15 (10th Cir.1949), Chambers & Co. v. Equitable Life Assurance Soc., 224 F.2d 338, 345 (5th Cir.1955). Heute wird ganz überwiegend davon ausgegangen, daß dies nicht nötig ist, Nassau Trust Co. v. Montrose Concrete Prod. Corp., 436 N.E.2d 1265, 1269, 451 N.Y.S.2d 663 (N.Y.App.1982). Vgl. aber Brand S Corporation v. King, 639 P.2d 429, 432 (S.Ct.Idaho 1981) [*consideration* ist nur entbehrlich, wenn eine Vertrauensbetätigung -*reliance*- vorliegt] und Martin v. Norwood, 478 N.E.2d 955, 958 (Mass.1985) [*consideration* entfällt bei einem *executed waiver*] (gemeint ist hier wohl, daß der andere schon im Vertrauen darauf seine Position geändert hat - *reliance*). Diese Entscheidungen verlangen also immer noch *consideration* oder ihren Ersatz *reliance*.

96 Matter of Garfinkle, 672 F.2d 1340, 1347 (11th Cir.1982). Selbstverständlich können Rechte, die auch im öffentlichen Interesse bestehen, nicht aufgegeben werden, Cotton States Mut. Ins. Co. v. Neese, 329 S.E.2d 136, 141, Fn.9, (S.Ct.Ga.1985) [Interesse an ausreichendem Versicherungsschutz]; 950 Third Ave. Co. v. Eastland Industries, Inc., 463 N.Y.S.2d 367, 371 (N.Y.1983) m.w.N. [Mieterschutzvorschriften].

97 Richfield Oil Corp. v. Security First Nat. Bank of Los Angeles, App., 323 P.2d 834, 840 (Cal.App.1958); Curley v. Giltrop, 496 N.Y.S.2d 791, 792 (N.Y.App.1985).

98 Layman v. Mc.Comb, 524 F.Supp. 1091, 1095 f. (Colo.1981); Peterson v. S.S. Wahcondah, 331 F.2d 44, 48 (5th Cir.1964) (dictum); Derry Finance N.V. v. Christiana Companies, Inc., 616 F.Supp. 544, 548 (Del.1985); Moore v. Prudential Ins. Co. of America, 166 F.Supp. 215, 218 (N.C.1958); Robberson Steel Co. v. Harrell, 177 F.2d 12, 15 (10th Cir.1949).

99 Keehn v. Excess Ins. Co. of America, 129 F.2d 503, 506 (7th Cir.1942); Solow v. Avon Products, Inc., 380 N.Y.S.2d 515, 522 (N.Y.1976) (dictum); Meadows v. U.S., 420 F.2d 795, 797 (9th Cir.1969) [Im Strafverfahren ist neben Tatsachenkenntnis auch genügende Rechtskenntnis erforderlich]; Mid Century Ins. Co. of Washington v. Brown, 654 P.2d 716, 720 (Wash.App.1982) [wenn der Berechtigte aufgrund einer Fehlvorstellung von den Fakten handelte, liegt kein *waiver* vor].

Grundsätzlich muß aktuelle Kenntnis vorliegen, jedoch lassen viele Gerichte auch die sogenannte *constructive knowledge* genügen, d.h. eine Art Kennenmüssen des Berechtigten,[100] ohne jedoch im einzelnen darauf einzugehen, wann dies gegeben ist. Der allgemeine Maßstab für ein Kennenmüssen von Tatsachen im amerikanischen Recht ist, ob offensichtliche Anzeichen für das Vorliegen der Tatsachen gegeben waren, die einen vernünftigen Menschen zu weiteren Nachforschungen veranlaßt hätten. Kenntnis wird nur dann unterstellt ("konstruiert"), wenn der Betroffene sich vor auf der Hand liegenden Erkenntnissen verschließt.[101]

iii) freiwillige und bewußte Aufgabe des Rechts

Der Berechtigte muß seinen Willen zum Verzicht klar geäußert haben. Der einfachste Fall ist hier natürlich der ausdrücklich erklärte Verzicht auf die Geltendmachung des Rechts. Es ist aber anerkannt, daß die Aufgabe auch konkludent erklärt werden kann.[102] Allerdings muß dann der Wille zur Aufgabe des Rechts umso klarer hervortreten. Zweifel gehen dabei zu Lasten der Annahme eines *waiver*.[103] Der Wille zum Verzicht wird insbesondere dann angenommen, wenn das Verhalten des Berechtigten unvereinbar mit dem Vorsatz ist, das Recht doch geltend zu machen.[104]

bb) Unterscheidung von *waiver* und *estoppel*

Theoretisch sind beide Institute streng voneinander getrennt: während *estoppel* beidseitiges Verhalten voraussetzt, und zwar einerseits irreführendes Verhalten (nicht notwendigerweise vorsätzliches oder auch nur bewußtes) und andererseits Vertrauen und nachteilige Dispositionen, ist *waiver* ein einseitiger, aber bewußter und gewollter

---

100 In re Marriage of Stephenson, 209 Cal.Rptr, 383, 392, 162 C.A.3d 1057 (Cal.App.1984); Hanz Trucking, Inc. v. Harris Bros. Co., Cresthin, Div., 138 N.W.2d 238, 244 (S.Ct.Wis.1965); City of Wamego v. L.R.Foy Const.Co.,Inc., 675 P.2d 912, 916 (Kan.App.1984).

101 Siehe Nachweise in 58 Am.Jur.2d Notice §§ 8, 13, 14, S. 577-581.

102 Matter of Garfinkle, 672 F.2d 1340, 1347 (11th Cir.1982); Fargo Miltmore Motor Hotel v. Best Western International, Inc., 563 F.Supp.1022, 1027 (N.D.1983). Anders aber Tucker v. State, 417 So.2d 1006, 1013 (Fla.App.1982): nicht für fundamentale Rechte (Hier ging es allerdings um Rechte im Strafverfahren; vertragliche Rechte dürften i.d.R. nicht fundamental sein).

103 Dept. of Health v. Donahue, 690 P.2d 243, 247 (S.Ct.Colo.1984); Taylor v. Kenco Chemical & Mfg Corp., 465 So.2d 581, 587 (Fla.App.1985); Shapiro v. Shapiro, 701 S.W.2d 205, 206 (Mo.App.1985); A.J. Bayless Markets, Inc. v. Industrial Com'n of Arizona, 655 P.2d 363, 365 (Ariz.App.1982).

104 City of Wamego v. L.R.Foy Const. Co., Inc., 675 P.2d 912, 916 (Kan.App.1984) (dictum); Subsurfco, Inc. v. B-Y-Water Dist., 337 N.W.2d 448, 456 (S.Ct.S.D.1983); Public Utility Dist. No. of Lewis County v. Washington Public Power Supply System, 705 P.2d 1195, 1205 (S.Ct.Wash.1985) (dictum); Harris v. Faultfinders, Inc., 431 N.E.2d 1205, 1209 (Ill.App.1981); Mill Spex, Inc. v. Pyramid Precast Corp, 710 P.2d 1387, 1388 (S.Ct.Nev.1985); Fargo Miltmore Motor Hotel Corp. v. Best Western International, Inc., 563 F.Supp. 1022, 1027 (N.D.1983). Zum Teil wird dasselbe auch damit ausgedrückt, daß das Verhalten so sehr mit einem Verzichtswillen übereinstimmen muß, daß keine andere Erklärung vernünftig erscheint, Steinberg v. Fleischer, 706 S.W.2d 901, 905 (Mo.App.1986); Barbara v. Charles, 632 S.W.2d 92, 93 (Mo.App.1982). Stillschweigen alleine kann allerdings nur bei Vorliegen einer Pflicht, sich zu äußern, als Verzichtswille gedeutet werden. Diese Pflicht kann sich zum Beispiel aus einem Vertragsverhältnis ergeben, Canada Dry Corp. v. Nehi Beverage Co., Inc., 723 F.2d 512, 518 (7th Cir.1983).

Akt, an den sich gewisse rechtliche Folgen knüpfen.[105] Einige Entscheidungen betonen diese Trennung immer wieder,[106] aber insbesondere durch die Annahme eines *waiver* durch konkludentes Verhalten sehen viele die Trennlinie verschwimmen.[107] Daher finden sich auch viele Entscheidungen, die z.B. eine Vertrauensbetätigung auch für *waiver* fordern,[108] oder die behaupten, daß beide Institute fast ununterscheidbar seien.[109] Interessant sind in diesem Zusammenhang einige Entscheidungen aus Texas, die sagen, daß *waiver* nicht gegen den Willen des Berechtigten angenommen werden darf, wenn nicht Irreführung der anderen Partei und nachteilige Dispositionen im Vertrauen auf die vorgespiegelte Situation (also die Tatbestandsmerkmale von *estoppel*) gegeben sind.[110] Diese Formulierung legt schon nahe, daß *estoppel* auch als *waiver* bezeichnet werden kann und zeigt, daß die genaue Trennung nicht eingehalten wird.[111] Ferner werden in Wells Fargo Business v. Ben Kozloff, Inc.[112] die Tatbestände beider Institute miteinander verknüpft, da sie sich auf dieselbe Verhaltensweise stützen können.[113] Danach kann ein Verhalten nicht Grund für *estoppel* sein, wenn nicht gleichzeitig *waiver* vorliegt: Liegen nämlich nicht genug Anhaltspunkte für die bewußte Aufgabe des Rechts vor (d.h. weder ausdrücklicher noch konkludenter Verzicht, *waiver*), so durfte der andere auch nicht zu seinem Nachteil auf den vermeintlichen Verzicht vertrauen, da der Rechtsinhaber ja keinen Anlaß dazu gegeben hat (*estoppel*). Dies führt ebenfalls vor Augen, daß sich *waiver* und *estoppel* durch die Möglichkeit des konkludenten Verzichts angenähert haben. In neueren Entscheidungen wird auch angedeutet, daß *implied waiver* und *estoppel* dasselbe sind,[114] oder daß der Übergang von *estoppel* zu *waiver* nur ein gradueller ist: je klarer der Wille zur

---

105 Northern Trust Co. v. Oxford Speaker Co., 440 N.E.2d 968, 972 (Ill.App.1982); Hunter v. Hunter, 669 P.2d 430, 432 (S.Ct.Utah 1983); Mancini v. Thomas, 34 A.2d 105, 109 (S.Ct.Vt.1943); Arctic Contractors, Inc. v. State, 564 P.2d 30, 40 (Alaska 1977); Stratman v. Stratman, 628 P.2d 1080, 1985 (Kan.App.1981); Swiderski v. Prudential Property and Cas.Ins., 672 S.W.2d 164, 169 (Tex.App.1984).

106 Midwest Petroleum Co. v. American Petrofina, Inc., 603 F.Supp. 1099, 1114 (Mo.1985) ("two separate doctrines"); Derry Finance N.V. v. Christiana Companies, Inc., 616 F.Supp. 544, 548 (Del.1985) (in New York sind *waiver* und *estoppel* getrennte Institute); Giddings v. Giddings, 701 S.W.2d 284, 289 (Tex.App.1986) ("separate and distinct doctrines").

107 Hanz Trucking Inc. v. Harris Bros. Co. Cresthin, Div., 138 N.W.2d 238, 245 (S.Ct.Wis.1965) m.w.N. ("demarcation line is slight").

108 Brand S Corp. v. King, 639 P.2d 429, 432 (S.Ct.Idaho 1981); Cox v. Bancoklahoma Agri-Service Corp., 641 S.W.2d 400, 404 (Tex.App.1982).

109 S.H.V.C. v. Roy, 669 P.2d 430, 354 (S.Ct.Conn.1982).

110 Wells Fargo Business v. Ben Kozloff, Inc., 695 F.2d 940, 947 (5th.Cir.1983) [Rechte aus einer Vereinbarung, gewisse Forderungen nicht aufzurechnen]; Cox v. Bancoklahoma Agri-Service Corp., 641 S.W.2d 400, 404 (Tex.App.1982) [Kreditsicherungsvereinbarung]; s. auch die den einschlägigen Leitsatz übernehmende Entscheidung Christian Placement Service v. Gordon, 697 P.2d 148, 154 (N.M.App.1985) [Verzicht auf die prozessuale Geltendmachung von Rechten].

111 Nach der hier dargestellten Definition ist *waiver* gegen den Willen des Berechtigten überhaupt schon nicht möglich.

112 AaO.

113 Siehe dazu auch Mahban v. MGM Grand Hotels, Inc., 691 P.2d 421, 423 (S.Ct.Nev.1984) [manchmal sei Platz für das Vorliegen beider Rechtsinstitute].

114 Chattem, Inc. v. Provident Life & Acc. Insurance Co., 676 S.W.2d 953, 955, (S.Ct.Tenn.1984).

Aufgabe eines Rechts hervortritt, desto stärker liegt das Verhalten im Bereich von *waiver* und desto weniger kommt es auf eine Vertrauensbetätigung und eingetretene Nachteile an, und vice versa. An den Endpunkten dieser Skala liegen dann jeweils die traditionellen Auffassungen von *express waiver* und von *estoppel*.[115]

cc) *waiver* im Sinne von UCC § 2-209 (4)

Scheitert eine Vertragsänderung am *Statute of Frauds*, so kann gemäß UCC § 2-209 (4) der Änderungsversuch dennoch als *waiver* operieren. Vor der Darstellung der hierfür geltenden Grundsätze seien zwei Vorbemerkungen gemacht, die die Art der zu dieser Vorschrift ausgewählten Rechtsprechung betreffen: (1) Die Entscheidungen zu UCC § 2-209 (4) sehen in dieser Regelung die allgemeine Festlegung der Möglichkeit eines *waiver* hinsichtlich jedes vertraglichen Rechts und die Bedingungen für eine Rücknahme des *waiver*.[116] UCC § 2-209 (4) stellt dann nur klar, daß auf ein vertragliches Recht auch dann verzichtet werden kann, wenn ein Formgebot für dessen Änderung besteht.[117] Im übrigen gelten die gleichen Grundsätze wie für jeden *waiver*.[118] Im folgenden wird daher in der Regel auch nicht zwischen Entscheidungen, die den "normalen" *waiver* einer vertraglichen Position und solchen, die an der Formbedürftigkeit gescheiterte Vertragsänderungen als *waiver* behandeln, unterschieden werden. (2) Ferner bezieht sich UCC § 2-209 (4) nicht nur auf nachträgliche Abreden, die an dem gesetzlichen Formgebot scheiterten, sondern findet ebenfalls auf formlose Änderungen Anwendung, die wegen Verstoßes gegen ein vertragliches Formgebot nach UCC § 2-209 (2) nicht wirksam sind.[119] Rechtsprechung zu letzterer Art von *waiver* besteht reichlich, während Entscheidungen über *waiver* im Bereich des gesetzlichen *Statute of Frauds* nur vereinzelt existieren.[120] Da aber UCC § 2-209 (4) einheitlich

---

115 Baker Marine Corp. v. Weatherby Engineering Co., 710 S.W.2d 690, 693 (Tex.App.1986), Alfred, Meroney & Co. v. Rowe, 619 S.W.2d 210, 213 (Tex.App.1981)); vgl. auch Estes v. Wilson, 682 S.W.2d 711, 714 (Tex.App.1984). Daß Ansätze in dieser Richtung auch in anderen Staaten auftauchen und viel weiter zurückgehen, zeigt die Entscheidung Wall Inv. Co. v. Schumacher, 125 S.W.2d 838, 839 (S.Ct.Mo.1939) ("But, ... the intention to waive must plainly appear, or else the acts or conduct relied upon as constituting waiver must involve some element of estoppel") m.w.N.

116 Vgl. z.B. Federal Express Corp. v. Pan American World Airways, Inc., 29 UCCRS 778, 786 (8th Cir.1980).

117 Siehe auch Anderson, UCC § 2-209:42.

118 Also die soeben dargestellten Voraussetzungen des *Common Law*, soweit der Uniform Commercial Code keine Sondervorschriften bereitstellt; vgl. Anderson, § 2-209:25; Dies wird auch deutlich aus UCC § 2-208 (3) (Text sogleich unten Fn.123), der festlegt, daß zur Bestimmung, ob *waiver* vorliegt, insbesondere die Konsistenz des Verhaltens der Parteien mit den ursprünglichen Vertragsregelungen herangezogen werden soll. Damit sind sowohl *express* wie auch *implied waiver* in den Uniform Commercial Code aufgenommen worden.

119 Vgl. dazu unten Teil III.

120 Meistzitiertes Beispiel ist Double-E Sportswear Corp. v. Girard Trust Bank, 488 F.2d 292 (3rd Cir.1973) [nachträgliche mündliche Vereinbarung, in der die Vertragspartner das einseitige Rücktrittsrecht des Verkäufers nachträglich an gewisse Bedingungen knüpften]. Siehe außerdem noch Varnell v. Henry M. Milgrom, Inc., 337 S.E.2d 616, 42 UCCRS 814 (N.C.App.1985).

ausgelegt wird,[121] werden auch hier im folgenden schon Entscheidungen zum *waiver* des vertraglichen Formgebotes in die Darstellung einbezogen.

Ob eine gescheiterte Vereinbarung bzw. das Verhalten der Parteien den Willen zum Ausdruck bringen, nicht auf wortgetreue Erfüllung zu bestehen, ist eine Auslegungsfrage.[122] Dabei hilft die Vorschrift von UCC § 2-208,[123] die in Absatz (3) bestimmt, daß insbesondere die späteren Erfüllungshandlungen der Parteien für die Bestimmung, ob ein *waiver* vorliegt, heranzuziehen sind. Dies gilt nach Absatz (1) aber nur, wenn der Vertrag schon zu mehreren solchen Handlungen Anlaß gegeben hat und die andere Partei Kenntnis und die Möglichkeit der Rüge nicht vertragskonformen Verhaltens gehabt hat.[124] Dabei soll allerdings bei der Auslegung, ob ein bestimmter Akt nur zur Auslegung einer Vertragklausel herangezogen werden kann oder vielmehr einen *waiver* darstellt, eine Vermutung für letzteres sprechen, wenn dies in Verbindung mit der Regelung von UCC § 2-209 (5) für eine flexible Handhabung und zur Vermeidung von Härten nötig ist.[125] Daher wurde *waiver* in den Fällen angenommen, in denen der Gläubiger nicht vertragskonformes Verhalten des Schuldners über längere Zeit hinweg geduldet hatte[126] oder in denen die Erfüllungsleistungen

---

121 So werden in den Entscheidungen auch jeweils ohne Unterscheidung Beispiele aus der anderen Gruppe zitiert, vgl. z.B. Albany Roller Mills, Inc. v. Northern United Feeds and Seeds, Inc., 397 N.W.2d 430, 433, 3 UCCRS 2d 500, 504 (Minn.App.1986).

122 Paramount Supply Co. v. Sherlin Corp., 40 UCCRS 447, 455 (Ohio App.1984); Westinghouse Credit Corp. v. Shelton, 645 F.2d 869, 31 UCCRS 410, 415 (10th Cir.1981).

123 Der Text von UCC § 2-208 lautet:
(1) Where the contract for sale involves repeated occasions for performance by either party with knowledge of the nature of the performance and opportunity for objection to it by the other, any course of performance accepted or acquiesced in without objection shall be relevant to determine the meaning of the agreement.
(2) The express terms of the agreement and any such course of performance, as well as any course of dealing and usage of trade, shall be construed whenever reasonable as consistent with each other; but when such construction is unreasonable, express terms shall control course of performance and course of performance shall control both course of dealing and usage of trade (Section 1-205).
(3) Subject to the provisions of the next section on modification and waiver, such course of performance shall be relevant to show a waiver or modification of any term inconsistent with such course of performance.

124 So auch UCC § 2-208 Comment 4.

125 So der UCC § 2-208 Comment 3.; Der Text lautet: "Where it is difficult to determine whether a particular act merely sheds light on the meaning of the agreement or represents a waiver of a term of the agreement, the preference is in favor of "waiver" whenever such construction, plus the application of the provisions on the reinstatement of rights waived (Section 2-209), is needed to preserve the flexible character of commercial contracts and to prevent surprise or other hardship."

126 Battista v. Savings Bank of Baltimore, 507 A.2d 203, 1 UCCRS 2d 1040, 1050 (Md.App.1986) [Käuferin zahlte die Raten eines finanzierten Abzahlungskaufes nur sehr unregelmäßig. Zwar wurde jeweils Rücknahme der Kaufsache angedroht, jedoch über lange Zeiträume hinweg nie durchgeführt]; Computer Strategies, Inc. v. Commodore Business Machines, Inc., 483 N.Y.S.2d 716, 40 UCCRS 1240 (nur LS) (N.Y.1984) [Hersteller erlaubte dem Händler verspätete Zahlung]; Federal Express Corp. v. Pan American World Airways, Inc., 29 UCCRS 778, 786 (8th Cir.1980) [Käufer von Flugzeugen nahm das vertragliche Recht des Einführungslehrgangs für das Personal des Flugzeuges nicht in Anspruch, sondern bildete die Mannschaften über längere Zeit selbst aus]; T.J.Stevenson & Co., Inc. v. 81,193 Bags of Flour, 629 F.2d 338, 30 UCCRS 865, 904 (5th Cir.1980) [Mängelrüge des Käufers erfolgte

abweichend von der ursprünglichen Vereinbarung, aber in genauer Übereinstimmung mit der behaupteten Vertragsänderung erbracht worden waren.[127] In der letzten Fallgruppe mag auch entscheidend gewesen sein, daß die behauptete Änderung nur auf Wunsch desjenigen, der sich nun auf den Formmangel beruft, vorgenommen wurde, so daß die Berufung auf den ursprünglichen Vertragstext nun unbillig erscheint.

In den übrigen Fällen, in denen nicht auf wiederkehrende Erfüllungsleistungen zurückgegriffen werden kann, verlangen die Gerichte zur Annahme eines *waiver* im Sinne von UCC § 2-209 (4) ein über die bloße Vereinbarung hinausgehendes Verhalten,[128] was angesichts des Wortlauts von UCC § 2-209 (4) wohl auch angemessen ist, denn UCC § 2-209 (4) spricht nicht davon, daß eine gescheiterte Änderung immer ein *waiver* ist, sondern nur, daß sie als *waiver* wirken kann. Die Aufrechterhaltung des *Statute of Frauds* für Vertragsänderungen[129] liefe auch leer, wenn durch eine mehr oder weniger automatische Annahme eines *waiver* die formlose Vereinbarung dennoch

---

per Telex statt wie vereinbart per Einschreiben und mit einem Muster der Ware. Der Verkäufer rügte dies jedoch nicht, sondern verhandelte in der Sache]; Dangerfield v. Markel, 252 N.W.2d 184 (S.Ct.N.D.1977) [Verspätung der Leistung wurde ohne ersichtlichen Grund nicht geltend gemacht und die Leistung vorbehaltlos angenommen]; Westmont Tractor Co. v. Viking Exploration, Inc., 543 F.Supp. 1314, 34 UCCRS 423, 430 (Mont.1982) [Trotz vertraglicher Vorauszahlungsverpflichtung lieferte der Vermieter die Mietsachen und der Vertrag wurde durchgeführt]; Knoxville Rod and Bearing, Inc. v. Bettis Corporation of Knoxville, Inc., 672 S.W.2d 203, 208 (Tenn.App.1983) [nach Verkauf seines Reifengroßhandels an den Gläubiger unter Vereinbarung eines Wettbewerbsverbots bezog der Schuldner mehrere Jahre lang als drittgrößter Abnehmer des Gläubigers von diesem Reifen zu einem Preis, der eine beträchtliche Gewinnspanne für einen Einzelhandel des Schuldners zuließ]. Daß dieser Ansatz nicht unproblematisch ist, zeigt Quinn, UCC, ¶ 2-209 [A][7], S2-117: wenn bei chronischen Verzögerungen oder Schlechtleistungen von Seiten des Gläubigers Versuche unternommen werden, die Vertragsbeziehung auch zu Gunsten des Schuldners doch noch irgendwie zu retten, und wenn diese Gefahr laufen, durch UCC § 2-209 (4) einen Rechtsverlust zu bewirken, wird das Bemühen um Vertragsanpassung statt strikter Geltendmachung von Rechten sicher nachlassen.

127 Gold Kist, Inc. v. Pillow, 26 UCCRS 1078, 1081 (Tenn.App.1979) [Verkäufer bat wegen akuter finanzieller Schwierigkeiten, seine Lieferungen zuerst auf die Kaufverträge zu einem höheren Preis anzurechnen, anstatt wie ursprünglich vereinbart die zeitliche Reihenfolge einzuhalten. Der Käufer willigte ein und zahlte den höheren Preis; der Verkäufer nahm die Zahlung an]; J.W.Goodliffe & Son v. Odzer, 423 A.2d 1032, 31 UCCRS 845, 849 (Pa.1980) [Verkäufer bittet nachträglich um Bezahlung einer zunächst abbedungenen Leihgebühr für die Behälter, da der Rücklauf zu langsam und das Geschäft sonst unrentabel sei. Der Käufer zahlt die Gebühren drei Jahre lang]; Paramount Supply Co. v. Sherlin Corp., 40 UCCRS 447, 455 (Ohio App.1984) [Käufer bestimmte - womöglich - einen neuen Leistungsort. Verkäufer lieferte dorthin]; Thomas Knutson Shipbuilding Corp. v. George W. Rogers Construction Corp., 6 UCCRS 323 (N.Y.1969) [Käufer ordnete Extraarbeiten an, die der Verkäufer stillschweigend ausführte]. Verneint wurde das Vorliegen von *waiver* in Marlowe v. Argentine Naval Commission, 2 UCCRS 2d 1226, 1231 (D.C.Cir.1986) [wenn es nicht zur Erfüllung komme, sondern nur noch mit der ursprünglichen Vereinbarung übereinstimmende Erfüllungsversuche unternommen werden, handele es sich höchstens um *course of dealing*, jedoch nicht um *course of performance*, das nach UCC §§ 2-208, 2-209 einen *waiver* darstellen könnte]. Hier kann man den Gedanken von *part performance* (s.o. S. 80) wiedererkennen.

128 So ausdrücklich m.w.N. Varnell v. Henry M. Milgrom, Inc., 337 S.E.2d 616, 42 UCCRS 814, 818 (N.C.App.1985); implizit auch Albany Roller Mills, Inc. v. Northern United Feeds and Seeds, Inc., 397 N.W.2d 430, 3 UCCRS 2d 500, 505 (Minn.App.1986); U.S. v. Humboldt Fir, Inc., 426 F.Supp. 292, 21 UCCRS 736, 742 (N.D.Cal.1977).

129 Oder genauer: Aufrechterhaltung des gesetzlichen (UCC §§ 2-209 (3), 2-201), Einführung der Geltung des privaten (UCC § 2-209 (2)) *Statute of Frauds* (s. dazu unten, S. 142 ff).

in jedem Falle Wirkungen entfaltete. Was unter diesem zusätzlichen Tatbestandsmerkmal, das über die gescheiterte Änderung hinaus vorliegen muß, zu verstehen ist, ist jedoch unklar. In Wisconsin Knife Works v. National Metal Crafters wird eine Vertrauensbetätigung des anderen Teils (*reliance*) gefordert.[130] In U.S. v. Humboldt Fir, Inc. wird *waiver* bejaht, da zugesagt worden war, daß die Formalitäten und zusätzlichen Erfordernisse erledigt werden würden.[131] Dies erinnert an das Erfordernis der *Common Law* Rechtsinstitute *equitable* und *promissory estoppel*, daß nämlich eine über die formlose Vereinbarung hinausgehende Zusicherung wie etwa die spätere Nachholung der Form vorliegen muß, um dem Schuldner einer Verpflichtung die Berufung auf die Form zu versagen.[132] In einigen Entscheidungen aus Tennessee wird bei an UCC § 2-209 (2) gescheiterten Änderungen ohne Erwähnung von UCC § 2-209 (4) auf die oben dargestellten Erfordernisse im *Common Law* zurückgegriffen und gefordert, daß der Wille, auf die Geltendmachung eines vertraglichen Rechtes zu verzichten, klar und eindeutig hervortreten müsse.[133] Daraus ergibt sich, daß eine an der Formbedürftigkeit gescheiterte Vertragsänderung dann gemäß UCC § 2-209 (4) als *waiver* fungiert, wenn gemäß UCC § 2-208 über längere Zeit hinweg der Vertrag widerspruchslos gemäß der Änderung abgewickelt wurde (ähnlich wie bei dem Rechtsinstitut der *part performance* im *Common Law*), bzw. ein Vertragsbruch über diesen Zeitraum hinweg nicht geltend gemacht wurde. Ist eine solche Abwicklung (noch) nicht erfolgt, so liegt dann ein *waiver* vor, wenn auch im *Common Law* die Rechtsinstitute *equitable* oder *promissory estoppel* oder *waiver* eingegriffen hätten.

Eine weitere Schwierigkeit unter UCC § 2-209 (4) ist, den Umfang des *waiver* zu bestimmen. In Double-E Sportswear Corp. v. Girard Trust Bank[134] nimmt die Mehrheitsentscheidung an, daß *waiver* des gesamten *Statute of Frauds* vorliegt.[135]

---

130 42 UCCRS 830, 837-840 (7th Cir.1986) (allerdings zeigt die abweichende Meinung von Judge Easterbrook m.E. deutlich, daß die Mehrheit hier zum Teil von falschen Voraussetzungen ausgeht). Auch in diese Richtung geht Varnell v. Henry M. Milgrom, Inc., 337 S.E.2d 616, 42 UCCRS 814, 818 (N.C.App.1985) (einer der wenigen Fälle zu *waiver* des gesetzlichen Formgebots), wo behauptet wird, daß die meisten Gerichte das Versprechen alleine nicht genügen lassen, sondern entweder *consideration*, *reliance* oder ein Verhalten, das das Vorliegen einer Absprache bestätigt, fordern. Angedeutet wird die Erforderlichkeit von *reliance* in Battista v. Savings Bank of Baltimore, 507 A.2d 203, 1 UCCRS 2d 1040, 1050 (Md.App.1986), einem Fall, der allerdings keine Vertragsänderung, sondern *waiver* einer Vertragsklausel betraf: Das Gericht stellt hier fest, daß genügend Anzeichen für die Annahme von Vertrauensbetätigung bestanden, und als Konsequenz vom Vorliegen von *waiver* ausgegangen werden durfte. Vgl. dazu auch Eisler, 58 Wash.U.L.Qu.277, 298 (1980), die UCC § 2-209 (3) nur auf Änderungen ohne *consideration* anwenden und die Auslegung von Abs. (4) und (5) auf eine Vertrauensbetätigung alleine stützen will.

131 426 F.Supp. 292, 21 UCCRS 736, 742 (N.D.Cal.1977); dieser Fall betraf allerdings keine Formvorschrift, sondern den allgemeinen *waiver* nach UCC § 2-209 (4) und (5).

132 S.o. S. 81 f.

133 Knoxville Rod and Bearing, Inc. v. Bettis Corporation of Knoxville, Inc., 672 S.W.2d 203, 208 (Tenn.App.1983); Gold Kist, Inc. v. Pillow, 582 S.W.2d 77, 26 UCCRS 1978, 1081 (Tenn.App.1979).

134 488 F.2d 292 (3rd Cir.1973).

135 AaO. S. 296 und Fn.4.; so auch Albany Roller Mills, Inc. v. Northern United Feeds and Seeds, Inc., 397 N.W.2d 430, 3 UCCRS 2d 500, 504 (Minn.App.1986).

Richter Garth legt in seiner im Ergebnis zustimmenden Meinung[136] jedoch überzeugend dar, daß nur jeweils auf eine einzelne Vertragsbestimmung verzichtet werden könne. Andernfalls wäre UCC § 2-209 (3) bedeutungslos, da ohne das Formgebot auch positiv neue Pflichten durch *waiver* im Sinne von UCC § 2-209 (4) entstehen könnten. Außerdem bedeute die Mehrheitsmeinung, daß fortan jegliche Vertragsänderung auch mündlich wirksam wäre, was sicherlich nicht in der Absicht der Väter des Uniform Commercial Code lag. Auch die Interpretation von UCC § 2-209 (5) mache Schwierigkeiten unter der Mehrheitsmeinung: der Wortlaut lege mit Formulierungen wie "waiver affecting an executory portion of the contract" und "any term waived" nahe, daß nur jeweils eine begrenzte Vertragsbestimmung gemeint sei. Die Mehrheitsmeinung dagegen muß größere Anstrengungen unternehmen, um UCC § 2-209 (5) auch auf den vorliegenden Fall anwenden zu können.[137] Spätere Entscheidungen gehen dann auch von einem Verzicht aus, der sich nur jeweils auf die konkrete Vertragsbestimmung und nicht das *Statute of Frauds* als ganzes bezieht.[138] Daraus ergibt sich auch die Rechtsfolge der Erfüllung des Tatbestands von UCC § 2-209 (4): ein bestimmtes vertragliches Recht fällt durch den *waiver* weg, es kann aber keine neue, eigenständige Verpflichtung oder Berechtigung entstehen.

Ebenfalls streitig ist der Effekt einer Vertragsklausel, die z.B. ausdrücklich bestimmt, daß ein Verzicht auf die Rechte bei einem Fall der Vertragsverletzung keine Auswirkungen auf die Rechte bei weiteren Verletzungen hat, oder daß eine mündliche Vereinbarung nie ein *waiver* sei (*express non-waiver provision*, *anti-waiver clause*). Die Mehrheit der Gerichte geht wohl davon aus, daß sie einen *waiver* nicht verhindern kann, da sie selbst Gegenstand desselben ist.[139] Zum Teil werden dann jedoch höhere Anforderungen an das Verhalten gestellt, das einen *waiver* darstellen soll.[140]

Schließlich hat der UCC sogar neue Schwierigkeiten geschaffen, z.B. durch UCC § 1-107, nach dem Ansprüche aus Vertragsbruch ohne *consideration* durch schriftlichen *waiver* aufgegeben werden können. Hier wird man wohl davon ausgehen müssen, daß nur zusätzlich die wirksame Disposition über gewisse Ansprüche ermöglicht werden sollte und dies einen *waiver* nach UCC § 2-209 (4) nicht ausschließt.[141]

---

136 AaO. S. 298 f.

137 AaO. S. 297, insb. Fn.7.

138 Varnell v. Henry M. Milgrom, Inc., 337 S.E.2d 616, 42 UCCRS 814, 819 (N.C.App.1985).

139 M.w.N. Battista v. Savings Bank of Baltimore, 507 A.2d 203, 1 UCCRS 2d 1040, 1046-1049 (Md App.1986); Westinghouse Credit Corp. v. Shelton, 645 F.2d 869, 31 UCCRS 410, 418 f. (10th Cir.1981) m.w.N.; Kropp v. Ziebarth, 601 F.2d 1348, 1357 (N.D.App.1979) (bezüglich des insofern gleichgelagerten Problems einer Schriftformklausel für den *waiver*); C.I.T. Corp. v. Jonnet, 214 A.2d 620, 622, 3 UCCRS 968 (S.Ct.Pa.1965). So auch Anderson, § 2-209:39. Vgl.im übrigen die Ausführungen zur Schriftformklausel, unten S. 142 ff., da das Problem hierzu parallel ist.

140 Westinghouse Credit Corp. v. Shelton, 645 F.2d 869, 874; 31 UCCRS 410, 417, 419 (10th Cir.1981); Marlowe v. Argentine Naval Commission, 2 UCCRS 2d 1226, 1229 (D.C.Cir.1986). Anderson, § 2-209:39, S. 334, stellt fest, daß in der Praxis die Gerichte zurückhaltender mit der Annahme eines *waiver* sind, wenn im Vertrag eine *non-waiver* Klausel aufgenommen ist.

141 Siehe dazu Hillman/McDonnell/Nickles, ¶ 4.03[2][c], S. 4-31 bis 4-34.

dd) Rücknahme des *waiver*, UCC § 2-209 (5)

Im *Common Law* ist nicht eindeutig geklärt, ob ein *waiver* durch einseitige Erklärung wieder zurückgenommen werden kann. Während zum Teil die Rücknahme ohne Einverständnis des anderen Partners verneint wird,[142] gehen wohl die meisten Entscheidungen davon aus, daß die Rücknahme durch Benachrichtigung der anderen Partei möglich ist,[143] allerdings nur, soweit der *waiver* "executory" ist,[144] d.h., solange noch nicht danach gehandelt worden ist.

Der Uniform Commercial Code hat in § 2-209 (5) eine Rücknahmeregelung geschaffen, in die diese Grundsätze und auch die dem Rechtsinstitut *estoppel* zugrunde liegenden Wertungen aufgenommen wurden.[145] Da nach UCC § 2-209 (4) trotz Formverstoßes relativ großzügig ein *waiver* angenommen werden kann und dieses nach überwiegender Meinung auch keine Vertrauensbetätigung der anderen Partei voraussetzt, wird in UCC § 2-209 (5) ebenso großzügig die Rücknahme des *waiver* erlaubt. Allerdings muß der Vertragspartner davon in Kenntnis gesetzt werden, daß von nun an wieder strikte Erfüllung des ursprünglichen Vertrages verlangt wird.[146] Weitere Voraussetzung ist, daß die Rücknahme gegenüber der anderen Partei nicht unbillig erscheint in Anbetracht einer wesentlichen Änderung ihrer Position im Vertrauen auf den *waiver*. In dieser Vorschrift kann man deutlich das Erbe von *estoppel* erkennen,[147] indem im Dienste der Gerechtigkeit die Vertrauensbetätigung einer Partei geschützt und der anderen Partei die Berufung auf ansonsten gegebene Rechte versagt wird. Diese sehr offene und flexible, daher aber auch schwer greifbare Formulierung ist motiviert durch die Einsicht, daß Formgebote im kaufmännischen Verkehr zwar ihre Nützlichkeit haben, daß andererseits jedoch im Dienste der Reibungslosigkeit des Ablaufs flexible Lösungen nötig sind. Das umstrittene *Statute of Frauds*[148] wurde in UCC §§ 2-201, 2-209 (3) beibehalten, die Verbindlichkeit vertraglicher Formgebote durch UCC § 2-209 (2) neu eingeführt. Um aber dem auch ansonsten im kaufmännischen Verkehr so wichtigen tatsächlichen Verhalten genügend

---

142 Sentry Insurance v. Brown, 424 So.2d 780, 784 (Fla.App.1982).

143 Fisher v. Fairbanks North Star Borough School, 704 P.2d 213, 215 (S.Ct.Alaska 1985); Nassau Trust Co. v. Montrose Concrete Prod. Corp., 436 N.E.2d 1265, 1271 (N.Y.1982); so wohl auch Martin v. Norwood, 478 N.E.2d 955, 958 (Mass.1985).

144 Nassau Trust Co. v. Montrose Concrete Prod. Corp., 436 N.E.2d 1265, 1271 (N.Y.1982).

145 Diese Vorschrift wird wie UCC § 2-209 (4) so ausgelegt, daß sie auf sämtliche *waiver* Anwendung findet, und nicht nur auf gescheiterte Vertragsänderungen nach UCC § 2-209 (2) und (3), vgl. z.B. Westmont Tractor Co. v. Viking Exploration, Inc., 543 F.Supp.1314, 1320, 34 UCCRS 423 (Mont.1982).

146 Vgl. jedoch Nora Springs Co-Op Co. v. Brandau, 247 N.W.2d 744, 749, 20 UCCRS 909 (S.Ct.Iowa 1976), unten S. 97, wo auf dieses Merkmal aus Billigkeitsgründen verzichtet wurde.

147 So auch Anderson, § 2-209:47, Fn.10: "... The standard of the Code of 'a material change of position in reliance on the waiver,' see UCC § 2-209(5), will undoubtedly be interpreted as the equivalent of estoppel".

148 Vgl. insbesondere den Vorschlag von Cunningham, das *Statute of Frauds* wie in England ganz abzuschaffen, 85 Com.L.J. 361-363 (1980).

Rechnung zu tragen, wurde durch UCC § 2-209 (4) und (5)[149] eine starre Anwendung der Formgebote ausgeschlossen.[150]

Vermutlich ist hier im Vergleich zum *Common Law* keine entscheidende Umverteilung der Rechte eingetreten: Das Vorliegen der Tatbestandsmerkmale von *waiver* der einen Seite und *estoppel* bzgl. einer Rücknahme des *waiver* führt weiterhin zu der Rechtsfolge der Durchsetzbarkeit trotz Formmangels. Ebenfalls ist davon auszugehen, daß sich die Behauptungs- und Beweislast nicht geändert haben und diese immer noch bei der Partei liegen, die diese Rechtsinstitute gegenüber demjenigen, der sich auf das *Statute of Frauds* beruft, geltend macht.[151] Klargestellt ist allerdings, daß im Falle der Rücknahme der andere Teil benachrichtigt werden muß. Rücknahme und Benachrichtigung müssen von dem, der seine ursprünglichen Rechte wieder geltend machen will, behauptet und bewiesen werden.[152] Auch ist durch die Festlegung der Grundsätze im Uniform Commercial Code eine gewisse Kanalisierung der vorher unsystematisch nebeneinander angewandten Rechtsinstitute eingetreten: auf der ersten Stufe wird nach überwiegender Auffassung zunächst geprüft, ob das Verhalten des durch die formmangelhafte Vereinbarung "Verpflichteten" darauf schließen ließ, daß er sich nicht auf den Formmangel berufen will. Wird dies bejaht, so wird ferner ermittelt, ob in der späteren Geltendmachung des formlos abbedungenen Rechtes eine ordentliche Rücknahme des Verzichts auf den Formmangel liegt. Ist auch dies der Fall, so kann schließlich die Berufung auf die Form durch *estoppel* ausgeschlossen sein, wenn der andere auf den Verzicht vertraut hat. Alle diese Elemente waren auch unter früher geltendem Recht immer schon in die Entscheidungen eingeflossen, jedoch ist ihnen in UCC § 2-209 (4) und (5) nun ein Rahmen vorgegeben worden.

Die wenigen Fälle, die sich näher mit der Rücknahme des *waiver* befassen, betreffen beinahe ausschließlich den "normalen" *waiver* eines vertraglichen Rechts. Es geht dann also nicht um formmangelhafte Änderungen o.ä. Da für den *waiver* bei Formgeboten aber wie schon gesagt nichts anderes gilt als für den "normalen" *waiver*, soll diese Rechtsprechung dennoch kurz dargestellt werden, um die Systematik der Vorschrift des UCC § 2-209 an Fällen darzustellen und die für die Rechtsprechung maßgeblichen Gesichtspunkte aufzuzeigen. In Hart v. Sims[153] hatte eine Kunsthändlerin für ein im Kundenauftrag ersteigertes Bild einen Scheck angenommen,

---

149 Insbesondere auch im Zusammenspiel mit UCC § 2-208.

150 Vgl. auch UCC § 2-209 Comment 4.

151 Zu dieser Frage äußern sich die Entscheidungen im Rahmen von UCC § 2-209 nicht, vermutlich, weil jeweils genügend Tatsachen vorgetragen waren, und es nunmehr dem "factfinder" oblag, zu bestimmen, ob damit der Tatbestand jeweils erfüllt war, vgl. z.B. Double-E Sportswear Corp. v. Girard Trust Bank, 488 F.2d 292, 297 (3rd Cir.1973). Eine kurze Bemerkung findet sich bei Hillman/McDonnell/Nickles ¶ 4.03[3][c], S.4-41, wo es heißt, daß eine Partei die Rücknahme des *waiver* erfolgreich verhindern kann, wenn sie eine wesentliche Änderung ihrer Position im Vertrauen auf den *waiver* nachweist und zeigt, daß die Rücknahme ungerecht wäre.

152 Westmont Tractor Co. v. Viking Exploration, 543 F.Supp. 1314, 34 UCCRS 423, 431 (Mont.1982).

153 702 F.2d 574, 35 UCCRS 1517 (5th Cir.1983).

statt auf der vereinbarten Zahlung zu bestehen (*waiver*). Als sie erfuhr, daß er nicht gedeckt war und daher auch ihre eigene Zahlung mit Scheck auf der Auktion scheitern würde, setzte sie dem Käufer eine Frist, in der sie Überweisung auf ihr Konto erwarte (*notification*). Als diese Frist abgelaufen war, verkaufte sie das Bild anderweitig (*retraction of waiver*). Dies wurde als eine gültige Rücknahme anerkannt, da die Benachrichtigung rechtzeitig erfolgte, es einen guten Grund für die Rücknahme gab (ungenügende Deckung des Schecks) und der Käufer auch keine besonderen Dispositionen im Vertrauen auf das Genügen des Schecks als Zahlungsmittel getroffen hatte. Verneint wurde eine Rücknahme des *waiver* in Battista v. Savings Bank of Baltimore.[154] Die Zahlungen der Käuferin hatten hier oft reichliche Verspätung, da sie von einer Invalidenversicherung erbracht wurden, die immer nur auf Vorlage gewisser Bestätigungen handelte. Dadurch traten oft Rückstände, jedoch auch öfter Vorauszahlungen auf. Die Bank hatte zwar immer wieder gewarnt, sie würde bei der nächsten Verspätung den Kaufgegenstand in Beschlag nehmen. Da sie das aber nie tatsächlich durchgeführt hatte, reichte eine solche Warnung nicht aus als *notification* im Sinne von UCC § 2-209 (5). Eine vom Wortlaut, aber nicht von den Grundsätzen des Uniform Commercial Code abweichende Entscheidung ist Nora Springs Co-Op Co. v. Brandau.[155] Hier hatte der Verkäufer von Mais mehrmals vergeblich versucht, zu liefern, aber war immer unter Ausflüchten des Käufers davon abgehalten worden. Da die Ware zu verderben begann, verkaufte er den Mais an einen Dritten. Es wurde entschieden, daß zwar *waiver* des Verkäufers hinsichtlich seines Rechts zum Rücktritt bei Nichtannahme durch den Käufer vorlag, der Verkäufer diesen aber im Sinne von UCC § 2-209 (5) zurückgenommen hätte. Betont wurden hier die ständige Verweigerung des Käufers und der drohende Verderb, die den Weiterverkauf notwendig machten, und die Auffüllung des Lagers des Käufers mit anderem Mais, die deutlich machte, daß dieser nicht auf die weitere Vertragsdurchführung des Verkäufers vertraut hatte. Auf das Erfordernis einer gesonderten Benachrichtigung wurde hier verzichtet. Dies ist mit dem Wortlaut von UCC § 2-209 (5) kaum vereinbar. Im Unterschied zu dem oben geschilderten Fall in Battista v. Savings Bank of Baltimore hatte der Käufer hier für seinen Vertragsbruch aber keine guten Gründe, sondern schien sich auf Kosten des Verkäufers bereichern zu wollen. Die Entscheidung zeigt daher wieder einmal, wie die beabsichtigte flexible Handhabung und die Betonung von Billigkeitserwägungen bei UCC § 2-209 ihren Niederschlag in der Praxis finden. In U.S. v. Humboldt Fir, Inc.[156] hatte ein Indianerstamm Holz verkauft, das der Käufer bis Ende des Jahres 1969 abholzen und abtransportieren sollte. Eine in jeder Hinsicht gültige Verlängerung bis Ende 1970 wurde vereinbart. Auf Verlangen des Käufers wurde der weiteren Verlängerung um ein Jahr zugestimmt, jedoch gelang es dem Käufer nicht, die erforderliche Sicherheit zu stellen. Während des Jahres wurde dreimal Erfüllung

---

154 507 A.2d 203, 1 UCCRS 2d 1040, 1050 (Md.App.1986).

155 247 N.W.2d 744, 749, 20 UCCRS 909 (S.Ct.Iowa 1976).

156 426 F.Supp. 292, 21 UCCRS 736, insb. S. 742 f. (Cal.1977).

des Vertrages verlangt. Diesem Begehren kam der Käufer jedoch nie nach. Die Ende 1971 wiederum erbetene Verlängerung versagten ihm die Indianer und strebten eine öffentliche Auktion an, bei der dem Käufer die Teilnahme versagt sein sollte. Er wurde davon benachrichtigt und beteiligte sich nicht. Die Indianer klagten anschließend auf Schadensersatz in Höhe der Differenz des ursprünglichen Kaufpreises und der in der Auktion erlangten Summe. Das Gericht qualifizierte die Verlängerung bis Ende 1971 als *waiver* für die Zukunft im Sinne von UCC §§ 2-208 (3), 2-209 (4). Dieser könne aber zurückgezogen werden und gelte daher nicht unbedingt auch für 1972. Ob dies auch der Fall war, kommt in der Entscheidung nicht ganz klar zum Ausdruck, sondern es wird im folgenden geprüft, ob die Verkäufer anderweitig verkaufen durften. Dies wurde im Hinblick auf UCC § 2-609 (4) bejaht, nach dem die Vermögensverschlechterung des Käufers, das den Umständen angemessene Verlangen nach Sicherheitsstellung und die mangelnde Reaktion des Käufers als Zurückweisung des Kaufvertrages gelten, so daß den Verkäufern Rechtsmittel wegen Vertragsbruchs zustanden. Innerhalb dieser Prüfung wurde stark auf die Angemessenheit sämtlicher Handlungen eingegangen. Inwieweit damit aber auch die Rücknahme des *waiver* mitgemeint war, oder diese einfach nur im Hinblick auf das dreimalige Verlangen nach Vertragserfüllung bejaht wurde,[157] bleibt offen. Die meistzitierte Entscheidung ist schließlich Double-E Sportswear Corp. v. Girard Trust Bank.[158] Diese beschäftigt sich im Unterschied zu den vorgenannten Entscheidungen mit einem *waiver* in Gestalt einer am gesetzlichen Formgebot nach UCC §§ 2-209 (3), 2-201 gescheiterten Vertragsänderung. Hier hatte sich der Verkäufer ein vertragliches Rücktrittsrecht vorbehalten. Eine Woche nach Abschluß des Vertrags fragte der Verkäufer an, ob der Käufer mit einem inzwischen eingegangenen Angebot von dritter Seite mithalten wolle. Als dies bejaht wurde, vereinbarten die Parteien mündlich, daß der Käufer und der Dritte am nächsten Tag jeweils ein versiegeltes Angebot für die Ware machen sollten und der Zuschlag dem höher Bietenden erteilt werde. Ein Rücktritt sollte nun nur noch im Falle eines höheren Angebots des Dritten erlaubt sein. Der Käufer hatte eine schriftliche Abfassung vorbereitet und telefonisch mit dem Verkäufer abgesprochen, jedoch hatte der Vertreter des Verkäufers die Anreise des Käufers für unnötig gehalten und die Unterzeichnung für den nächsten Tag versprochen. Der Käufer wurde am folgenden Tag, als er sein Angebot überreichen wollte, davon unterrichtet, daß der Verkäufer am vorhergehenden Abend die Ware an den Dritten verkauft hatte und somit vom Kaufvertrag mit ihm zurücktrete. Der Kaufpreis lag erheblich unter dem versiegelten Angebot. Das Berufungsgericht verwies die Entscheidung zurück. Es sollte noch ermittelt werden, (1) wann genau der Verkäufer Nachricht davon gegeben hatte, daß er doch auf die Rücktrittsmöglichkeit bestehe, (2) ob eine frühere Benachrichtigung als bei Abgabe des Angebots erforderlich gewesen wäre und (3) ob die Nichtanreise des Käufers zur sofortigen schriftlichen Abfassung der

157 Dies legt die "keynote" zu dem Abdruck der Entscheidung in 21 UCCRS 736 nahe, die aber nicht amtlich ist.

158 488 F.2d 292, 297 f. (3rd Cir.1973).

Änderungsvereinbarung im Vertrauen auf das Verhalten des Verkäufers eine Rücknahme ausschließt.

Diese Entscheidungen zeigen, daß auch die Rücknahmeregelung in UCC § 2-209 (5) durch eine sehr flexible, den Besonderheiten des Einzelfalls Rechnung tragende Auslegung zu einer weiten Billigkeitsklausel wird. In den Fällen, in denen es ungerecht erscheint, die ursprüngliche Vertragsklausel wieder einzusetzen, werden die Tatbestandsmerkmale der Benachrichtigung und des Vertrauens sehr ernst genommen und ihr Fehlen, bzw. Vorliegen führt dann dazu, daß der *waiver* bestehen bleibt.[159] War dagegen der *waiver* ein reines Entgegenkommen der einen Partei gegenüber der anderen (etwa nach Vertragsbruch), so ist dessen Rücknahme selbst ohne ausdrückliche Benachrichtigung wirksam, insbesondere, wenn die andere Partei sich ihrerseits weiterhin nicht vertragskonform verhält.[160]

ee) Zusammenfassung

Die Verzichtsregelung in UCC § 2-209 gibt einen dem amerikanischen Recht bisher unbekannten Prüfungsrahmen vor, in dem sich jedoch schon vom Tatbestand, zumindest aber in der Auslegung die Elemente des *Common Law* wiedererkennen lassen. In den Tatbestand von UCC § 2-209 (5) fließt das aus dem Rechtsinstitut *estoppel* bekannte Vertrauen ein; dasselbe wird auch schon bei der Auslegung des Begriffs *waiver* berücksichtigt. Desgleichen fließt dort der dem Rechtsinstitut *part performance* zugrundeliegende Gedanke ein, daß die der Änderung entsprechende Erfüllung der Vereinbarung einen gewissen Bestand verleiht. Die Regelung von UCC § 2-209 (4) und (5) läßt in seiner Unbestimmtheit bezüglich der Ausfüllung der Begriffe *waiver* und *reliance* in hohem Maße Raum für Billigkeitserwägungen. Wie die dargestellten Entscheidungen zeigen, werden dem auch die eher objektiv feststellbaren Merkmale der Rücknahme und der Benachrichtigung geopfert: ein einmal festgestellter Verzicht auf ein bestimmtes Vertragserfordernis bzw. auf die Geltendmachung der Form hat demnach auch langfristig Bestand, wenn dies gerecht erscheint.[161]

c) Ausnahmetatbestände von UCC § 2-201 ?

Unklar ist das Verhältnis von UCC § 2-209 (3) zu UCC § 2-201. Die Ausnahme vom Formgebot bei Zugestehen des mündlichen Abschlusses einer Änderungsvereinbarung, UCC § 2-201 (3)(b), ist in einigen Entscheidungen anerkannt: In Dangerfield v. Markel[162] hatten die Parteien nach einigen Schwierigkeiten in der Vertragsabwick-

---

159 So bei Battista v. Savings Bank of Baltimore, 507 A.2d 201, 1 UCCRS 2d 1040 (Md.App.1986), wohl auch bei Double-E Sportswear Corp. v. Girard Trust Bank, 488 F.2d 292 (3rd Cir.1973), wo die diversen rechtlichen Anknüpfungspunkte für die Durchsetzung der Vereinbarung genauestens aufgezeigt werden.

160 So bei Hart v. Sims, 702 F.2d 574, 35 UCCRS 1517 (5th Cir.1983), bei Nora Springs Co-Op Co. v. Brandau, 247 N.W.2d 744, 20 UCCRS 909 (S.Ct.Iowa) und bei U.S. v. Humboldt Fir, Inc., 426 F.Supp. 292, 21 UCCRS 736 (Cal.1977).

161 Vgl. insbesondere die genannten Entscheidungen Battista v. Savings Bank of Baltimore, 507 A.2d 203, 1 UCCRS 2d 1040, 150 (Md.App.1986); und Nora Springs Co-Op Co. v. Brandau, 247 N.W.2d 744, 749, 20 UCCRS 909 (S.Ct.Iowa 1976).

162 252 N.W.2d 184, 189 f. (S.Ct.N.D.1977).

lung vereinbart, daß der Kaufpreis zukünftig prompt zu zahlen sei. Der Käufer hielt sich nicht an diese Vereinbarung, der Verkäufer lieferte seine Ware dennoch weiter. Gegenüber dem Verkäufer, der sich auf das *Statute of Frauds* berief, wurde festgestellt, daß die Vorschrift des UCC § 2-209 (3) die Beachtung des *Statute of Frauds* verlange. Das Gericht faßte darunter die Bestimmung von UCC § 2-201 mitsamt ihren Ausnahmen, so daß das Zugeständnis des Verkäufers, er habe weitergeliefert, obwohl der Käufer die Ware nicht bezahlt hatte, zu einer auch formlos gültigen Vertragsänderung gemäß den Bestimmungen von UCC §§ 2-209 (3), 2-201 (3)(b) führte.[163] Auch in Tonka Tours, Inc. v. Chadima[164] wurde UCC § 2-201 (3)(b) innerhalb von UCC § 2-209 angewandt. Ob die anderen Ausnahmetatbestände von UCC § 2-201 (3) auch bei Vertragsänderungen gelten, ist - soweit ersichtlich - nicht entschieden. Auch finden sich kaum Stellungnahmen in der Literatur.[165] Das Fehlen von Äußerungen zu dieser Frage zeigt, daß dieses Problem in der Praxis wenig Bedeutung hat, da die unter UCC § 2-201 (3) erlaubten Ausnahmen auch leicht unter UCC § 2-209 (4) zu fassen sind.[166]

d) Ausnahmetatbestände des *Common Law?*

Die Formulierung von UCC § 2-209 legt nahe, daß z.B. der *Common Law* Grundsatz *estoppel* in dieser vorschrift vollständig enthalten ist. Auch die Auslegung, die, wie gezeigt, auf die *Common Law* Grundsätze zurückgreift, spricht für eine abschließende Regelung im Gesetz. Andererseits legt die Bestimmung von UCC § 1-103 fest, daß die Grundsätze von *estoppel* weiterhin anwendbar bleiben. Zumindest gegenüber dem gesetzlichen *Statute of Frauds* wird dieser Grundsatz auch weiter angewandt.[167] Jedoch ist auch diese Frage wiederum ohne praktische Relevanz, da die sehr weite Formulierung in UCC § 2-209 (4) die *Common Law* Ausnahmetatbestände sicherlich miteinbegreift.

---

163 Siehe dazu die Kritik von Eisler, 58 Wash.U.L.Qu.277, 303 f. (1980), die allerdings einen nicht unbedingt im Gesetz verankerten, auf Reform abzielenden Ansatz vertritt, vgl. auch oben S. 86 Fn.90. Wie Dangerfield v. Markel wohl auch West Point-Pepperell, Inc. v. Bradshaw, 377 F.Supp.154, 156, 15 UCCRS 27 (Ala.1974). Umgangen wurde diese Frage in Monroc, Inc. v. Jack B.Parson Const.Co., 604 P.2d 901, 904 f. (S.Ct.Utah 1979): Dort wurde UCC § 2-201 (2) für anwendbar erklärt, da die Auslegung ergebe, daß keine Schriftformklausel vorliege und UCC § 2-209 (2) nicht anwendbar sei. UCC § 2-209 (3) wurde nicht erwähnt und es wurde keine Stellungnahme dazu abgegeben, ob UCC § 2-209 die Anwendbarkeit von UCC § 2-201 (2) und (3) ausschließt. Siehe zu dieser Entscheidung auch unten S. 143.

164 372 N.W.2d 723, 728, 42 UCCRS 430 (Minn.1985).

165 Ohne weitere Begründung die Anwendung aller Ausnahmen von UCC § 2-201 auch bei UCC § 2-209 (3) befürwortend, Holland, 22 UCCLJ 301, 314, 317 f. (1990), und Hillman/McDonnell/Nickles, ¶ 4.03[2][b], S. 4-31.

166 Eine Rücknahme nach UCC § 2-209 (5) ist in diesen Fällen wohl nie möglich, da bei Erfüllung eines der Tatbestände von UCC § 2-201 (3) eine Vertrauensbetätigung in Form von Umstellung der Produktion (a), von Klageerhebung (b) oder Zahlung/Lieferung (c) jeweils vorliegt. Daher ergeben sich auch keine Unterschiede in der Wirkung bei Anwendung von UCC § 2-209 (4) anstelle von UCC § 2-201 (3).

167 Potter v. Hatter Farms, Inc., 641 P.2d 628, 33 UCCRS 819, 823 (Or.App.1982). Siehe zum ganzen im Rahmen von UCC § 2-201 schon oben S. 84 Fn.78.

F. Rechtsfolgen für Vereinbarungen, die nicht dem *Statute of Frauds* genügen

Obwohl die Gesetzestexte in den einzelnen Staaten im Wortlaut variieren[168], nahmen die Gerichte mehrheitlich einen einheitlichen Standpunkt ein und erklärten die nicht dem *Statute of Frauds* genügende Vereinbarung zwar für gültig, jedoch nicht für durchsetzbar.[169] Dies bedeutet, daß das formlose Versprechen nicht als Anspruchsgrundlage dienen kann, wenn die andere Partei sich auf die Formvorschrift beruft. In anderer Hinsicht erlangt die Vereinbarung dennoch Bedeutung, so z.B. als Verteidigung gegen den Vorwurf einer unerlaubten Handlung bei Vornahme der Erfüllungshandlungen[170] oder gegen eine Klage wegen Nichterfüllung der ursprünglichen Vereinbarung.[171] Damit hängt eng zusammen, daß die Vorschriften des *Statute of Frauds* im amerikanischen Recht nicht vom Gericht von Amts wegen berücksichtigt werden, sondern von der Partei, die sich darauf berufen will, ordnungsgemäß in die Verhandlung eingebracht werden müssen.[172]

G. Rückerstattung aufgrund einer formmangelhaften Vereinbarung bereits erbrachter Leistungen

Soweit schon Leistungen aufgrund des nicht der Form des Statute of Frauds genügenden Vertrages erbracht wurden, fragt sich, ob diese zurückzuerstatten sind, und ggf. nach welchen Vorschriften. Hier ist zunächst auf die oben gemachten Ausführungen zur *part performance* hinzuweisen: wenn eine Seite vollständig erfüllt hat, oder zumindest einen klar abtrennbaren Teil der geschuldeten Leistung erbracht hat, so wird dadurch die Einhaltung der Form ersetzt und die Gegenleistung kann eingeklagt

168 UCC § 2-201: "not enforceable by way of action or defense ..."; Statute of Frauds (1677) Section 17: "...no contract ... shall be allowed to be good ..." und Section 4: "... no action shall be brought ..."; Cal.Civ.Code § 1624: "invalid"; Ga.Code Ann. § 20-401: not "binding"; Iowa Code Ann. § 622.32: "no evidence ... is competent".

169 Herring v. Volume Merchandise, 106 S.E.2d 197, 200 (S.Ct.N.C.1958) m.w.N.; Mid-Continent Properties, Inc. v. Pflug, 249 N.W.2d 476, 478 (Neb.1977) [Grundstückmaklervertrag]; Dupont Seedmill Corp. v. Standard Supply Corp., 395 N.E.2d 808, 810 (Ind.App.1979) [Grundstückskaufvertrag]; Holender v. Fred Cammann Productions, Inc., 434 N.Y.S.2d 226, 228 f. (N.Y.1980) [Dienstleistungsvertrag. Das Statute of Frauds sei nur eine Beweisregel und mache den Vertrag nicht nichtig, sondern "vernichtbar" - voidable - nach Belieben der verpflichteten Partei]; Troyer v. Troyer, 341 S.E.2d 182, 185 (S.Ct.Va.1986) [Grundstückskaufvertrag: *Statute of Frauds* befasse sich nur mit der Durchsetzbarkeit, nicht mit der Gültigkeit von Verträgen]; Brooklyn Union Gas Co. v. MacGregor's Custom Coach, Inc., 471 N.Y.S.2d 470, 476 (N.Y.1983) (zu UCC § 2-201); Borchardt v. Kulick, 48 N.W.2d 318 (C.A.N.Y.1951) [Arbeitsvertrag; ausführliche Ausführungen zu sämtlichen Fallgruppen des Statute of Frauds und mit Nachweisen für den Warenkauf auf S. 323]; 2 Corbin, Contracts, § 279, S. 20 f. ("neither void nor voidable ... It can be properly described as unenforceable); weitere Nachw. s. Anderson, § 2-201:14, S. 19 Fn.17.

170 Siehe z.B. UCC § 2-201 Comment 4, Restatement (2d) Contracts § 142.

171 Dies wäre dann ein *waiver* durch die berechtigte Partei. Vgl. Eisler, 58 Wash.U.L.Qu. 277, 287 m.w.N. Fn.34 (1980); Farnsworth § 6.10, Bd.2, S. 168.; Eine Aufzählung von zehn Fällen, hinsichtlich derer die Vereinbarung volle rechtliche Kraft entfaltet, findet sich bei 2 Corbin, Contracts, § 279, S. 22 f.; vgl. auch Restatement (2d) Contracts § 143.

172 Ansonsten wird *waiver* dieses Verteidigungsmittels angenommen. Zu den Einzelheiten s. Farnsworth, Contracts, § 6.10, S. 426 f.

werden.[173] Liegt diese Voraussetzung jedoch nicht vor, so ist einhellige Meinung, daß derjenige, der im Vertrauen auf den Bestand des Vertrages Leistungen erbrachte, Wertersatz von der anderen Seite fordern kann.[174] Dieser Anspruch wird als quasivertraglicher Anspruch (*quasi contract*) bezeichnet. Das Rechtsinstitut *quasi contract* wurde im *Common Law* für die Fälle der ungerechtfertigten Bereicherung geschaffen. Obwohl eigentlich keine diesbezügliche Vereinbarung zwischen den Parteien getroffen worden war, unterstellte das Recht den Parteien, gewollt zu haben, daß die Bereicherung angemessen auszugleichen ist.[175] Der Ausgleich konnte wie vertragliche Ansprüche durch die Klageform *assumpsit*[176] geltend gemacht werden und wurde wohl deshalb quasivertraglich genannt.[177] Es konnte z.B. Ausgleich für geleistete Zahlungen,[178] für verkaufte und übergebene Waren[179] und für geleistete Dienste[180] verlangt werden. Dieses Institut gibt allerdings keinen Anspruch auf Herausgabe des geleisteten Gegenstandes, sondern nur den Anspruch auf angemessenen Wertersatz. Bei einer Geldzahlung ist die Summe feststehend, so daß dies keinen Unterschied macht. Dem Warenlieferanten wird dagegen versagt, den vereinbarten Kaufpreis anteilsmäßig geltend zu machen.[181] Eine weitere Einschränkung erfährt dieses Rechtsinstitut hier dadurch, daß eine Rückerstattung nur in Frage kommt, wenn die Leistung vor Kenntnis von der Zurückweisung des Vertrages durch die andere Partei erbracht worden ist.[182] Allerdings ist noch einmal zu betonen, daß im Falle des Warenkaufs wegen des Instituts der *part performance* diese Grundsätze nur selten zum Tragen kommen. Im Anwendungsbereich des Uniform Commercial Code ist dies durch § 2-201(3)(c) geregelt, der einen formlosen Vertrag insoweit durchsetzbar macht als Waren geliefert oder der Kaufpreis bezahlt wurde und die andere Partei dies akzeptierte.

---

173 Siehe dazu oben S. 80; vgl. z.B. auch Consolidated Products Co. v. Blue Valley Creamery Co., 97 F.2d 23, 26 (8th Cir.1938).

174 Vgl. 3 Williston, Contracts, § 534, S. 812; 2 Corbin, Contracts, § 321, S. 155 mit vielen Nachweisen; Calamari/Perillo, § 19-40, S. 834.

175 Eine "implizierte" Vereinbarung (*implied contract*), die mit dem tatsächlichen Willen der Parteien nichts zu tun hat.

176 Siehe dazu oben S. 44.

177 Vgl. 2 Corbin, Contracts, § 321, S. 157.

178 *money had and received.*

179 Dies wurde in diesem Zusammenhang *quantum valebant* genannt und unterscheidet sich von der eigentlichen *assumpsit* Klageform für *goods sold and delivered* dadurch, daß hier eben keine voll gültige Vereinbarung über eine Vergütung der Ware getroffen worden war. Deshalb soll auch nur der Wert der Ware (Quantum valebant = lat.: was sie wert sind), und nicht ihr Kaufpreis erstattet werden.

180 Dies wurde als *quantum meruit* Klage bezeichnet. Wie bei *quantum valebant* sollte der Vorleistende hier das bekommen, was seine Dienste wert waren, also was er verdient hat. Die Bezeichnungen *quantum meruit* und *quantum valebant* sind durch die Beseitigung der Klageformen im amerikanischen Zivilprozeßrecht heutzutage eigentlich nicht mehr aktuell, werden aber noch häufig für materiellrechtliche Ansprüche gebraucht, s. z.B. 3 Williston, Contracts, § 534, S. 818.

181 Vgl. Consolidated Products Co. v. Blue Valley Creamery Co., 97 F.2d 23, 26 (8th Cir.1938) m.w.N.

182 Kearns v. Andree, 139 A. 695, 59 ALR 599, 603 (S.Ct.Conn.1928)

H. Das *Statute of Frauds* im Kollisionsrecht

Es ist ebenfalls wenig klar, wie das *Statute of Frauds* in Fällen der Berührung mit fremdem Recht[183] behandelt wird. Im frühen englischen *leading case* Leroux v. Brown[184] wurde die Unterscheidung zwischen prozessualer ("procedural") oder materieller ("substantive") Qualifikation festgeschrieben. In diesem Fall, in dem es um die Anwendbarkeit des englischen *Statute of Frauds* (1677) bei französischem Recht als Vertragsstatut ging, wurde eine einheitliche Qualifikation abgelehnt und entscheidend darauf abgestellt wie die fragliche Vorschrift formuliert war: Formulierungen wie § 4 Statute of Frauds (1677) ("no action shall be brought") sollten prozessual sein, während solche wie § 17 Statute of Frauds (1677) ("no action shall be allowed to be good") materiell seien.[185] Da im vorliegenden Fall § 4 einschlägig war, wurde dieser als lex fori angewandt, so daß die Verpflichtung nicht durchsetzbar war. Auf dieser Trennung zwischen prozessualer und materiell-rechtlicher Qualifikation aufbauend wurden alle drei möglichen Ansätze vertreten: (1) Eine Mindermeinung folgte Leroux v. Brown und differenzierte je nach Formulierung der einschlägigen Vorschrift.[186] (2) Einige qualifizierten das jeweilige *Statute of Frauds* unabhängig vom Wortlaut als prozessual und hielten es daher auf den zu entscheidenden Fall anwendbar (innerstaatliche Vorschrift)[187] bzw. unanwendbar (außerstaatliche Vorschrift).[188] (3) Andere wiederum gingen von einer materiell-rechtlichen Qualifikation aus und entschieden je nachdem, ob ein fremdes *Statute of Frauds* vorlag und dessen Tatbestand erfüllt war.[189] Die Lehre vertrat überwiegend, daß jedes *Statute of Frauds* für Zwecke des Kollisionsrechts als *substantive* zu qualifizieren sei, da es die Rechtsbeziehungen zwischen den Parteien festlege und nicht etwa nur die Methode der Faktenermittlung betreffe.[190] Diese Ansicht findet sich auch im Restatement (2d) Conflicts of Laws[191]

---

183 In den Vereinigten Staaten von Amerika ist dies nicht nur ausländisches Recht, sondern auch das Recht eines anderen Einzelstaates des Bundes.

184 12 C.B. 801, 138 Eng.Reprint 1119 (1852), zitiert in Borchardt v. Kulick, 48 N.W.2d 318, 323 (Minn. 1951).

185 Als prozessual ("procedural") werden Vorschriften bezeichnet, die dem Beweis dienen ("evidentiary and remedial in nature"), während Vorschriften, die das Rechtsverhältnis der Parteien betreffen ("go directly to the validity of the contract, affecting the rights and obligations of the parties") als materielles Recht ("substantive") bezeichnet werden, vgl. Comment, 47 ALR 3d 137, 149.

186 Für ältere Fälle vgl. Nachweise in Comment, 47 ALR 3d 137, § 5 [a], S. 149 f. Fn.12-16. In neuerer Zeit s. Brown v. Valentine, 240 F.Supp. 539, 540 f. (Va.1965).

187 Vgl. Nachweise bei Comment, 47 ALR 3d 137, § 6, S. 153 f. und § 8, S. 156 f., und bei 2 Corbin, Contracts, § 293, S. 70 Fn.64. In neuerer Zeit s. z.B. Tenna Manufacturing Co. v. Columbia Union National Bank, 484 F.Supp. 1214, 1218 (N.D.Mo.1980); Perlmuter Printing Co. v. Strome, Inc., 436 F.Supp. 409, 413 (N.D.Ohio 1976) [Dieser Fall ist einer der wenigen, die UCC § 2-201 betreffen].

188 Vgl. Nachweise in Comment, 47 ALR 3d 137, § 9, S. 157-159.

189 Vgl. Nachweise bei 2 Corbin, Contracts, § 293, S. 70 Fn.63 f., Comment, 47 ALR 3d 137, § 7, S. 154-156, §§ 10 f., S. 159-161.

190 Siehe 2 Corbin, Contracts, § 294, S. 73; Lorenzen, 32 Yale L.J. 311, 324 f. (1923); Jones, § 1:14, Bd.1, S. 21. Einen ganz anderen Ansatz vertritt Ehrenzweig, 59 Colum.L.Rev. 874, 974 und 995 f., der im Zweifel aus Gründen des Vertrauensschutzes das Recht anwenden will,

wieder. Die überwiegende Anzahl der neueren Entscheidungen geht inzwischen ebenfalls zumindest implizit von einer solchen Qualifikation aus.[192] Dabei wird in einigen Fällen einfach an den Ort des Vertragsschlusses angeknüpft.[193] Von der überwiegenden Anzahl der Gerichte wird jedoch dem Ansatz des Restatement (2d) Conflicts of Laws entsprechend eine Abwägung der für die Anwendung eines Rechts sprechenden Anknüpfungspunkte vorgenommen.[194]

In engem Zusammenhang damit hat sich im Anschluß an die Entscheidung Intercontinental Planning, Ltd. v. Daystrom, Inc.[195] eine Sonderanknüpfung herausgebildet, die die Interessen der beteiligten Staaten an der Anwendung ihres *Statute of Frauds* im konkreten Fall vergleicht. In der genannten Entscheidung ging es um die Klage einer New Yorker Firma, die europäischen und amerikanischen Firmen zwecks Zusammenschlusses Kontakte vermittelte. Für eine bestimmte anvisierte Beziehung war ein schriftlicher Provisionsvertrag geschlossen worden, diese Beziehung kam aber nicht zustande. Die Parteien stritten nun über die behauptete mündliche Vereinbarung der Erstreckung der Provisionsvereinbarung auch auf einen weiteren Vorgang, der zum Erfolg geführt hatte. Der Sachverhalt hatte Berührungspunkte sowohl zu New York als auch zu New Jersey. Nur New York hat ein Schriftformgebot für diese Art von Maklerverträgen (sog. "finder's fee" Verträge). Das Gericht befaßte sich nicht endgültig mit der Frage, wie das *Statute of Frauds* im Kollisionsrecht zu behandeln ist, da seiner Ansicht nach in jedem Falle das Recht des Staates New York anwendbar sei: Sollte das *Statute of Frauds* prozessual zu qualifizieren sein, läge dies auf der

---

nach dem die Vereinbarung durchsetzbar wird (wenn die Anwendung dieses Rechts überhaupt vertretbar ist). Obwohl diese Ansicht sehr kritisiert wurde, finden sich auch heute noch Ansätze in dieser Richtung. So hat der Supreme Court of Massachusetts für den Fall, daß eine Abwägung der verschiedenen Anknüpfungspunkte nicht zu einem eindeutigen Ergebnis bezüglich des anzuwendenden Rechts führt, eine Präferenz für das Recht aufgestellt, nach dem die Vereinbarung voll wirksam wird, vgl. Bushkin Associates, Inc. v. Raytheon Co., 473 N.E.2d 662, 671 (Mass.1985). Anderson schließlich geht auch heute noch äußerst knapp davon aus, daß ein *Statute of Frauds* generell als prozessual qualifiziert würde und daher als lex fori anzuwenden sei, 2 Anderson § 2-201:33, S. 29.

191 Restatement 2d Conflicts of Laws § 141, insb. Comment b.

192 Anders soweit ersichtlich nur Entscheidungen aus Ohio, vgl. Perlmuter Printing Co. v. Strome, Inc., 436 F.Supp. 409, 413 (N.D.Ohio 1976). Vgl. aber Arsham v. Banci, 511 F.2d 1108, 1114 (6th Cir.1975) [Zumindest eine negative Bestimmung des nach lex loci contractus anzuwendenden Sachrechts mache die Vereinbarung auch in Ohio ungültig].

193 Carlson v. Boryla, 490 P.2d 700, 702 (Colo.App.1971) [für Vollmachtserteilung]; Arsham v. Banci, 511 F.2d 1108, 1114 (6th Cir.1975) [Auftragsvermittlungsvertrag]; Lucas v. Whittaker Corporation, 470 F.2d 326, 327 (10th Cir.1972) [Arbeitsvertrag]; Advocat v. Nexus Industries, Inc., 497 F.Supp. 328, 332 (Del.1980) [Arbeitsvertrag mit Pensionsvereinbarung].

194 Bushkin Associates, Inc. v. Raytheon Co., 473 N.E.2d 662, 668-671 (S.Ct.Mass.1985) [Vermittlungvereinbarung. Sofern kein eindeutiges Ergebnis feststellbar ist, solle jedoch im Zweifel das Recht gelten, nach dem die Vereinbarung volle Durchsetzbarkeit erfährt]; McKinney v. National Dairy Council, 491 F.Supp. 1108 (Mass.1980) [Arbeitsvertrag]; Muccilli v. Huff's Boys'Store, Inc., 473 P.2d 786 (Ariz.App.1970) [Kauf eines Unternehmens und des Warenlagers]; Paulson v. Shapiro, 490 F.2d 1 (7th Cir.1973) [Maklervertrag]; Vgl. zur Anwendung der Ausnahmen des Rest. (2d) Conflict of Laws auch Nakhleh v. Chemical Construction Corporation, 359 F.Supp. 357 (N.Y.1973).

195 300 N.Y.S.2d 817, 47 ALR 3d 125 (C.A.N.Y.1969).

Hand. Aber auch unter einer materiellrechtlichen Qualifikation würde auf New Yorker Recht verwiesen, da New York das überwiegende Interesse, (*paramount interest*) an der Anwendung seines *Statute of Frauds* hätte: New York biete durch seine Schriftformklausel für Maklerverträge besonders hohen Schutz vor unberechtigten, schwer widerlegbaren Forderungen von Maklern und Händlern. Dadurch werden Geschäftsleute aus anderen Einzelstaaten und aus dem Ausland besonders ermutigt, sich der Dienste New Yorker Makler zu bedienen, so daß die Bedeutung New Yorks als nationaler und internationaler Handelsschwerpunkt befördert werde. Dies werde aber zunichte gemacht, wenn sich die Makler diesen Bestimmungen entziehen könnten, indem sie in anderen Staaten auf die Durchsetzung der mündlichen Vereinbarung klagen. Daher bestehe ein dringendes Bedürfnis, diesen Schutz auch außerstaatlichen Handelstreibenden zugänglich zu machen, um die ökonomische Entwicklung von New York voranzutreiben.[196] Insbesondere in Fällen, in denen es um dieselbe Vorschrift ging, wurde diese Interessenabwägung übernommen, was dann jeweils zur Anwendung New Yorker Rechts führte.[197] Aber auch in anderen Staaten erhält diese Methode langsam Einzug.[198] Zum Teil wird sie auch unter der Überschrift *center of gravity* Theorie zusammen mit einer Abwägung anderer Gesichtspunkte berücksichtigt,[199] oder ebenfalls unter diesem Namen als Einfallstor für ein das eigentliche Vertragsstatut überragendes öffentliches Anwendungsinteresse (*public policy*) benutzt.[200]

Ob diese Interessenbetrachtung aber auch im Rahmen des *Statute of Frauds* für den Warenkauf Anwendung findet, ist fraglich. Die wenigen Entscheidungen hierzu gehen meist von der Anknüpfung an den Ort des Vertragsschlusses aus.[201] Zur kollisionsrechtlichen Behandlung von UCC § 2-201 gibt es verständlicherweise nur selten Äußerungen, da dieser in fast allen Einzelstaaten gilt. Auslegungsunterschiede gibt es aber zumindest bezüglich des prozessualen oder materiell-rechtlichen Charakters dieser Vorschrift.[202] Auch ist durchaus denkbar, daß ein amerikanisches Gericht bei Auslandsberührung einen Vorrang des amerikanischen *Statute of Frauds* vor dem allgemeinen Vertragsstatut bejaht, da der Schutz des Schuldners vor angeblichen Vertragsänderungen ein wesentliches Interesse des betreffenden Einzelstaates bedeute und daher dessen Anwendung unbedingt geboten sei.

---

196 Chief Judge Fuld kommt in seiner *concurring opinion* mit dem Hinweis darauf, daß die Parteien sich durch die schriftliche Abfassung der ersten Vereinbarung dem *Statute of Frauds* unterworfen haben, zu demselben Ergebnis, vgl. 300 N.Y.S.2d 817, 828 f.

197 O'Keeffe v. Bry, 456 F.Supp. 822 (N.Y.1978); Denny v. American Tobacco Company, 308 F.Supp. 219 (Cal.1970) [hier wurde allerdings nach Voranstellung der Gesichtpunkte bei einem Interessenvergleich dann doch eine Prüfung nach Anknüpfungspunkten vorgenommen].

198 McKinney v. National Dairy Council, 491 F.Supp. 1108 (Mass.1980); Tenna Manufacturing Co. v. Columbia Union National Bank, 484 F.Supp. 1214 (Mo.1980).

199 Nakhleh v. Chemical Construction Corporation, 359 F.Supp. 357 (N.Y.1973); Bushkin Associates, Inc. v. Raytheon Co., 473 N.E.2d 662 (S.Ct.Mass.1985); Vgl. auch Comment, 47 ALR 3d 137, § 18, S. 171-174.

200 Paulson v. Shapiro, 490 F.2d 1 (7th Cir.1973).

201 Vgl. Comment, 47 ALR 3d 137, § 15, S. 167 f.; so auch Jones, § 1.14, Bd.1, S. 21.

202 S.o. S. 102 f.

5. Formgebot: Siegel

Das Siegel hat jahrhundertelang im angloamerikanischen Vertragsrecht eine hervorragende Bedeutung gehabt; es hat heute jedoch kaum noch eine Funktion und soll daher nur der Vollständigkeit halber kurz erläutert werden. Im englischen Prozeßrecht war die einschlägige Klageform für Ansprüche aus Verträgen die *action of covenant*, die eine mit einem Siegel versehene Urkunde voraussetzte, in der die Vereinbarung festgehalten war.[1] Auch wenn mit der Zeit andere Möglichkeiten der Durchsetzbarkeit mit neuen Voraussetzungen danebentraten, behielt die formelle Vereinbarung ihre besondere Stellung und war z.B. ohne *consideration* voll wirksam. Darüber hinaus hatte die Tatsache, daß ein Vertrag mit Siegel bekräftigt wurde, auch für spätere Vereinbarungen Bedeutung: Das Siegel wurde nämlich als so kraftvoll angesehen, daß die Verpflichtung, die besiegelt worden war, auch nur durch einen ähnlich formellen Akt, also eine ebenfalls versiegelte Aufhebungs- oder Änderungsvereinbarung[2] in durchsetzbarer Weise aufgehoben oder geändert werden konnte.[3] Im englischen *Common Law* wurde dies allerdings schon früh nur auf die ursprüngliche Verpflichtung selbst bezogen. Über die nach einem Vertragsbruch entstandene sekundäre Schadensersatzpflicht, die ja selbst nicht besiegelt worden war, sondern sich aus weiteren Umständen ergab, konnte auch durch mündliche Vereinbarung verfügt werden.[4] Da es aber allmählich als ungerecht empfunden wurde, wenn der Gläubiger einer Leistung z.B. eine andere Leistung als die geschuldete zunächst angenommen hatte und anschließend noch aus der formellen Vereinbarung auf die ursprüngliche Leistung klagen durfte, erklärten die Gerichte in der *equity* Rechtsprechung die schon erfüllte Änderung für wirksam. Da gleichzeitig der strenge Formalismus des Siegels immer mehr verlorenging,[5] da das Erfordernis der *consideration* das Siegel immer weiter verdrängte[6] und da *Law* und *Equity* im amerikanischen Prozeßrecht immer mehr verschmolzen,[7] wurde die Wirksamkeit schließlich auf sämtliche, auch die noch nicht erfüllten Vereinbarungen ausgedehnt. Daher hat heute die Tatsache, daß eine Verein-

---

1 S.o. S. 44.

2 Oder natürlich durch Erfüllung.

3 Mit vielen Nachweisen Comment, 55 ALR 685, 686 ff. Corbin zititert spöttisch die lateinische Regel "unumquodque dissolvitur eodem ligamine quo ligatur", die häufig in den Entscheidungen herangezogen wurde, und kommentiert, daß die Fassung des so mysteriösen Grundsatzes in eine so gewichtige Form zweifellos die Ungelehrten überzeugen mußte, 6 Corbin § 1316, S. 292 Fn.2.

4 M.w.N. 6 Corbin, Contracts, § 1316, S. 294.

5 Das ursprünglich in Wachs gedrückte Siegel eines Aristokraten wurde immer weiter vereinfacht, so daß schließlich das Wort *seal* oder die Buchstaben "l.s." (*locus sigili*) genügten, um den gewünschten Effekt zu erzielen.

6 Siehe dazu oben S. 44. In den Vereinigten Staaten hat das Siegel im *Common Law* nur in einigen Einzelstaaten die Vermutung für das Vorliegen von *consideration* für sich. In anderen ist es völlig ohne Effekt. Für den Warenkauf hat UCC § 2-203 dem Siegel jede Bedeutung aberkannt.

7 Fed.R.Civ.Proc.2; Vgl. 6 Corbin, Contracts, § 1316, S. 295.

barung formalisiert worden war, keinen Einfluß mehr auf die Aufhebungs- oder Änderungsmöglichkeit.[8]

6. Beweisregel: Parol Evidence Rule

Diese *Common Law* Regel besagt im Grundsatz, daß ein von den Parteien als abschließend aufgesetztes Schriftstück über einen Vertrag alle vorherigen mündlichen Vereinbarungen zusammenfaßt. Es kann sich daher keine Partei später darauf berufen, daß angeblich mündlich abweichende Vereinbarungen getroffen worden sind.[9] Die Vollständigkeit einer Urkunde wurde dabei vermutet. Für das Kaufrecht ist dieser Grundsatz im Uniform Commercial Code in § 2-202 festgelegt worden,[10] allerdings mit der entscheidenden Änderung, daß nun keine Vermutung mehr für die Vollständigkeit der Urkunde eingreift. Vielmehr muß derjenige, der sich auf die *parol evidence rule* beruft, beweisen, daß der schriftlich niedergelegte Vertrag von den Parteien als abschließende Regelung gewollt war.[11] Allerdings wird zumindest im kaufmännischen Geschäftsverkehr in einigen Entscheidungen angenommen, daß diese Vermutung durch eine Vollständigkeitsklausel[12] - z.B. der Art: "Dieser Vertrag enthält die gesamte Vereinbarung der Parteien" - wiederhergestellt werden könne.[13] Wenn derjenige, der sich auf eine mündliche Nebenabrede berufe, die Vermutung nicht entkräften könne, so sei sein Vortrag über die Vereinbarung der Nebenabrede insgesamt ausgeschlossen.[14] Nicht ausgeschlossen ist dabei aber die Geltendmachung **späterer** mündlicher Abreden, die den Vertragsinhalt ergänzen oder abändern. Da es sich bei Vertragsänderung und -aufhebung aber immer um nachträgliche Vereinbarungen handelt, findet die *parol evidence rule* auf diese Vereinbarungen keine Anwendung.[15]

---

8 Corbin, aaO.; so auch Restatement Contracts § 407.

9 3 Corbin, Contracts, § 573, S. 357 f.

10 Der Text lautet: § 2-202. Final Written Expression: Parol or Extrinsic Evidence.
Terms with respect to which the confirmatory memoranda of the parties agree or which are otherwise set forth in a writing intended by the parties as a final expression of their agreement with respect to such terms as are included therein may not be contradicted by evidence of any prior agreement or of a contemporaneous oral agreement but may be explained or supplemented
(a) by course of dealing or usage of trade (section 1-205) or by course of performance (Section 2-208); and
(b) by evidence of consistent additional terms unless the court finds the writing to have been intended also as a complete and exclusive statement of the terms of the agreement.

11 So auch UCC § 2-202 Comment 1a.; vgl. Amoco Production Co. v. Western Slope Gas Co., 40 UCCRS 370, 373 (10th Cir.1985); Pennzoil Co. v. Federal Energy Regulatory Commission, 645 F.2d 360, 388 (5th Cir.1981). Zum ganzen s. Weigel, S. 35 f.

12 Sogenannte *merger* oder *integration clauses*; vgl. auch Weigel, S. 60.

13 M.w.N. Jaskey Finance & Leasing v. Display Data Corp., 564 F.Supp. 160, 164 (Penn.1983); Ray Martin Painting Inc. v. Ameron Inc., 638 F.Supp. 768, 773 (Kan.1986).

14 Siehe dazu wegen des Zusammenhangs mit vertraglich vereinbarten Schriftformklauseln auch unten Teil III.

15 M.w.N. 3 Corbin, Contracts, § 574, S. 371 und Anderson, UCC § 2-202:65 und 71.

7. Auf das Zustandekommen und die Wirksamkeit der Änderungs- und Aufhebungsvereinbarung anwendbares Recht

Wie schon erwähnt, wird im amerikanischen *Common Law* eine Änderungs- oder Aufhebungsvereinbarung wie jeder andere Vertrag behandelt, so daß sich Zustandekommen und Gültigkeit nach den allgemeinen Vorschriften über Verträge richten.[16] So sind, wie gezeigt, die *Consideration* Doktrin und das *Statute of Frauds* selbstverständlich in vollem Umfang anwendbar.

Unter dem Uniform Commercial Code könnte allerdings mit UCC § 2-209 möglicherweise eine abschließende Sonderregelung geschaffen worden sein. Diese Regelung wurde eingeführt, da insbesondere das Vorliegen der *consideration* bei Vertragsänderungen häufig problematisch war. Diese Voraussetzung stand daher oft der im Handel nötigen flexiblen Vertragsanpassung im Wege. Das Erfordernis einer *consideration* wurde daher im Uniform Commercial Code durch das der Interessenlage nach Auffassung der Verfasser des Codes besser Rechnung tragende Kriterium des guten Glaubens (*good faith*) ersetzt. Desgleichen wurde die Geltung des allgemeinen *Statute of Frauds* auch für die Vertragsänderungen festgeschrieben. Dies hatte aber wohl nur Klarstellungsfunktion[17] und sollte die Anwendbarkeit anderer allgemeiner Regeln nicht ausschließen. Jedenfalls weist ansonsten nichts darauf hin, daß die frühere Rechtslage geändert und eine abschließende Sonderregelung geschaffen werden sollte,[18] so daß auf den Abschluß und die Auslegung einer Änderungs- oder Aufhebungsvereinbarung weiterhin die allgemeinen Vorschriften anwendbar sind, soweit sie nicht durch die Spezialregelung des UCC § 2-209 verdrängt sind.

Dies wird in der Literatur selten ausdrücklich festgestellt, aber immer vorausgesetzt.[19] Außerdem weist darauf auch die systematische Stellung des UCC § 2-209 im Teil 2 des Kaufrechtsartikels des Uniform Commercial Code hin, der sich im wesentlichen mit dem Abschluß von Verträgen befaßt. Schließlich werden wie selbstverständlich in der amerikanischen Rechtsprechung die allgemeinen Grundsätze über das Zustandekommen von Verträgen, beziehungsweise die allgemeinen Regeln über den Abschluß von Kaufverträgen nach dem Uniform Commercial Code auf Änderungs- und Aufhebungsvereinbarungen angewandt.[20]

---

16 S.o. S. 41; m.w.N. 17A C.J.S. Contracts § 394.

17 So Patterson, Study of Uniform Commercial Code S. 306, 309 (1955) m.w.N. und Murray, 32 Vill.L.Rev. 1, 6 (1987).

18 Murray aaO.

19 Vgl. 15 Williston, Contracts, § 1826, S. 481; ausdrücklich so Hillman, 59 N.Car.L.Rev. 335, 350 (1981) und ders. wortgleich in Hillman/McDonnell/Nickles, Kap. 4.02 [3], S. 7-9.

20 Siehe z.B. Gateway Co. v. Charlotte Theatres, Inc., 297 F.2d 483, 486 (1st Cir.1961) [Vereinbarung eines früheren Erfüllungszeitpunktes durch kaufmännisches Bestätigungsschreiben]; Weisberg v. Handy & Harman, 747 F.2d 416, 421, 39 UCCRS 1617, 1623 (7th Cir.1984) [Zugang und Beweislast für den Empfang einer Änderungserklärung]; Harriman v. Tetik, 366 P.2d 486, 489 (S.Ct.Cal.1961).

III. Einheitskaufrecht

1. Haager Einheitliche Kaufgesetze

a) Möglichkeit und anwendbares Recht

aa) Aufhebung

Die einvernehmliche Aufhebung war in den Haager Einheitlichen Kaufgesetzen nicht ausdrücklich geregelt. Daher herrschte in der Rechtsanwendung über deren Behandlung Unsicherheit. Das OLG Hamm stellte bei einer "Stornierung" eines Auftrags wegen Absatzschwierigkeiten fest, daß eine einverständliche Teilaufhebung im EKG nicht vorgesehen, aber möglich und nach dem jeweiligen Landesrecht (hier § 305 BGB) zu beurteilen sei.[1] Auch das OLG Koblenz[2] sah eine Erlaßvereinbarung als nicht im Regelungsbereich des EKG liegend und auch nicht unter Art.17 EKG fallend an und wandte daher das nach deutschem internationalen Privatrecht berufene deutsche Recht (§ 397 BGB) an. Später ließ das OLG Hamm es dagegen offen, nach welchen Regeln eine Aufhebung (hier: einvernehmliche Erklärung der "Erledigung") zu beurteilen sei: es setzte die Möglichkeit derselben voraus, befand, daß nach allen in Frage kommenden Rechtsordnungen dazu ein Vertrag nötig wäre[3] und daß dessen Abschluß im konkreten Fall bewiesen worden sei.[4] In den genannten Entscheidungen wurde die Möglichkeit einer Aufhebungsvereinbarung nicht bezweifelt, aber auch nicht begründet. Auf die Ermittlung des auf das Zustandekommen der Vereinbarung anzuwendenden Rechts wurde kaum eingegangen, da das Vorliegen der Vereinbarung jeweils materiellrechtlich unproblematisch war und es nur darum ging, ob die behauptete Vereinbarung bewiesen werden konnte. Entscheidungserheblich wird die Frage des anwendbaren Rechts jedoch, wenn die beteiligten Rechtsordnungen unterschiedliche Anforderungen an Möglichkeit und Zustandekommen der Aufhebungsvereinbarung stellen, wie dies z.B. bei der Kollision von deutschem und amerikanischen Rechts der Fall sein kann.[5]

bb) Änderung

Auch die Vertragsänderung war im Haager Kaufrecht nicht geregelt, was wiederum zu Unsicherheiten in der Rechtsanwendung führte. Die entschiedenen Fälle betrafen - soweit ersichtlich - immer die (bestrittene) einvernehmliche Regelung von aufgetretenen Leistungsstörungen. BGH und OLG Hamburg wandten auf das Zustande-

1 Schlechtriem/Magnus, Art.8 EKG Nr.8 (E.v.14.11.1983).

2 Schlechtriem/Magnus, Art.2 EKG Nr.9, Art.17 EKG Nr.11 (E.v.1.3.1985).

3 Im italienischen (Verkäufer-)Recht nach Art.1372 Abs.1 S.2 ZGB, im deutschen (Käufer-)Recht nach §§ 305, 397 BGB und im Einheitskaufrecht nach Art.3 EAG.

4 Schlechtriem/Magnus, Art.3 EAG Nr.5 (E.v.25.6.1984).

5 Z.B. verlangt, wie berichtet, das amerikanische Recht neben der Vereinbarung den Nachweis eines guten Grundes für die Vertragsänderung, § 2-209, Comment 1. s.o. S. 51. Auch Zugang und Widerruf von Willenserklärungen sind im deutschen (§ 130 BGB), amerikanischen Recht (i.d.R. freie Widerrufbarkeit eines Angebots, Wirksamkeit einer Annahmeerklärung schon mit Absenden) und EAG (Artt.5 Abs.2, 12 Abs.1 EAG) unterschiedlich geregelt.

kommen einer Minderungsvereinbarung wegen Mängeln analog Art.1 EAG das EAG an.[6] Es ginge zwar nicht um den Abschluß des EKG-Kaufvertrags, sondern um dessen Änderung; der geänderte Inhalt wäre aber später nach EKG zu beurteilen gewesen und die Einheitlichen Kaufgesetze wollten gerade eine möglichst weitgehende international einheitliche Rechtsprechung befördern. Desgleichen erklärte das LG Konstanz[7] die Bestimmung in einem Minderungsvorschlag, daß dieser bei Schweigen angenommen sei, nach Art.2 EAG für unwirksam. Das Gericht begründete die Anwendbarkeit des EAG auf die Änderungsvereinbarung lapidar damit, daß das EAG nach seinem Art.1 immer gelte, wenn das EKG Anwendung finde. Offengelassen wurde die Frage des anwendbaren Rechts von OLG Hamm und OLG Düsseldorf.[8] Das Zustandekommen von Vereinbarungen über die Vertragserfüllung nach Artt.41 Abs.1 a), 42 EKG,[9] bzw. über die Rückumwandlung eines nach Art.26 Abs.1 S.2 EKG entstandenen Rückgewährschuldverhältnisses in ein Kaufvertragsverhältnis[10] wurden jeweils ohne Bezugnahme auf bestimmte Rechtsnormen dadurch bejaht, daß die Erklärungen und das Verhalten der Parteien als Angebot und Annahme gedeutet wurden. Schließlich hielten LG Marburg[11] und RB Alkmaar (Niederlande)[12] für Änderungsvereinbarungen nationales Recht für einschlägig. Dabei qualifizierte das LG Marburg eine Vereinbarung über Minderung, Fälligkeitszinserlaß und Ersatzteilnachlieferung nach Mängelfeststellung als Vergleich nach § 779 BGB, der vom EKG nicht erfaßt sei. Für die RB Alkmaar scheint dagegen für die Beurteilung einer Vereinbarung zur Regelung der Schlechtlieferung die maßgebliche Überlegung gewesen zu sein, daß die Parteien bewußt von dem einschlägigen Mängelgewährleistungsrecht des EKG (Artt.41 ff.) abgewichen sind. Dies sei nach dem EKG möglich, jedoch sei das Rechtsverhältnis dann nach nationalem Recht zu beurteilen.[13] In den genannten Entscheidungen zeigt sich, daß die grundsätzliche Zulässigkeit späterer Vereinbarungen nicht in Zweifel gezogen wird, nur die darauf anwendbare Rechtsordnung fraglich ist. Dabei scheint die Ermittlung des anwendbaren Rechts hauptsächlich nach Opportunitätsgesichtspunkten erfolgt zu sein: In den Fällen des OLG Hamm und des OLG Düsseldorf wären nach allen in Frage kommenden Rechtsordnungen (italienisches, deutsches Recht, EAG) Angebot und Annahme nötig gewesen. Fraglich war nur, ob dem Sachverhalt diese Willenserklärungen entnommen werden konnten. Da keine Rechtsfragen zu behandeln waren, konnte das anwendbare Recht offenbleiben. In den übrigen Fällen ist auffällig, daß dann, wenn das internationale Privatrecht auf das Recht des

---

6 BGH RIW 1981, 123, 124; OLG Hamburg RIW 1982, 435.

7 Schlechtriem/Magnus, Art.2 EAG Nr.1 (E.v.18.10.1979).

8 OLG Hamm, Schlechtriem/Magnus Art.42 EKG Nr.1 (E.v.26.6.1978); OLG Düsseldorf, Schechtriem/Magnus, Art.26 EKG Nr.4 (E.v.14.5.1981).

9 Im Fall des OLG Hamm.

10 Im Falle des OLG Düsseldorf.

11 Schlechtriem/Magnus, Art.8 EKG Nr.14 (E.v.24.5.1984).

12 Schlechtriem/Magnus, Art.8 Nr.15 = NIPR 1985 Nr.421 (E.v.14.3.1985).

13 Es handelt sich also in der Sache um ein Abbedingen des Einheitskaufrechts.

Forums verwies, auch die Maßgeblichkeit des heimischen Rechts bejaht wurde,[14] während bei nach internationalem Privatrecht anzuwendendem ausländischen Recht[15] gerne auf die Normen des EAG zurückgegriffen wurde, die in den konkreten Fällen auch explizite Lösungen für die entscheidungserheblichen rechtlichen Fragen boten.

b) Form

Soweit die Entscheidungen auf den Abschluß der Aufhebungs- oder Änderungsvereinbarung Einheitsrecht anwendeten, mußte für diese auch Art.15 EKG gelten, der die Formfreiheit für Kaufverträge statuiert.[16] Insofern haben die unter den Haager Kaufgesetzen angestellten Überlegungen zur Form des Abschlusses eines Kaufvertrages auch Relevanz für die Änderung oder Aufhebung desselben und sollen insoweit hier kurz dargestellt werden.

Zu Art.15 EKG war umstritten, inwieweit nationale Formvorschriften, die nicht lediglich Beweis- oder Warnfunktion haben, sondern aus wirtschafts- und sozialpolitischen oder aus steuerlichen Gründen eine Form vorschreiben, von Art.15 EKG verdrängt wurden. Für den Sonderfall der nach nationalem Recht bestehenden Formvorschriften für die Haftungsfreizeichnung[17] empfahl Stoll eine Sonderanknüpfung an den Wohnsitz des Gegners der Freizeichnung, der mit diesen Vorschriften geschützt werden sollte.[18] Gegen eine Differenzierung nach Formzwecken wandte sich Reinhart unter Hinweis auf die schwierige Durchführbarkeit einer solchen Unterscheidung und die Entstehungsgeschichte der Übereinkommen.[19] Nach dieser Ansicht würden die im deutschen Recht ausnahmsweise eingreifenden Formvorschriften wie etwa § 54 GemO BW[20] oder § 34 GWB in jedem Falle vom Einheitskaufrecht verdrängt. Als auch im internationalen Bereich weiterhin geltende Vorschriften mit einem Formgeboten ähnlichen Charakter wurden prozessuale Regeln genannt, die eine Form nicht zwingend vorschreiben und den nach Art.15 EKG möglichen Zeugenbeweis nicht gänzlich ausschließen. Im deutschen Recht sind dies etwa die Vorschriften über den Urkundenprozeß, in denen Zeugenbeweis ohne Nachteile im Nachverfahren geführt werden kann,[21] oder die Vermutung für die Richtigkeit und Vollständigkeit der über ein Rechtsgeschäft aufgenommenen Urkunde.[22]

---

14 LG Marburg aaO. und RB Alkmaar aaO.

15 Allerdings war in den genannten Entscheidungen der veröffentlichte Sachverhalt nicht eindeutig. Geht man aber von der Niederlassung dessen, der die charakteristische Leistung zu erbringen hat, aus, so war im Fall des Bundesgerichtshofs aaO. belgisches, im Fall des OLG Hamburg aaO. israelisches und im Fall des LG Konstanz aaO. italienisches Recht anwendbar.

16 Der Text von Art.15 EKG lautet: "Für den Kaufvertrag ist keine besondere Form vorgeschrieben. Er kann insbesondere auch durch Zeugen bewiesen werden."

17 Beispiel: Art.1341 Abs.2 des italienischen Codice civile.

18 Dölle/Stoll Art.74 Rn.145, 147.

19 Dölle/Reinhart Art.15 Rn.55 m.w.N.

20 Oder die entsprechenden Vorschriften der anderen Landesgesetze.

21 §§ 592 ff. ZPO; vgl. Dölle/Reinhart Art.15 Rn.58 f.

22 BGH NJW 1980, 1680.

2. *Art.29 I CISG*

a) Allgemeines

Wie oben beschrieben, bestand bei den Verhandlungen über diese Vorschrift im wesentlichen Einigkeit über die grundsätzliche freie Aufhebbarkeit und Änderbarkeit von internationalen Kaufverträgen, insbesondere wollten alle Verhandlungspartner das *Common Law* Erfordernis einer *consideration* für die Änderung internationaler Kaufverträge aus dem Weg schaffen.[23] Dennoch bleiben auch im Rahmen dieser Vorschrift viele Anwendungsprobleme ungeklärt, die sich aus der Betrachtung der innerstaatlichen Regelungen ergeben. Insbesondere muß der Anwendungsbereich von Art.29 Abs.1 CISG umrissen werden, d.h. es muß festgestellt werden, inwieweit nationale Beschränkungen der Aufhebbarkeit oder Änderbarkeit von Art.29 Abs.1 CISG verdrängt werden oder anderenfalls daneben anwendbar bleiben.

b) Rechte Dritter

Wie oben gezeigt,[24] berührt im deutschen Recht die Tatsache, daß ein Vertrag zugunsten Dritter vorliegt, nicht die Aufhebbarkeit und Änderbarkeit eines Vertrages. Zwar ist die Forderung des Dritten unter Umständen nicht mehr ohne seine Zustimmung einschränkbar, dies wirkt sich aber allenfalls auf die Abwicklung der späteren Vereinbarung, nicht auf die Möglichkeit, eine solche im Grundverhältnis zu treffen, aus. Im amerikanischen Recht ist dagegen wegen der nicht klar voneinander getrennten Rechtsverhältnisse jedenfalls zweifelhaft, ob sich aus der Begründung eines unentziehbaren Forderungsrechts für einen Dritten auch Beschränkungen hinsichtlich der Verfügungsbefugnis der Parteien über ihr Vertragsverhältnis insgesamt ergeben.[25]
Wenn aber nationale Rechtsordnungen die Möglichkeit späterer Vereinbarungen beschränken, so ist im Anwendungsbereich von CISG zu fragen, ob derartige Beschränkungen wirksam sind oder von Art.29 Abs.1 CISG verdrängt werden (aa). Gegebenenfalls ist dann weiter zu untersuchen, ob Art.29 Abs.1 CISG sich nur auf das Verhältnis zwischen den Vertragsparteien, also nach der deutschen Terminologie das Grundverhältnis, bezieht oder ob diese Vorschrift den gesamten Vertrag einschließlich des Forderungsrechts des Dritten erfaßt mit der Folge, daß auch dieses frei aufhebbar oder änderbar wäre (bb).

aa) Anwendbarkeit von Art.29 Abs.1 CISG

Nach seinem Wortlaut bezieht sich Art.29 Abs.1 CISG auch auf (Kauf-)Verträge, mit denen ein Dritter begünstigt wird, denn dies sind Verträge, die durch nachträgliche Vereinbarung geändert oder aufgehoben werden sollen. Fraglich ist indessen, ob die nationalen Beschränkungen für spätere Vereinbarungen wegen der Beteiligung Dritter

---

23 S.o. S. 27.

24 S.o. S. 34.

25 S.o. S. 43, insb. Fn.16.

am Vertrag als Gültigkeitskriterien für die später vereinbarten Vertragsbestandteile zu werten sind, so daß sie nach Art.4 a) CISG anwendbar bleiben. Der Wortlaut der wenigen Entscheidungen im amerikanischen Recht, die aus der Rechtsposition des Dritten Auswirkungen auch auf das Grundverhältnis und auf die Verfügung hierüber herleiten, legen es nahe, die Drittbegünstigung mit der Gültigkeit zu verknüpfen. Gebraucht werden nämlich die Begriffe "ungültig" ("invalid") und "Nichtigkeit" ("nullity").[26] Entscheidend kann allerdings nicht der Wortlaut einiger weniger Urteile sein, zumal wenn diese, wie gezeigt,[27] wohl nicht einmal die herrschende Rechtsauffassung wiedergeben. Vielmehr zeigt der Vergleich zweier so unterschiedlicher Rechtsordnungen wie es das deutsche und das amerikanische Recht sind, daß die Unentziehbarkeit einer durch Vertrag begründeten Rechtsposition eines Dritten ihrem Wesen nach nichts mit der Gültigkeit späterer Vereinbarungen im Grundverhältnis zu tun hat: Gültigkeitsbestimmungen nach Art.4 a) CISG sind etwa die Geschäftsfähigkeit, die Vertretungsmacht, gesetzliche Verbote oder Vorschriften über die Sittenwidrigkeit.[28] Gemeinsam ist diesen, daß sie ihren Grund außerhalb des Vertragsverhältnisses haben und einen nicht von den Parteien selbst gesetzten Zweck verfolgen. Anders ist dies bei einer unwiderruflichen Drittbegünstigung, die sich alleine aus der ursprünglichen Vereinbarung ergibt und die nur dadurch "rechtliche" Relevanz erhält, daß eine Rechtsordnung diese Art von Vereinbarungen anerkennt. Hiermit wird aber lediglich dem Willen der Parteien genüge getan, nicht ein außerhalb der Parteivereinbarung liegender Zweck verfolgt. Das amerikanische Recht argumentiert zwar bei den Fragen, ob der Dritte eigene Rechte hat und ob diese unentziehbar geworden sind, mit Vertrauensschutzerwägungen, was entgegen dem eben gesagten darauf hindeutet, daß zumindest im amerikanischen Recht der Schutz des Dritten statt des Parteiwillens im Vordergrund steht. Aber auch hier ergibt sich die Position des Dritten nicht aus einer äußeren Notwendigkeit, sondern aus der Vereinbarung selbst. Die Anerkennung der verfestigten Rechtsposition setzt der späteren Abänderung oder Aufhebung der Begünstigung nur dann eine Grenze, wenn die Parteien dies vorher vereinbart und so nach außen kund getan haben, daß ein Dritter sich darauf verließ und verständigerweise verlassen durfte.[29]

Dies alles ergibt, daß es sich bei möglichen Beschränkungen der Aufhebbarkeit oder Änderbarkeit wegen einer durch den ursprünglichen Vertrag begründeten Rechtsposition eines Dritten nicht um eine Frage der Gültigkeit der späteren Vereinbarung handelt. Art.29 Abs.1 CISG bleibt auf diese anwendbar.

bb) Reichweite von Art.29 Abs.1 CISG

Wird die Anwendbarkeit von Art.29 Abs.1 CISG auch bei einer durch Vertrag

---

26 S.o. S. 43 Fn.16.

27 Vgl. oben S. 43.

28 Vgl. v.Caemmerer/Schlechtriem/Herber Art.4 Rn.9-11; Herber/Czerwenka Art.2 Rn.14; vgl. auch Bericht des Max-Planck-Institutes und die dort untersuchten Sachbereiche.

29 Vgl. oben S. 42 Fn.7 und 8.

gewährten, nach nationalem Recht unwiderruflichen Drittbegünstigung bejaht, so könnte sich diese Vorschrift auch auf die Drittbegünstigung beziehen, da diese sich aus dem Vertrag herleitet und in diesem Sinne als Teil des Vertrages angesehen werden kann. Folge wäre, daß auch die Drittbegünstigung durch Parteivereinbarung ohne weiteres aufgehoben und geändert werden könnte. Jedoch ist das Forderungsrecht des Dritten wohl nicht als Vertragsbestandteil zu werten. Es sollte vielmehr unter dem Einheitskaufrecht - wie im deutschen Recht - streng zwischen dem Grundverhältnis und dem Forderungsrecht des Dritten unterschieden werden. Dies ergibt sich aus folgenden Gesichtspunkten:

Indem Art.29 Abs.1 CISG festlegt, daß ein Vertrag durch bloße Vereinbarung der Parteien geändert und aufgehoben werden kann, wird ausgedrückt, daß Regelungsgegenstand nur das durch die ursprüngliche Vereinbarung begründete Verhältnis "der Parteien" ist. Der Dritte ist aber nach der Vereinbarung der Parteien nicht selbst Partei des ursprünglichen Verhältnisses geworden, er hat nach dem Parteiwillen lediglich eine zusätzliche, von den Rechten des Versprechensempfängers abgeleitete Gläubigerstellung erlangt. Ferner läßt sich eine Parallele zu bereits erfüllten Verträgen ziehen: Wie insbesondere im amerikanischen Recht durch die frühere Unterscheidung der Rechtsstellung des Dritten je nach dem Zweck der Zuwendung im Valutaverhältnis[30] deutlich wird, sind die Stellung des Dritten und sein Recht auf die dem Versprechensempfänger versprochene Leistung ganz maßgeblich abhängig vom Valutaverhältnis. Die darin bestehende Forderung des Dritten wird durch den Vertrag zugunsten des Dritten zwar nicht erfüllt, jedoch erhält er in Bezug auf diese Forderung mehr als er vorher hatte, nämlich eine hiermit verknüpfte weitere Forderung gegen einen anderen Schuldner.[31] Insoweit stellt sich der Vertrag zugunsten des Dritten als ein Minus gegenüber der Erfüllung dar. Hätte der Versprechensempfänger seine Schuld gegenüber dem Dritten aber schon erfüllt, so wäre zweifellos ein über den zu leistenden Gegenstand geschlossener Vertrag (sei es als Vertrag zugunsten des Dritten, sei es als reiner Beschaffungsvertrag) nachträglich aufhebbar oder änderbar. Die Tatsache, daß der geleistete Gegenstand nun nicht mehr herausgegeben werden kann, müßte dann im Rahmen der Rückabwicklung berücksichtigt werden. Dies muß dann aber auch für das Vorstadium gelten, in dem der Dritte noch nicht den Gegenstand aber schon eine unwiderrufliche Forderung gegen den Versprechenden erhalten hat.

Maßgeblich sollte aber schließlich sein, daß durch eine Erstreckung von Art.29 Abs.1 CISG auch auf die Rechtsstellung des Dritten festgestellt würde, daß das Übereinkommen die vertragliche Einräumung einer unentziehbaren Rechtsposition für einen Dritten nicht anerkennt. Dies kann jedoch nicht der Fall sein. Die Möglichkeit des Vertrags zugunsten Dritter wurde im Übereinkommen zwar nicht ausdrücklich geregelt. Das bedeutet aber nicht, daß sie ausgeschlossen sein soll. Art.29 Abs.1 CISG

30 *Creditor beneficiary* oder *donee beneficiary*, vgl. oben S. 42 Fn.7 und 8.

31 Vgl. insoweit zum amerikanischen Recht Farnsworth, Contracts, § 10.7, Bd.III S. 43.

formuliert gerade einen Aspekt des Vorrangs der bloßen Parteivereinbarung.[32] Es wäre widersinnig, wenn hierdurch eine besondere Art von Parteivereinbarungen, für die, wie gezeigt, zumindest in den hier betrachteten beiden Rechtsordnungen ein Bedürfnis besteht, ausgeschlossen wäre. Es ist vielmehr davon auszugehen, daß das Übereinkommen in Bezug auf die Möglichkeit des Vertrages zugunsten Dritter eine Lücke i.S.v. Art.7 Abs.2 CISG enthält.[33] Verträge zugunsten Dritter sind zwar in ihrer Allgemeinheit keine spezifisch kaufrechtlichen Institute. Die Leistungspflicht gegenüber dem Dritten und die Unwiderruflichkeit seiner Rechtsposition sind jedoch unmittelbarer Bestandteil der durch den Vertrag begründeten gegenseitigen Rechte und Pflichten der Parteien, so daß sie vom sachlichen Anwendungsbereich des Übereinkommens (Art.4 S.1 CISG) erfaßt sind.[34] Das Vorliegen einer Lücke bedeutet dann aber, daß die Rechtsposition des Dritten in Art.29 Abs.1 CISG nicht geregelt ist.

c) Guter Glaube (*good faith*)

Einigkeit besteht darüber, daß im Anwendungsbereich von CISG keine *consideration* für die volle Wirksamkeit, insbesondere die gerichtliche Durchsetzbarkeit, mehr nötig ist. Wie oben gezeigt, ist aber im amerikanischen Kaufrecht ein anderes Instrument an die Stelle der *consideration* getreten, um opportunistisches Verhalten aufgrund wirtschaftlicher Übermacht in bestimmten typischen Situationen zu verhindern, nämlich das Erfordernis des guten Glaubens (*good faith*) in Nr.2 des amtlichen Kommentars zu UCC § 2-209. Zu dessen Anwendbarkeit bei Kollision mit Art.29 CISG wird in den Kommentaren nie Stellung genommen.[35] Es fragt sich, ob bei einer Verweisung des internationalen Privatrechts auf das amerikanische Recht diese Voraussetzung neben Art.29 Abs.1 CISG zu beachten ist und der Richter eine Inhaltskontrolle bezüglich der Angemessenheit des Änderungsverlangens durchführen muß, oder ob sie durch Art.29 Abs.1 CISG verdrängt wird.

aa) Entstehungsgeschichte

Im ersten Entwurf des Abschlußübereinkommens von 1977 war noch die Formulierung

---

32 Siehe auch Herber/Czerwenka Art.29 Rn.2.

33 A.A. v.Caemmerer/Schlechtriem/Herber Art.4 Rn.23, der die Verträge zugunsten Dritter außerhalb des Anwendungsbereichs des Einheitskaufrechts fallen läßt. So auch schon unter dem EKG Mertens/Rehbinder Art.8 Rn.2 und 19. Danach geht es bei der Frage der Rechtsposition des Dritten nicht um eine Lücke im Einheitskaufrecht, sondern um eine schuldrechtliche "Restfrage", vgl. hierzu Stoll, S. 497.

34 Ob die Rechtsposition des Dritten sich gemäß Art.7 Abs.2 CISG nach allgemeinen Grundsätzen des Übereinkommens oder nach dem durch das internationale Privatrecht berufenen nationalen Recht bestimmt, ist für die hier betrachtete Frage der Aufhebungs- und Änderungsmöglichkeit des Kaufvertrages bedeutungslos. Es sei aber kurz angemerkt, daß sich die Lücke durchaus mit einem Rückgriff auf die in Art.6 CISG verankerte und in anderen Vorschriften vorausgesetzt Parteiautonomie (vgl. v.Caemmerer/Schlechtriem/Schlechtriem Vor Artt.14-24 Rn.10) schließen läßt, so daß die Parteien in ihrem Kaufvertrag wirksam bestimmen können, daß ein Dritter ein unwiderrufliches Recht auf die von einer Seite zu erbringende Leistung haben soll.

35 So wird immer nur darauf hingewiesen, daß die *Consideration* Doktrin nun durch UCC § 2-209 (1) überholt ist, vgl. m.w.N. Wey, S. 154, Rn.411.

vorgesehen, daß eine guten Glaubens getroffene Vereinbarung über Änderung oder Aufhebung des Kaufvertrages wirksam sein sollte.[36] In der anschließenden Diskussion wurde aber erkannt, daß der Begriff "guter Glaube" (*good faith*) in den einzelnen Staaten sehr unterschiedliche Auslegungen erfahren würde. Der Vorschlag, stattdessen Begriffe wie "faires Verhalten" oder "frei" einzusetzen, der kurzfristig auch angenommen worden war,[37] half indessen auch nicht weiter, weil er nur am Namen, nicht jedoch am Problem ansetzte. Einige unterstützten die ausdrückliche Bestimmung, daß *consideration* nach nationalem Recht nicht erforderlich sei, um deutlich zu machen, daß Fragen des guten Glaubens nicht betroffen seien.[38] Andere wollten den Term "guter Glauben" (*good faith*) streichen und stattdessen das Problem von unlauterer Druckausübung in einer separaten Vorschrift über die Gültigkeit von Verträgen regeln. Beides ist nicht geschehen. Diese Äußerungen könnten nahelegen, daß dieser Problembereich aus Art.29 Abs.1 CISG ausgeklammert wurde und als Gültigkeitsvoraussetzung nach Art.4(a) CISG nach innerstaatlichem Recht zu beurteilen ist. Andererseits legt die Streichung des Begriffs des guten Glaubens (*good faith*) aus dem Entwurf der Vorschrift[39] nahe, daß die amerikanische Regelung, die in UCC § 2-209 (1) zwar auf die *consideration* verzichtet, im Kommentar jedoch einen Stellvertreter schafft, gerade ausgeschaltet werden sollte. Eine eindeutige Aussage läßt sich daher aus der Entstehungsgeschichte nicht herleiten.

bb) Wortlaut und Systematik des Übereinkommens

Art.29 Abs.1 CISG verleiht Änderungsvereinbarungen ohne weiteres Wirksamkeit. Der Wortlaut besagt, daß lediglich gefragt werden muß, <u>ob</u> eine Vereinbarung vorliegt, nicht aber, was die der Vereinbarung zugrundeliegenden Motive der Parteien waren. Geht man jedoch davon aus, daß das Erfordernis des guten Glaubens eher die Gültigkeit der Vereinbarung betrifft, so führte das nach Art.4a) CISG nur dann zur Anwendbarkeit neben Art.29 Abs.1 CISG, wenn nicht an anderer Stelle des Übereinkommens ausdrücklich davon die Rede ist. Eine ausdrückliche Erwähnung des guten Glaubens befindet sich in Art.7 Abs.1 CISG. Diese Regelung ist von der Gutglaubensvorschrift im Uniform Commercial Code insofern unterschieden, als diese sich auf die Vertragsdurchführung und Vertragsdurchsetzung bezieht, jene dagegen die Interpretation des Gesetzestextes, hier also des Kaufvertragsübereinkommens, betrifft. Damit richtet sich die Regelung im Uniform Commercial Code an die Parteien, die des Übereinkommens an den Richter. Die offiziellen Stellungnahmen sehen beide Vorschriften jedoch als im wesentlichen gleich an.[40] Auch sprechen sich gewichtige Stimmen in der Literatur

---

36 YB VIII (1977) S. 76 Nr.36.

37 YB VIII (1977) S. 76 Nr.39 und 45.

38 AaO. Nr.39.

39 Siehe YB VIII (1977) S. 77 Nr.46.

40 Vgl. den Sekretariatskommentar zum New Yorker Entwurf, O.R. S. 18, Nr.2 und 3 zu Art.6 einerseits und den amtlichen Kommentar zu UCC § 1-203, der allgemeinen Gutglaubensregelung im Uniform Commercial Code andererseits.

für eine breite Anwendung des Art.7 CISG aus,[41] so daß durchaus sämtliche nationale Gutglaubensvorschriften darunter fallen könnten.

Während der Diplomatischen Konferenz in Wien war auf Antrag Italiens diskutiert worden, ob nicht direkt auf das Verhalten der Vertragsparteien Bezug genommen werden sollte, indem die Vorschrift die folgende Formulierung erhielte: "Bei dem Abschluß [der Auslegung] und der Durchführung eines Kaufvertrags sollen die Parteien die Grundsätze des guten Glaubens und der internationalen Zusammenarbeit beachten".[42] Dieser Vorschlag wurde nach bewegter Diskussion abgelehnt, insbesondere weil befürchtet wurde, daß diese Fassung zu viel Rechtsunsicherheit bewirken würde. Auch war zunächst eine Formulierung vorgesehen, die den jetzigen Art.7 Abs.1 CISG auf die Auslegung und die Anwendung bezog. Die Streichung des Wortes Anwendung wurde als rein redaktionell bezeichnet.[43] Dies alles zeigt aber, daß trotz unterschiedlicher Formulierung durchaus derselbe Anwendungsbereich eröffnet sein kann. Die unterschiedlichen Fassungen ergeben sich demnach wohl hauptsächlich daraus, daß die innerstaatliche Auslegung eines Begriffs nicht durch zu parallele Formulierungen in das Übereinkommen mitaufgenommen werden sollte. Vielmehr war mit Art.7 Abs.1 CISG eine autonome Gutglaubensregelung angestrebt, die sich aus dem internationalen Charakter und der Notwendigkeit einer einheitlichen Anwendung ergibt.[44] Dann darf aber ein nationales Zusatzkriterium des guten Glaubens für eine bestimmte Gruppe von Verträgen, die im Kaufvertragsübereinkommen geregelt sind, nämlich Aufhebungs- und Änderungsverträge nach Art.29 Abs.1 CISG, neben dem allgemeinen Gutglaubenskriterium in Art.7 Abs.1 CISG keine Anwendung finden.

Dieses Ergebnis wird zusätzlich durch Art.7 Abs.2 CISG gestützt: Zweck des Übereinkommens war, im internationalen Handel die Vertragstätigkeit zu fördern und die Voraussetzungen dafür zu erleichtern. Ohne Ausschluß dieses außerhalb des amerikanischen Rechtskreises unbekannten Zusatzkriteriums würden aber gerade neue Barrieren für die flexible Durchführung des Handels geschaffen.

cc) Die neuere Diskussion im amerikanischen Recht: *Law & Economics*

Angesichts der beschriebenen neu aufgeflammten Diskussion um Vertragsänderungen unter dem Gesichtspunkt des Kräftegleichgewichts der Verhandlungspartner und der Bedeutung, die Regelungsmechanismen wie *good faith* dadurch erlangt haben,[45] soll Art.29 Abs.1 CISG auch noch unter diesem Gesichtspunkt betrachtet werden. Ein

---

41 Honnold, Uniform Law, S.124; vgl. auch Schlechtriem, Einheitliches Kaufrecht, S. 25 und v.Caemmerer/Schlechtriem/Herber Art.7 Rn.17; a.A. jedoch Farnsworth, Vienna Convention, S. 129 und Lookowsky, 39 Am.J.Comp.L. 403, 413 Fn.76 (1991).

42 O.R. S. 255 f. und S. 258. Im englischen Original lautete der Text folgendermaßen: "In the formation [interpretation] and performance of a contract of sale the parties shall observe the principles of good faith and international co-operation".

43 O.R. S.255; s.a. v.Caemmerer/Schlechtriem/Herber Art.7 Rn.7 und 16.

44 Art.7 Abs.1 1.Hs. CISG.

45 S.o. S. 56 ff.

gewichtiges Argument kann dabei mit den Mitteln der ökonomischen Analyse des Rechts für die Weitergeltung des *good faith* Erfordernisses im Anwendungsbereich von CISG gemacht werden, wenn die Kräfteverteilung im System des Übereinkommens betrachtet wird: Wie oben gezeigt, ist die Möglichkeit opportunistischer Vertragsänderungen abhängig von den direkten Verteidigungsmitteln der in Bedrängnis geratenen Partei gegen Erpressungsversuche der anderen Seite, wie etwa vorläufiger Rechtsschutz, Erfüllungsanspruch, Höhe des Schadensersatzes und Prozeßkostenregelung.[46] Im Anwendungsbereich des Übereinkommens bleiben die Möglichkeiten und Voraussetzungen vorläufigen Rechtsschutzes und die Prozeßkostenregelung prinzipiell dem nationalen Recht des Forums vorbehalten, so daß hier durchaus amerikanische Kriterien gelten können. Ein Erfüllungsanspruch ist in den Artt.46 Abs.1, 62 f. CISG zwar festgelegt, jedoch sieht Art.28 CISG eine Ausnahme nach Ermessen für solche Forumstaaten vor, die diesen Anspruch nicht kennen, so daß auch hier durchaus die amerikanischen Regelung zum Tragen kommen könnte. Schließlich ist die Höhe des Schadensersatzes unter CISG wie im amerikanischen Recht durch die Vorhersehbarkeit begrenzt. Nach alledem kann eine Vertragspartei im Anwendungsbereich von CISG genauso "ungeschützt" einem opportunistischem Vertragsänderungsbegehren ausgesetzt sein wie unter amerikanischem Recht. Daher liegt es nahe, dem Richter eine weitere Kontrollmöglichkeit durch das Erfordernis des *good faith* einzuräumen.

Zu beachten ist dabei aber, daß durch das Zusammentreffen mehrerer Rechtsordnungen im internationalen Bereich eine solch eindimensionale Betrachtungsweise fehl am Platze ist. Denn erstens können die genannten Verteidigungsmittel auch anders verteilt sein, z.B. durch Zubilligung von Erfüllungsanspruch (nach Artt.46 Abs.1, 62 f. CISG) und Kostenerstattung (nach dem Prozeßrecht des Forumstaates) bei deutschem Forum. Verwiese das deutsche internationale Privatrecht dann auf amerikanisches Recht und müßte nach diesem eine Inhaltskontrolle anhand des *good faith* Erfordernisses des Uniform Commercial Code durchgeführt werden, bestünde nach den aufgezeigten Erwägungen ein Übergewicht der Partei, der die Vertragsänderung angetragen wird, so daß auch nützliche und nötige Änderungen verhindert würden. Zweitens aber ist auch das Übereinkommen selbst ein ausgehandelter Kompromiß zwischen den Vertragsstaaten. Dabei wurde in einigen Vorschriften auf angloamerikanische Rechtsvorstellungen Rücksicht genommen, z.B. bei den genannten Artikeln 28 und 74 CISG, betreffend den Ausschluß des Erfüllungsanspruchs und die Vorhersehbarkeitsregel beim Schadensersatz, oder auch bei Art.29 Abs.2 CISG,[47] während an anderen Stellen eher von anderen Rechtsvorstellungen ausgegangen wurde. Durch die Anwendung von Mechanismen, die das innerstaatliche Kräftegleichgewicht regulieren, würde das internationale, sorgsam ausgehandelte Gleichgewicht gestört. Drittens schließlich ist die nationale Überprüfung der Berechtigung einer Vertragsänderung zum Schutze vor überwiegender Verhandlungsmacht im innerstaatlichen

46 S.o. S. 69 ff.

47 Siehe dazu eingehend unten S. 148 ff.

Handel vielleicht berechtigt, im internationalen Bereich jedoch verfehlt, da es sich hier überwiegend um erfahrene und geschulte Parteien handelt, die in der Regel in der Lage sein werden, sich gegen opportunistische Verhaltensweisen zu wehren oder zumindest abzusichern. Im internationales Bereich muß es daher bei der ausschließlichen Beurteilung von Vertragsänderungen nach Art.29 Abs.1 CISG bleiben. Die *good faith* Regelung des amerikanischen Rechts muß dabei außer Betracht bleiben.[48]

d) *Economic Duress*

Wie oben gezeigt,[49] ist das Konzept des wirtschaftlichen Zwanges (*economic duress*), anders als sonstige Formen des Zwanges, die eine freie Willensbetätigung gänzlich ausschließen, im wesentlichen eine andere Überschrift für die Maßstäbe, die auch bei der Prüfung des guten Glaubens unter UCC § 2-209 angewandt werden. Daher kann auch dieses zusätzliche Regelungsinstrument im Anwendungsbereich von CISG keine Anwendung finden.[50]

e) Treu und Glauben (§ 242 BGB)

Diese Vorschrift wird im deutschen Recht in Fällen unzumutbarer Härte bei der Nichteinhaltung der erforderlichen Form benutzt. Da Art.29 Abs.1 CISG jedes gesetzliche Formerfordernis entfallen läßt, entfällt die Frage der Anwendbarkeit an dieser Stelle. Es bleibt aber darauf hinzuweisen, daß die Gutglaubensregelung in Art.7 Abs.1 CISG generell einen Rückgriff auf § 242 BGB ausschließt.[51]

f) Formvorschriften

Art.29 Abs.1 CISG setzt innerstaatliche Formvorschriften außer Kraft.[52] Die Frage, ob eine gesetzliche Vorschrift ein Formgebot enthält, das nach Art.29 Abs.1 CISG wegfällt, ist jeweils nach dem Inhalt der Vorschrift, nicht nach der jeweiligen nationalen Qualifikation zu prüfen. Ein gutes Beispiel dafür ist im deutschen Recht § 54 GemO BW, bzw. die jeweils entsprechende Vorschrift in den Gemeindeordnungen anderer Länder, der für Kaufverträge der Gemeinden Schriftform verlangt. Diese Regelung wird zwar in ständiger Rechtsprechung[53] im Bereich des Privatrechts als Vertretungs- und Zuständigkeitsregel qualifiziert. Dies geschieht jedoch ausschließlich, um die Zuständigkeit des Landesgesetzgebers für diese privatrechtliche Formvorschrift zu begründen, so daß § 54 GemO BW nicht als Gültigkeitskriterium

---

48 Vgl. dazu auch die Entscheidungen The Bremen v. Zapata Off-Shore Co., 407 U.S. 1, 12 f. (1972) und Scherk v. Alberto-Culver Co., 417 U.S. 506, 515 ff. (1974), die im Zusammenhang mit der Beurteilung von Gerichtsstands- und Schiedsgerichtsvereinbarungen auf die Notwendigkeit hinweisen, im Bereich des internationalen Handels von der alleinigen Maßgeblichkeit innerstaatlicher Vorstellungen abzusehen.

49 S.o. S. 55 ff.

50 A.A. allerdings Lookowsky, 39 Am.J.Comp.L. 403, 413 (1991).

51 M.w.N. v.Caemmerer/Schlechtriem/Herber Art.7 Rn.17.

52 Zu beachten ist hier natürlich der nach Artt.12, 96 CISG mögliche Vorbehalt, vgl. oben S. 22 Fn.3.

53 Z.B. LG Stuttgart NVwZ 1982, 57 m.w.N.; s.a. Schulze/Bronner/Katz/v.Rotberg § 54 Rz.14.

nach Art.4 a) CISG anwendbar bleibt, sondern dem Regelungsbereich der Artt.11, 29 CISG unterfällt.[54] Im amerikanischen Recht muß aus diesem Grunde im Anwendungsbereich des CISG jegliche *Statute of Frauds* Vorschrift entfallen. Wie oben gezeigt, besteht zwar innerstaatlich über die kollisionsrechtliche Behandlung der als *Statute of Frauds* bezeichneten Regelungen keinerlei Einigkeit. Die nationale Qualifikation als materiell- oder prozeßrechtlich[55] darf im internationalen Bereich jedoch nicht interessieren.[56] Entscheidend ist vielmehr, daß hier innerstaatliche Formgebote bestehen, deren Anwendung bei internationalen Kaufverträgen durch das überall in den Vereinigten Staaten von Amerika geltende CISG außer Kraft gesetzt wird. Auch die in einigen Staaten vorgenommene Anwendung des *Statute of Frauds* aus übergeordnetem Interesse[57] muß hier ausgeschaltet sein: Internationalprivatrechtliche Fragen in Bezug auf die in Artt.11, 29 CISG geregelte Form werden nur noch nach Art.1 a) CISG beurteilt und danach spielen die Interessen der einzelnen Staaten keine Rolle.

Zu beachten ist aber, daß sich der Anwendungsbereich von Art.29 CISG wie der des Art.11 CISG nur auf den Teil des Vertrages bezieht, der den Warenkauf regelt. Nationale Formvorschriften etwa für Schiedsgerichtsklauseln oder für Wettbewerbsabreden wie § 34 GWB im deutschen Recht, haben weiterhin Gültigkeit. Der Bestand der restlichen Vereinbarung ist dann bei Anwendbarkeit deutschen Rechts nach § 139 BGB zu beurteilen.[58]

Für die oben beschriebenen Fälle, in denen ausnahmsweise eine Formvorschrift für Grundstücksverträge eingreift (im deutschen Recht § 313 BGB, im amerikanischen Recht die *Statute of Frauds* Vorschrift "*land contract provision*"), gilt dasselbe, so daß diese Vorschriften neben CISG anwendbar bleiben. Allerdings ist hier darüber hinaus eine Umqualifizierung vorzunehmen: im deutschen Recht kann wie gezeigt der Kauf beweglicher Sachen zum Beispiel wegen Zubehörseigenschaft unter § 313 BGB fallen. Im amerikanischen Recht wird der Vertrag, der sich auf Grundstücke und bewegliche Sachen bezieht, insgesamt nach seinem Schwerpunkt beurteilt. Dies darf im internationalen Bereich aber nicht dazu führen, daß nach diesen nationalen Qualifikationen dann auch der warenkaufrechtliche Teil einer Formvorschrift unterfällt. Soweit Waren verkauft werden, sind daher auf diesen Teil des Vertrages Artt.11 und 29 CISG anzuwenden. Die grundstücksrechtliche Formvorschrift wirkt dann nur noch insofern auf den Warenkaufteil ein, als unter Umständen gemäß § 139 BGB (bei anwendbarem deutschen Recht) Nichtigkeit eintritt.

Andere Formgebote wie etwa erbrechtliche Vorschriften,[59] die zwar von ihrer Zielrichtung nicht die Einschränkung des freien Warenkaufs bezwecken, die sich aber

---

54 So auch v.Caemmerer/Schlechtriem/Schlechtriem Art.11 Rn.15.

55 S.o. S. 102-105.

56 Vgl. hierzu auch die insofern gleichgelagerten Überlegungen zur Kollision von Art.15 EKG mit UCC § 2-201 bei Dölle/Reinhart, Art.15 Rn.52 f., m.w.N.

57 S.o. S. 104.

58 So für Art.11 CISG v.Caemmerer/Schlechtriem/Schlechtriem Art.11 Rn.7.

59 Etwa § 2371 BGB, vgl. oben S. 36.

im Einzelfall genau auf die Tatbestandsmerkmale beziehen, die den Warenkaufvertrag ausmachen (also Angebot und Annahme für den Kauf/Verkauf beweglicher Sachen), werden dagegen in vollem Umfang von Art.29 CISG verdrängt.

Im Ergebnis wird sich im deutschen Recht durch die Anwendung von Art.29 Abs.1 CISG wenig ändern: Da im deutschen Recht nur ausnahmsweise eine Form für Kaufverträge vorgeschrieben ist,[60] gibt es hier nur ausnahmsweise Kollisionsfälle, in denen dann trotz der nationalen Formvorschrift eine formlose Vereinbarung nach Art.29 Abs.1 CISG wirksam ist. Im amerikanischen Recht existiert dagegen das Formerfordernis des *Statute of Frauds* für eine Vielzahl von Kaufverträgen. Die Bedeutung dieser Regelung war zwar wie gezeigt auch im inneramerikanischen Recht schon lange durch die vielen Ausnahmen gemindert. Im internationalen Bereich wird das *Statute of Frauds*, insbesondere in der Ausprägung durch UCC §§ 2-209 (3) und 2-201, nun aber durch die Vorschriften des Übereinkommens gänzlich ausgeschlossen. Als zusätzliches mögliches Instrument der Billigkeitskontrolle ist es im internationalen Warenverkehr auch durchaus entbehrlich und sein Wegfall aus Gründen der Erleichterung der Vertragsgestaltung und der Rechtsanwendungssicherheit zu begrüßen.

g) Beweismittel: *Parol Evidence Rule*

Wie bei der Darstellung dieser Regelungen schon ausgeführt, bezieht sich die im amerikanischen Recht geltende *parol evidence rule* nur auf vor oder bei Vertragsschluß getroffene Nebenabreden, nicht aber auf nachträgliche Vereinbarungen. Eine Kollision mit Art.29 CISG scheidet daher zunächst einmal aus. Wegen der tatsächlichen Ähnlichkeit von Nebenabreden und späteren Änderungen stellt sich allerdings die Frage nach einer Ausdehnung des Anwendungsbereichs von Art.29 CISG auch auf vertragliche Nebenabreden vor oder bei Vertragsabschluß: Da diese im Nachhinein oft gar nicht von einer nachträglichen Vereinbarung unterschieden werden können, würden in dem Fall, daß unterschiedliche Regelungen für die beiden Arten von Abreden bestehen, schwierige Beweisaufnahmen über die Art der Abrede erforderlich werden. In diesem Fall wäre es sinnvoll, durch eine Erweiterung des Anwendungsbereichs von Art.29 CISG die Anwendung der *parol evidence rule* insgesamt auszuschließen und dadurch eine einheitliche Betrachtung von Nebenabreden und nachträglichen Vereinbarungen zu gewinnen. Eine unterschiedliche Regelung bezüglich der Beweismittel für Nebenabreden einerseits und nachträglichen Vereinbarungen andererseits besteht jedoch nicht: Für Nebenabreden ist Art.11 CISG die unmittelbar einschlägige Norm.[61] Danach muß ein Kaufvertrag weder schriftlich geschlossen noch schriftlich nachgewiesen werden, noch unterliegt er anderen Formvorschriften. Auch kann er auf jede Weise, auch durch Zeugen, bewiesen werden. Damit fällt im Anwendungsbereich des Übereinkommens die Geltung der amerikanischen *parol evidence rule* weg, die dadurch, daß sie mündliche Beweismittel für das Zustandekommen und den Inhalt von vertraglichen Nebenabreden ausschießt, Art.11 CISG entgegensteht.

---

60 Vgl. oben S. 36.

61 Vgl. z.B. v.Caemmerer/Schlechtriem/Schlechtriem Art.11 Rn.13.

Da, wie soeben gezeigt, auch im Rahmen des Art.29 CISG auf die Vertragsschlußregeln des Übereinkommens ergänzend zurückgegriffen werden muß, gilt Art.11 CISG auch für die Beweismittel bezüglich einer Änderungs- oder Aufhebungsvereinbarung. Somit sind Nebenabreden und nachträgliche Vereinbarungen bezüglich der zugelassenen Beweismittel derselben Regelung unterworfen, so daß kein Bedürfnis besteht, Art.29 CISG auch auf Nebenabreden zu erstrecken.

h) Auf das Zustandekommen der Vereinbarung anwendbare Vorschriften

Wie dargestellt, war unter den Haager Einheitlichen Kaufgesetzen unklar, ob auf das Zustandekommen der einvernehmlichen Aufhebungs- oder Änderungsvereinbarung die dort festgelegten Grundsätze über den Vertragsschluß Anwendung finden.[62] Bei den Vorarbeiten zu CISG fand der Vorschlag, Vertragsänderungen und -aufhebung in CISG lediglich durch eine Verweisung auf die Vorschriften über den Vertragsschluß zu regeln, keinen Konsens.[63] Auch war bei den Verhandlungen zum Übereinkommen in praktisch jedem Stadium umstritten, ob die Regelung von einvernehmlicher Aufhebung und Änderung systematisch dem Vertragsabschluß oder der Vertragsdurchführung zuzuordnen ist,[64] und damit implizit auch, ob die Regeln über den Vertragsschluß im jetzigen Teil II von CISG ganz selbstverständlich Anwendung finden müssen. Bei der abschließenden Beratung hierüber auf der Diplomatischen Konferenz in Wien wurden neben vielen praktischen Argumenten insbesondere verschiedene nationale Qualifikationen einer Änderungs- oder Aufhebungsvereinbarung vorgetragen. Während insbesondere die skandinavischen Länder in der Abänderung eines bestehenden Vertrages den Abschluß eines neuen Vertrages sahen,[65] wiesen andere darauf hin, daß zwischen Abschluß eines Kaufvertrages und dessen Abänderung Unterschiede bestünden: In Ungarn würden Vertragsänderungen erst nach der Vertragserfüllung behandelt.[66] Ein indischer und ein rumänischer Delegierter unterstrichen, daß die Abänderung eben einen existierenden Vertrag voraussetze und daher vom ursprünglichen Vertragsabschluß zu unterscheiden sei.[67] Ein ägyptischer Vertreter erklärte den Unterschied, der in seinem Land zwischen einem Vertrag, der auf die Begründung von Verpflichtungen gerichtet sei, und dem allgemeineren Begriff einer Vereinbarung gemacht werde. Aufhebung und Änderung eines bestehenden Vertrages seien dabei nicht selbst Verträge, sondern eben nur Vereinbarungen.[68] Die französische Delegation schließlich vertrat die Auffassung, daß Aufhebung und Änderung schlichtweg nicht mit dem Vertragsabschluß verknüpft seien.[69] Eine Verschiebung in Teil II des New Yorker

62 S.o. S. 109 ff.
63 8.Sitzung der Arbeitsgruppe, YB VIII (1977) S. 77 Nr.39.
64 S.o. S. 26 ff.
65 O.R. S. 306 Nr.61-63.
66 O.R. S. 306 Nr.64.
67 AaO. Nr.66 und 70.
68 AaO. Nr.68.
69 AaO. Nr.65.

Entwurfs, der sich mit dem Abschluß von Kaufverträgen befaßt, wurde in einer Abstimmung mit 27 zu 9 Stimmen bei 9 Enthaltungen abgelehnt.[70]

Im deutschen Recht ist die Vereinbarung, einen bestehenden Vertrag aufzuheben oder abzuändern, gleichfalls ein Vertrag, auf den die allgemeinen Regeln über den Abschluß von Verträgen Anwendung finden. Die Änderung oder Aufhebung eines Kaufvertrages ist allerdings auch hier insofern vom Abschluß desselben unterschieden, als sie anders als die Begründung neuer Verpflichtungen eine Verfügung über bestehende Ansprüche darstellen kann. Bezüglich der anwendbaren Vorschriften für das Zustandekommen der Vereinbarung hat dies allerdings keine Folgen. Im amerikanischen Recht gibt es, wie gezeigt, einen Unterschied zwischen einer bloßen Vereinbarung und einem voll durchsetzbaren Vertrag, der z.B. von *consideration* begleitet sein muß.[71] Für die Aufhebungs- und Änderungsvereinbarung ergeben sich daraus jedoch keine Folgen, da auch sie nur voll wirksam sind, wenn sie den allgemeinen Vorschriften über Verträge bzw. denen über Kaufverträge entsprechen.[72] UCC § 2-209 stellt dabei eine Spezialregelung dar, die den Besonderheiten Rechnung trägt, ohne außerhalb ihres Anwendungsbereiches die Rechtslage zu verändern. Sie ist systematisch den Normen über den Abschluß von Kaufverträgen zugeordnet, was sich insbesondere in der redaktionellen Zusammenfassung mit den Normen über Form und Abschluß von Kaufverträgen in Teil 2 des Kaufrechtsartikels des Uniform Commercial Code zeigt.

Aus alledem ergibt sich, daß Unterschiede zwischen der erstmaligen Begründung von Verbindlichkeiten durch Abschluß eines Kaufvertrages und der späteren Änderung oder Aufhebung der dadurch eingegangenen Verpflichtungen bestehen. Diese Unterschiede ändern jedoch nichts daran, daß auch die Änderung und die Aufhebung von Kaufverträgen Vereinbarungen auf dem Gebiet des Kaufrechts sind. Dem Unterschied zum Abschluß des Kaufvertrages, der insbesondere in den *Common Law* Staaten praktische Auswirkungen hat, wird im internationalen Kaufrecht durch Art.29 CISG Rechnung getragen, ansonsten müssen die allgemeinen Vorschriften gelten. Das UN-Kaufrecht hält in seinem Teil 2 als solche allgemeinen Vorschriften ein sorgfältig ausgehandeltes Normensystem für den Abschluß von Kaufverträgen bereit. Es widerspräche dem Sinn dieses Regelungssystems, es für nachträgliche kaufrechtliche Vereinbarungen außer acht zu lassen und statt dessen die innerstaatlichen Normen anzuwenden, die auf dem Gebiet des internationalen Kaufrechts gerade außer Kraft gesetzt werden sollten.[73]

---

70 AaO. Nr.74.

71 Siehe auch die Definitionen für "agreement" und "contract" in UCC § 1-201 (3) und (11).

72 Vgl. zum Charakter einer Änderungs- oder Aufhebungsvereinbarung auch Hillman, 59 N.Car.L.Rev. 335, 339 (1981) und ders. wortgleich in Hillman/McDonnell/Nickles Kap. 4.02 [1], S. 4-4.

73 So auch v.Caemmerer/Schlechtriem/Schlechtriem Art.29 Rn.3 m.w.N. in Fn.8; Rehbinder, Vertragsschluß nach UN-Kaufrecht, S. 153 f.; Eörsi, 27 Am.J.Comp.L. 311, 316 (1979); Enderlein/Maskow/Stargardt Art.29 Rn.1.2; Herber/Czerwenka Art.29 Rn.2; wohl auch Wey, S. 155 Rn.413.

Teil III: Gewillkürte Voraussetzungen der Wirksamkeit von Aufhebung und Änderung im deutschen und amerikanischen Recht und im Einheitskaufrecht: Schriftformklauseln

I. Deutsches Recht

1. Gültigkeit und Auswirkungen von Schriftformklauseln

a) Allgemeines

Ist in einem Vertrag eine Bestimmung enthalten, die für Vertragsänderungen Einhaltung der Schriftform vorsieht, so fragt sich, welche Bedeutung diese Bestimmung für die Gültigkeit von Vereinbarungen hat, die nicht diesen Erfordernissen entsprechen. Für Formerfordernisse bestimmt § 125 S.2 BGB, daß die Nichteinhaltung der vertraglichen Form im Zweifel die Nichtigkeit einer Vereinbarung zur Folge hat.[1] Wenn damit "im Zweifel" die Einhaltung der Form zum Gültigkeitserfordernis erklärt wird (sogenannte "konstitutive" Formklausel), so ist gleichzeitig gesagt, daß zunächst im Wege der Auslegung ermittelt werden muß, ob die Formabrede nicht nur Beweiszwecken diente (sogenannte "deklaratorische" Formklausel) und eine Vereinbarung auch ohne Einhaltung der Form gültig sein sollte.

Ferner ist aber zu fragen, ob die Klausel überhaupt noch besteht (insgesamt oder im Hinblick auf die fragliche Vereinbarung), denn es ist heute fast einstimmig anerkannt, daß solch eine Klausel durch spätere, auch formlose Vereinbarung außer Kraft gesetzt werden kann.[2] Umstritten ist hier allerdings, ob dies ausdrücklich geschehen muß oder schlüssig erfolgen kann, ob die Parteien an die Klausel gedacht haben müssen oder die einfache Vereinbarung ohne Einhaltung des Erfordernisses genügt und welche Anforderungen an den Beweis der Aufhebung der Klausel bzw. den Beweis der nachträglichen Vereinbarung zu stellen sind.[3] Im Laufe der Zeit haben sich insgesamt drei Arten von Klauseln herausgebildet:[4] Erstens gibt es sogenannte "einfache" Schriftformklauseln, die einen rechtsgeschäftlich vereinbarten Formzwang im Sinne von § 125 S.2 BGB aufstellen. Zweitens werden insbesondere von Unternehmen mit vielen Angestellten sogenannte "Bestätigungsvorbehalte", bzw. "personalbezogene Bestätigungsvorbehalte"[5] in ihre Allgemeinen Geschäftsbedingungen aufgenommen. Diese machen vertragliche Vereinbarungen mit einem Vertreter des Verwenders von dessen schriftlicher Bestätigung abhängig. In der Regel ist dies keine echte Schriftformklausel, sondern die Beschränkung der Vertretungsbefugnis von Angestell-

---

1 In dieselbe Richtung zielt auch § 154 Abs.2 BGB.

2 S. sogleich unten S. 127 ff.

3 S. hierzu sogleich unten S. 128 f.

4 Vgl. mit Formulierungsbeispielen und statistischer Häufigkeit Weigel, S. 3-7; s. auch ausführlich Teske, insb. S. 33-43.

5 Teske, S. 35-37.

ten.[6] Schließlich werden drittens häufig "Vollständigkeitsklauseln" in Verträge aufgenommen, die feststellen, daß außer den in dem schriftlichen Vertrag festgelegten Vereinbarungen keinerlei weitere Abreden getroffen wurden. Diese verschiedenen Arten von Klauseln werden von Rechtsprechung und Literatur unterschiedlich behandelt. Sie sind auch im hier betrachteten Zusammenhang des internationalen Kaufrechts und des kaufmännischen Verkehrs von unterschiedlicher Bedeutung. Daher sind sie auch im folgenden jeweils gesondert zu untersuchen. Ferner ergeben sich seit Inkrafttreten des Gesetzes zur Regelung des Rechts der Allgemeinen Geschäftsbedingungen am 1.4.1977 für Standardschriftformklauseln Besonderheiten, die jeweils dargestellt werden sollen.

b) "einfache" Schriftformklauseln

aa) Vor Inkrafttreten des Gesetzes zur Regelung des Rechts der Allgemeinen Geschäftsbedingungen (AGBG)[7]

Die ersten Entscheidungen zu dieser Frage betrafen allesamt Mietverträge. Das Reichsgericht stellte zunächst fest, daß vertragliche Formerfordernisse jederzeit, auch schlüssig, durch contrarius consensus außer Kraft gesetzt werden können. In der Erbringung der vertragsgemäßen Leistung sah es dann das Angebot, die Formklausel (diesbezüglich) aufzuheben, in der Annahme der Leistung durch die andere Partei das stillschweigende Einverständnis damit.[8] Indem das Reichsgericht hier den Aufhebungswillen insbesondere dadurch begründet, daß der Leistende sich seiner Verpflichtung unter Berufung auf das Formerfordernis ja hätte entziehen können, impliziert es aber, daß hier im Bewußtsein des Bestehens der Klausel gehandelt worden ist und gehandelt werden mußte. Später betrachtete das Reichsgericht[9] eine mündliche Zusicherung in einem Pachtvertrag trotz Schriftformklausel für Nebenabreden als wirksam, da Einigkeit über die Wirksamkeit dieser Ergänzung bestanden habe. Es prägte die später oft aufgegriffene Formel, daß die Parteien "...aber eine solche Vertragsklausel für den Einzelfall außer Kraft setzen [können], und das geschieht, wenn sie darüber einig sind, daß für ihre vertraglichen Beziehungen neben dem Urkundeninhalt auch eine bestimmte mündliche Abrede maßgebend sein soll." Dies war aber nach den unbeanstandeten Feststellungen des Berufungsgerichts der Fall gewesen. Noch kürzer faßte sich das Kammergericht in einer späteren Entscheidung.[10] Hier ging es um die Zweckänderung von Geschäftsräumen, so daß gegebenenfalls das RMietG und die MietsenkungsVO

---

6 Zumindest hat sie nach den sogleich unten zu beschreibenden Grundsätzen der Rechtsprechung höchstens als solche eine Wirkung.

7 Hier ist eine generelle Unterscheidung zwischen Individualvereinbarungen und Allgemeinen Geschäftsbedingeungen nicht sinnvoll, da den hierzu ergangenen Entscheidungen, insbesondere denen vor 1970, oft nicht zu entnehmen ist, um welche Art von Vereinbarung es sich handelt. Soweit es auf die Art der Klausel im folgenden ankommt, wird dies angemerkt. Vgl. dazu auch Teske, S. 54 und S. 60.

8 RG JW 1911, 94 (Nr.15).

9 RG Z 95, 175.

10 DR 1940, 395.

Anwendung fänden. Das Kammergericht sah in der 4 1/2-jährigen Duldung der Benutzung eines Teils der gemieteten Geschäftsräume als Wohnung eine stillschweigende Vertragsänderung, in der gleichzeitig ebenfalls stillschweigend eine Schriftformklausel des ursprünglichen Mietvertrages außer Kraft gesetzt wurde. Gegen diese Rechtsprechung wandte sich das OLG Königsberg[11] in einer Entscheidung über eine angeblich nachträglich mündlich vereinbarte Aufrechnung trotz Aufrechnungsverbots im Mietvertrag. Zwar könne die im Mietvertrag enthaltene Schriftformklausel nachträglich mündlich aufgehoben werden, dies müsse aber ausdrücklich geschehen. Hier war aber nur die nachträgliche Änderung, nicht dagegen die Aufhebung der Klausel behauptet worden, so daß der Einwand der Aufrechnung gegen die Mietzinsforderung nicht durchgriff. Schließlich rückte auch das Reichsgericht in einer weiteren mietrechtlichen Entscheidung[12] von seiner früheren Rechtsprechung ab und äußerte "Bedenken" gegen die in RG Z 95, 175 ausgedrückte Auffassung, Schriftformklauseln könnten mündlich und sogar durch schlüssiges Verhalten außer Kraft gesetzt werden. Jedenfalls aber müsse zweifelsfrei eine auf Dauer wirkende Vertragsänderung gewollt gewesen sein und nicht nur ein Entgegenkommen einer Partei vorliegen. Dabei seien "die Beweiserfordernisse nicht gering zu stellen".

In der Literatur wurde diese Entscheidung sehr begrüßt von Roquette.[13] Er hatte schon früher die Rechtsprechung kritisiert, die eine formlose, sogar stillschweigende Aufhebung von Schriftformklauseln in Mietverträgen bejahte.[14] Besonderes Gewicht legte er dabei jedoch immer auf die Sondersituation bei Mietverhältnissen. Hier bewirkt eine formlose Vertragsänderung den Formmangel des gesamten Vertrages, was wegen § 566 BGB zu einer Änderung der Vertragsdauer und der Kündigungsfristen führen kann.[15] Ebenfalls befürwortet wurde die "Abkehr" des Reichsgerichts von Oswald in einem Aufsatz zum Mietvertragsrecht,[16] der aus Gründen der Rechtsklarheit und aus dem Prinzip "pacta sunt servanda" fordert, mündliche und stillschweigende Änderungen des Vertrages (also auch die Aufhebung der Klausel) überhaupt nicht zuzulassen. Nur dies sei interessengerecht, da die Klausel auf diese Weise binde, andererseits jedoch - formgerecht - jederzeit von den Parteien wieder aufgehoben werden könne.

In der Folge wurde allerdings in der Rechtsprechung auf die Besonderheiten des Mietvertrages überhaupt nicht eingegangen und wurden die Mietrechtsfälle genauso behandelt wie die nun auch aufkommenden Kauf-, Werk-, Arbeits- und Gesellschaftsverträge mit Formklauseln. Dabei ist auffällig, daß die Rechtsprechung der Oberlandes-

---

11 HRR 1940 Nr.349.

12 DR 1943, 487.

13 Anmerkung zu der genannten Entscheidung, abgedruckt im Anschluß daran.

14 DR 1940, 961.

15 Vgl. Palandt/Putzo § 566 Rn.18-20; u.U. kann mit der analogen Anwendung von § 139 BGB geholfen werden. S. dazu auch Rutkowski, S. 88-94, der m.E. jedoch das Urteil des Reichsgerichts nicht richtig auslegt.

16 ZMR 1960, 198.

gerichte im Anschluß an RG DR 43,487 dahin tendierte, die klar und zweifelsfrei zum Ausdruck kommende Absicht einer dauernden Vertragsänderung zu fordern und zu verneinen, wobei sie - strenger als das Reichsgericht - jedoch nicht nur auf die konkrete Vereinbarung, sondern insbesondere auf die Aufhebung der Klausel abstellte.[17] Dagegen neigten die obersten Bundesgerichte dazu, ohne Begründung oder mit Standardformeln die Aufhebung der Klausel durch spätere, ihr nicht entsprechende Vereinbarungen zu bejahen.[18] Zum Teil messen sie dabei der Klausel nur Beweischarakter zu,[19] zum Teil werden ohne weiteres die formlose Möglichkeit und das Vorliegen eines Verzichts auf die Klausel bejaht[20] oder es werden die folgenden drei Formeln in unterschiedlichen Kombinationen angeführt: (1) "Ist in einem Mietvertrag vereinbart, daß Änderungen und Ergänzungen der Schriftform bedürfen, so sind mündliche Änderungen dennoch wirksam, wenn nur die Parteien die Maßgeblichkeit der mündlichen Vereinbarung übereinstimmend gewollt haben".[21] (2) Die Klausel ist im Einzelfall außer Kraft gesetzt, "wenn sie [die Parteien] darüber einig sind, daß für ihre vertraglichen Beziehungen neben dem Urkundeninhalt auch eine bestimmte mündliche Abrede maßgebend sein soll".[22] (3) Dies gilt auch, "wenn die Parteien dabei nicht an die Schriftformklausel denken".[23] [24]

Die Spitze erreichte diese Rechtsprechung mit einer Entscheidung des Bundes-

---

17 OLG Celle MDR 1960, 398 [Arbeitsvertrag]; OLG Köln MDR 1963, 498; LAG BW BB 1971, 706 [Arbeitsvertrag]; OLG Hamm, WM 1973, 523 [Mietvertrag]; ausnahmsweise auch so der BGH, NJW 1968, 32, 33 zum Autokauf bei Schriftformklauseln in AGB. Hier wäre aber ein konkludenter Verzicht auf die Schriftform unmöglich zu begründen gewesen, da der sich in Eile befindliche Verkäufer die schriftliche Bestätigung noch für den nächsten Tag zugesagt hatte; ebenso OLG Hamm, MDR 1974, 577, zu einem ähnlichen, allerdings weniger deutlichen Fall [ebenfalls Autokauf]; OLG Köln WM 1976, 362.

18 Ein Grund für diese Abweichung mag sein, daß die Gerichte der Länder oft noch als Tatsacheninstanz das Vorliegen der Vertragsänderung incl. der Aufhebung der Formklausel zu prüfen haben, während Bundesgerichtshof und Bundesarbeitsgericht nur noch auf Rechtsfehler hin prüfen.

19 BGH WM 1959, 561 [zu einer Rahmenvereinbarung für spätere Sicherungsvereinbarungen]; BGH WM 1961, 1275 [zur Wirksamkeit eines Gesellschafterbeschlusses, der nicht den Erfordernissen des Gesellschaftsvertrags entsprach]; so allerdings auch OLG Frankfurt WM 1982, 723, 724, wobei aber wohl im Vordergrund der Schutz des Käufers vor Verkäufer- und Leasinggebergesellschaft war, die auf undurchsichtige Weise miteinander verknüpft waren.

20 BAG AP Nr.1 zu § 127 BGB [Arbeitsvertrag] mit anschließend abgedruckter Anmerkung von Erman; BGH WM 1966, 159 [bei konkludenter Abänderung des Verteilungsschlüssels durch tatsächliche Übung]; BGH DB 1966, 1845 (nur LS), mit dem Hinweis auf die Abhängigkeit der Klausel vom Willen der Vertragsschließenden; BGH WM 1972, 311, 312 [Gesellschaftsvertrag].

21 BGH NJW 1962, 1908 [Mietvertrag].

22 Aus der schon zitierten Entscheidung RG Z 95, 175.

23 BGH WM 1965, 175 [Arbeitsvertrag].

24 Vgl. neben den genannten Entscheidungen BGH WM 1966, 1335 [Mietvertrag]; BGH WM 1974, 105 [Werkvertrag]; BGH NJW 1975, 1653 [Mietvertrag]; BGH Z 71, 162, 164 [Gesellschaftsvertrag]; BAG DB 1982, 1417 [Arbeitsvertrag] (Hier wurde das Vorliegen eines übereinstimmenden Änderungswillens jedoch verneint, wobei u.U. von Bedeutung war, daß Arbeitgeber hier der Staat war); BGH WM 1982, 902; BAG FamRZ 1984, 691, 692 [Arbeitsvertrag].

gerichtshofs auf dem Gebiet des Gesellschaftsrechts.[25] Hier hatte die Vorinstanz entschieden, daß die mündliche Vereinbarung des Ausscheidens eines von zwei Gesellschaftern einer oHG wegen einer Schriftformklausel im Gesellschaftsvertrag unwirksam war. Der Bundesgerichtshof verwies den Fall zurück, um klären zu lassen, ob eine Ausscheidungsvereinbarung tatsächlich getroffen worden war, da er eine solche für auch mündlich gültig hielt. Anders als die vorangegangene Rechtsprechung stellte er dabei nicht auf eine etwaige konkludente Aufhebung der Formklausel ab, sondern maß hier der Klausel nur Klarstellungsfunktion zu. Dieses Ergebnis gewann der Bundesgerichtshof jedoch nicht aus einem Anhaltspunkt im Sachverhalt, z.B. der Fassung der Klausel oder dem erklärten Willen der Parteien, sondern aus der allgemeinen Überlegung, daß bei der oHG, die auf Dauer ausgerichtet ist und besondere wirtschaftliche Werte durch Zusammenarbeit der Gesellschafter schafft, eine flexible Anpassung an geänderte Umstände möglich sein muß. Daher sei die Regel des § 125 S.2 BGB zu "modifizieren":[26] Rechtliche Bedeutung einer Schriftformklausel im Gesellschaftsvertrag der oHG beschränke sich auf die Klarstellung, daß Änderungen schriftlich erfolgen sollen. Liege eine mündliche Änderung aber vor (und ist sie vor Gericht bewiesen), so ändere die Klausel nichts an deren Wirksamkeit.[27] Trotz hauptsächlich kritischer Stellungnahme in der Literatur[28] hielt der Bundesgerichtshof zunächst weiterhin die stillschweigende Aufhebung einer Schriftformklausel ohne weiteres für möglich und gegeben, wenn die Parteien eine spätere Änderung maßgeblich gewollt haben, auch wenn sie an die Klausel nicht gedacht hatten.[29]

Einen Einschnitt brachte dann ein Urteil des OLG Frankfurt.[30] Zwar wurde an der bisherigen Rechtsprechung für die Regelfälle festgehalten. Etwas anderes solle jedoch dann gelten, wenn die Parteien neben der Klausel noch einen zusätzlichen ausdrücklichen Verzicht auf die Geltendmachung mündlicher Nebenabreden in einem Individualvertrag vereinbaren. Dies wurde später vom Bundesgerichtshof bestätigt:[31] Zwar verhindere eine Schriftformklausel im Mietvertrag nicht die Gültigkeit späterer Abreden. Die weitere Klausel "Auf das Formerfordernis kann nur durch schriftliche Erklärung verzichtet werden" zeige jedoch, daß die Vertragschließenden auf Sicherheit gerade entscheidenden Wert legten. Eine solche Bindung an starre Formen sei aber

---

25 BGH Z 49, 364.

26 Man könnte auch sagen: in ihr Gegenteil zu verkehren.

27 Gegen diese Entscheidung siehe die Urteilsanmerkungen von Hueck, DB 1968, 1207, der gründlich die einzelnen Argumente des Bundesgerichtshofs widerlegt, und Tiefenbacher, BB 1968, 608.

28 Vgl. Eisner, NJW 1969, 118-122 mit theoretischen und rechtsvergleichenden Überlegungen; Boergen, BB 1971, 202-204, der das Ergebnis der Rechtsprechung in eher praktischer Hinsicht untersucht und Lösungen anbietet, wie Klauseln "rechtsprechungssicher" gemacht werden können, und die soeben in Fn.27 genannten.

29 BGH WM 1974, 104 [Werkvertrag]; BGH NJW 1975, 1653 [Mietvertrag].

30 MDR 1975, 488.

31 BGHZ 66, 378. Darin liegt eine Anerkennung der von Boergen (o. Fn.28) vorgeschlagenen "rechtsprechungssicheren" Formklauseln.

durch die Vertragsfreiheit gedeckt, insbesondere im kaufmännischen Verkehr.[32] In diesem Urteil erkennt man nun das Bestreben, den praktischen Bedürfnissen des modernen Geschäftsverkehrs gerecht zu werden und die Bindung an Formen zu ermöglichen. Die Begründung dafür ist allerdings nicht ganz einsichtig. Auch eine Verzichtsklausel hängt nur von dem Willen der Vertragsschließenden ab. Treffen sie später eine anderslautende Vereinbarung, so ist nicht einzusehen, warum darin nur die Aufhebung einer Schriftformklausel o.ä., nicht jedoch die Aufhebung der Verzichtsklausel liegen soll.[33] Konsequenz dieser Rechtsprechung könnte schließlich sein, daß eine Abwägung zwischen der Stärke des Bindungswillens im Zeitpunkt des Vertragsschlusses und im Zeitpunkt der Vertragsänderung durch ein Abzählen der je für das eine oder andere sprechenden Indizien getroffen werden wird: eine einfache Schriftformklausel könnte durch eine zweifelsfrei getroffene andere Abrede konkludent aufgehoben sein; verstärkt eine Verzichtsklausel aber die Wirkung der Schriftformklausel, so müßten noch weitere Indizien für einen späteren Bindungswillen an eine mündliche Abrede, z.B. der Vollzug der geänderten Vereinbarung gegeben sein. Dem wiederum könnte von vornherein durch eine dritte Klausel vorgebeugt werden (z.B.: "Die Möglichkeit mündlicher Abreden besteht in keinem Fall") u.s.w.

Die Begründungsunsicherheit und die Streitigkeiten auf diesem Gebiet resultieren daraus, daß sich einige Argumente in schwer lösbarem Widerspruch gegenüberstehen:[34] (1) Einerseits erlaubt die Vertragsfreiheit im Zeitpunkt des Vertragsabschlusses, eine Bindung an "starre Formen" zu vereinbaren. Andererseits erlaubt aber die Vertragsfreiheit im Zeitpunkt einer Änderung, diese Bindung wieder aufzuheben. (2) Auf der einen Seite erkennt § 125 S.2 BGB gerade die Möglichkeit an, die Gültigkeit einer Abrede - und nicht nur die Beweismöglichkeit - an bestimmte Formerfordernisse zu knüpfen. Auf der anderen Seite ist die Einhaltung der Form aber nur "im Zweifel" Gültigkeitsbedingung und vor allem ist sie es nur so lange, wie die Formklausel überhaupt noch besteht. Kann die Formklausel aber wie grundsätzlich jede Vereinbarung formlos und auch konkludent aufgehoben werden, so ist zumindest im Ergebnis eine Abrede fast immer auch formlos gültig und § 125 S.2 BGB läuft praktisch leer.[35] (3) Einerseits ist legitimer Zweck jeder Formklausel, spätere formlose Änderungen insgesamt auszuschließen, und im Rahmen der Privatautonomie sind die gesetzten Zwecke der Parteien zu beachten. Andererseits hängt aber auch diese Zwecksetzung

---

32 Vgl. auch OLG Düsseldorf NJW 1977, 2216 mit Anmerkung von van Venrooy NJW 1978, 766. Gegen diese Entscheidungen vgl. die Anmerkungen von Tiedtke, MDR 1976, 367 (zu OLG Frankfurt aaO.) und Reinicke, DB 1976, 2289 (zu BGH aaO.). Siehe auch Böhm, AcP 179 (1979) 425, 428, der es als "skurrile Folge" der Rechtsprechungspraxis bezeichnet, "daß verschiedene Autoren [gemeint ist Boergen, s.o.] den Parteien Tips an die Hand geben, wie sie durch geschickte Formulierungen die Rechtsprechung quasi überlisten könnten und weiters, daß die Gerichte in der Tat auf diese Manöver hereinfallen"; Soergel/Hefermehl § 125 Rn.20. Larenz, AT § 21 I 4 c, S. 416 Fn.26, und Medicus, Rn.641, sehen keinen Grund, diese Rechtsprechung auf den kaufmännischen Verkehr zu beschränken.

33 Vgl. Reinicke und Tiedtke, aaO.

34 Siehe auch (kurz) Pawlowski, Rn.422.

35 Vgl. auch Palandt/Heinrichs, § 125 Rn.14.

nur vom Willen der Parteien ab. Wird dieser Zweck nicht weiter verfolgt, so entfällt er eben.[36] Je nachdem ob jeweils der eine oder der andere Gesichtspunkt betont wird, gelangt man zu dem Ergebnis, daß eine Formklausel grundsätzlich nicht formlos aufgehoben werden darf[37] oder daß dies ohne weiteres möglich ist.[38] Die Rechtsprechung ging allerdings noch darüber hinaus, indem sie in der formlosen Vertragsänderung meist konkludent auch die Aufhebung der Formklausel inbegriffen sah. Eine konkludente Willenserklärung hat zwar grundsätzlich dieselben Voraussetzungen und Wirkungen wie eine ausdrückliche, so daß es konsequent ist, auch eine Aufhebung der Formklausel durch konkludente Willenseinigung zuzulassen. Wenn aber immer wieder betont wird, daß eine konkludente Aufhebung auch dann vorliege, wenn die Parteien bei ihrer mündlichen Vertragsänderung an die Formklausel gar nicht gedacht haben,[39] nimmt die Rechtsprechung eine Wertung anhand objektiver Kriterien vor, die mit dem wirklichen subjektiven Willen der Parteien nichts zu tun hat.[40] Es wird unterstellt, daß Parteien, wenn sie bei einer Vertragsänderug nicht an die Schriftformklausel denken, sie daher also auch gar keinen diesbezüglichen Willen entwickeln können, dennoch implizit eine Aufhebung der Klausel miterklären. Indem die Rechtsprechung hier ihre eigene Wertung an die Stelle des weder ausdrücklich noch konkludent erklärten Willens der Parteien setzt, umgeht sie den ausdrücklichen Willen bei Vertragsschluß, Vertragsänderungen (also auch die Aufhebung der Klausel) nur schriftlich zuzulassen. Dieses in der Klausel zum Ausdruck kommende Bedürfnis, sich jederzeit anhand schriftlicher Unterlagen Klarheit über abgeschlossene Vereinbarungen verschaffen und diese gegebenenfalls beweisen zu können, wird allerdings auf Umwegen dennoch anerkannt: Zunächst wurde auf die spätere Vereinbarung abgestellt und eine darinliegende Abänderung der Formklausel nur angenommen, wenn der Bindungswille bezüglich der Vertragsänderung zweifelsfrei und eindeutig bewiesen war. Eigentlich ist dies zwar eine Voraussetzung für **jede** Vereinbarung;[41] da aber das Vorliegen eines behaupteten Sachverhalts nie mit vollständiger Sicherheit bewiesen werden kann und die für ein Urteil genügende Überzeugung des Richters sich immer nur auf Wahrscheinlichkeiten stützen kann und stützt, werden mit der genannten Voraussetzung der Grad der nötigen Wahrscheinlichkeit hochgesetzt und die Beweisanforderungen verschärft. Damit wird zwar immerhin den Beweiszwecken, die die Parteien durch Einfü-

---

36 Siehe auch MünchKomm/Förschler § 125 Rn.77.

37 So Oswald, ZMR 1960, 198; Erman, Anm. zu BAG AP Nr.1 zu § 127 BGB; Eisner NJW 1969, 118 mit dem schönen Beispiel (S. 121), daß die Vertragschließenden sicher Grund haben, die Schriftformklausel ganz wörtlich zu verstehen, "...ebenso wie Odysseus guten Grund hatte, mit seinen Gefährten zu vereinbaren, sie sollten seine spätere Aufforderung, ihn vom Mast loszubinden, als unwirksam betrachten, auch wenn er dies später maßgeblich wolle." Wegen der Betörung durch die Sirenen wäre seine spätere Willenserklärung aber wohl sowieso gemäß § 105 II BGB nichtig gewesen.

38 So der überwiegede Teil der Rechtsprechung, s. die Darstellung oben.

39 Z.B. BGH NJW 1965, 293; BGH WM 1966, 1335.

40 Siehe dazu Erman, Anm. zu BAG AP Nr.1 zu § 127 BGB.

41 So auch Böhm, AcP 179 (1979) 425; Eisner, NJW 69, 118.

gung der Schriftformklausel verfolgten, genügt. Andere Zwecke dagegen[42] werden bewußt vernachlässigt.[43] Später wurde der Schwerpunkt auf die ursprüngliche Vereinbarung vorverlegt: Wenn dort deutlich gemacht worden war, daß nicht nur allgemein alle Vertragsänderungen der Schriftform unterliegen sollen, sondern auch die Aufhebung der Klausel (als besonderer Fall einer Vertragsänderung) formbedürftig ist,[44] dann sei eine spätere formlose Vertragsänderung, auch wenn sie bindend gewollt und einwandfrei bewiesen war, nicht wirksam.[45] Der Vorteil an dieser Rechtsprechung, die das Ergebnis anhand objektiver Kriterien bestimmt, ist, daß die Entscheidung vorherseh- und berechenbar ist. Dafür nimmt sie aber in Kauf, sich über den wirklichen Willen der Parteien, den sie selbst als maßgeblich bezeichnet, hinwegzusetzen. Die Lösungsvorschläge in der Literatur, die entweder eine breitere Anwendung von § 242 BGB fordern[46] oder bei einer Vertragsänderung ohne Bewußtsein der Formklausel darauf abstellen, ob die Parteien, wenn sie daran gedacht hätten, die Aufhebung der Klausel vereinbart hätten[47] (§ 157 BGB), bieten einen gerechteren Interessenausgleich in der Einzelfallbetrachtung. Da sich aber im konkreten Fall die tatsächlichen Voraussetzungen schwer nachweisen lassen und eine genaue Umreißung der Tatbestände von § 242 und § 157 BGB schwierig ist, ist zu erwarten, daß die - immerhin pragmatische - Rechtsprechung sich weiter behaupten wird. Entschärft wird diese Problematik durch die Geltung des Gesetzes zur Regelung des Rechts der Allgemeinen Geschäftsbedingungen, dem die insbesondere im hier betrachteten kaufmännischen Verkehr üblicherweise benutzten Formularverträge heute unterworfen sind.

bb) Unter dem AGB-Gesetz

Seit Inkrafttreten des Gesetzes zur Regelung des Rechts der Allgemeinen Geschäftsbedingungen vom 9.Dezember 1976 gehen gemäß § 4 AGBG Individualvereinbarungen den Standardklauseln vor, so daß Schriftformklauseln spätere mündliche Abreden nicht wirksam verhindern können.[48] Dieser Grundsatz gilt uneingeschränkt, so daß jede spätere Vereinbarung ungeachtet etwaiger Formvorschriften im Formularvertrag gültig ist. Dies hat seinerseits Auswirkungen auf die Gültigkeit dieser Vertragsklausel:

---

42 Und um die geht es den Parteien gerade bei den sogenannten konstitutiven Klauseln.

43 BGH NJW 65, 293.

44 Die Klauseln lauteten in den entschiedenen Fällen folgendermaßen: "Auf das Formerfordernis kann nur durch schriftliche Erklärung verzichtet werden." (BGH NJW 76, 1395); "Verzicht auf Geltendmachung jeglicher mündlicher Absprachen" (OLG Frankfurt MDR 75, 488); "Auf das Formerfordernis kann ohne schriftliche Änderung des Gesellschaftsvertrages weder ausdrücklich noch stillschweigend verzichtet werden." (OLG Düsseldorf NJW 77, 2216).

45 Ob diese Rechtsprechung vom Bundesgerichtshof auch auf Nichtkaufleute ausgedehnt wird, bleibt allerdings abzuwarten. Für eine solche Erstreckung Larenz AT, § 21 I 4c, S. 416, Fn.26; Medicus AT Rn.641.

46 Schmidt-Salzer, NJW 68, 1257; Erman, Anm. zu BAG AP Nr.1 zu § 127 BGB; wohl auch Hueck, DB 1968, 1207 und Reinicke, DB 1976, 2289.

47 Larenz AT, § 21 I 4c, S. 416 Fn.25; Böhm AcP 179 (1979) 425, 437 f.

48 BGH NJW 86, 3131, 3132; MünchKomm/Kötz § 4 AGBG Rn.12; Soergel/Hefermehl § 125 Rn.20; Palandt/Heinrichs § 4 AGBG Rn.5 f.; AlternativKomm/Hart § 125 Rn.13.

Aus der Entstehungsgeschichte des AGB-Gesetzes[49] ergibt sich, daß Schriftformklauseln in Allgemeinen Geschäftsbedingungen weder generell zulässig noch generell unzulässig sein sollten, sondern daß diese Frage der Rechtsprechung zur Entscheidung im Einzelfall überlassen wurde.[50] Diese sah dann einen Verstoß gegen § 9 AGBG, wenn die Klausel nicht nur Abreden vor oder bei Vertragsschluß, auf deren Aufnahme im schriftlichen Vertrag der Vertragspartner ja hinwirken kann, sondern auch Vereinbarungen nach Vertragsschluß zu ihrer Wirksamkeit der Schriftform unterwirft.[51] [52] Da solche Abreden, wie gezeigt, nach § 4 AGBG immer wirksam sind, beinhaltet die Klausel dann nämlich lediglich eine unrichtige Belehrung des Vertragspartners über die Rechtslage. Weil dies dem Verwender die Möglichkeit gibt, begründete Ansprüche unter Hinweis auf seine unzutreffenden Allgemeinen Geschäftsbedingungen zurückzuweisen,[53] ist eine solche Klausel gemäß § 9 Abs.1 AGBG unwirksam. Zum Teil wird dasselbe Ergebnis auch daraus hergeleitet, daß die Klausel auf eine völlige Verdrängung von § 4 AGBG ziele und daher gegen § 9 AGBG verstosse.[54] Dies gilt auch im kaufmännischen Bereich.[55] Daher kann in einem Formularvertrag zwar bestimmt werden, daß bei späteren Vereinbarungen eine bestimmte Form eingehalten werden soll. Soweit eine Klausel diese jedoch einem konstitutiven Schriftformerfordernis unterwirft, ist diese Klausel gemäß § 9 AGBG nichtig.

c) Vollständigkeitsklauseln

aa) Vor Inkrafttreten des AGB-Gesetzes

Zu Gültigkeit und Wirksamkeit von Vollständigkeitsklauseln, etwa in der Formulierung "mündliche Nebenabreden sind nicht getroffen", ergingen nur sehr wenige Entscheidungen. Der Bundesgerichtshof entschied bezüglich der Rechtsfolgen einer solchen Klausel in einem individuell vereinbarten Mietvertrag, daß Nebenabreden dennoch möglich sind.[56] Das LG Hamburg entschied dagegen, daß eine solche Klausel in Allgemeinen Geschäftsbedingungen außer in den Fällen der arglistigen Abhaltung von der formgerechten Niederlegung eine unwiderlegliche Vermutung der Richtigkeit und

49 Dazu genauestens Teske, S. 87-104, und Weigel, S. 12 ff.

50 Vgl. Löwe/v.Westphalen/Trinckner § 4 Rn.3; ausführlich MünchKomm/Kötz § 4 AGBG Rn.8; m.w.N. BGH NJW 82, 331.

51 Mit vielen Nachweisen über den Meinungsstand BGH NJW 85, 320, 321 f.; BGH NJW 86, 1809, 1810; OLG Düsseldorf, EWiR § 9 AGBG 2/91, 5, 6 (Teske); m.w.N. Ulmer/Brandner/Hensen § 4 Rn.32.

52 Eine Ausnahme kann für Schriftformklauseln bestehen, die Vertretungsregeln beinhalten. Siehe dazu sogleich unten d.; vgl. auch BGH NJW 1983, 1853; BGH EWiR § 9 AGBG 11/86, 421 (Bunte).

53 BGH NJW 1985, 320, 321; OLG Düsseldorf EWiR § 9 AGBG 2/91, 5, 6 (Teske).

54 BGH NJW 1983, 1853; BGH NJW 1984, 2468; offen gelassen in BGH NJW 1985, 320, 321 und in BGH NJW 1986, 1809, 1810.

55 Teske, S. 298-302.

56 BGH WM 1971, 1300, 1301.

Vollständigkeit der Vertragsurkunde nach sich ziehe.[57] Diese Lösung würde entgegen der Ansicht des Bundesgerichtshofs die volle Wirksamkeit einer solchen Klausel bedeuten.

bb) Unter dem AGB-Gesetz

Heute ist vom Bundesgerichtshof anerkannt, daß Vollständigkeitsklauseln in Verträgen nur die ohnehin geltende Rechtslage wiedergeben: Nach § 416 ZPO begründen eigenhändig unterzeichnete Privaturkunden den vollen Beweis dafür, daß der Unterzeichnete eine solche Erklärung abgegeben hat. Es besteht daher im Prozeß eine Vermutung für die Richtigkeit und Vollständigkeit einer Urkunde. Der Gegenbeweis, daß mündliche Nebenabreden dennoch getroffen wurden, ist allerdings nicht ausgeschlossen; er ist dann von demjenigen, der sich darauf beruft, zu führen. Diese Regel gilt auch für vorformulierte Verträge.[58] Enthält ein Vertrag eine Vollständigkeitsklausel, so ändert das nichts an dieser Rechtslage: Denn wenn eine mündliche Nebenabrede bewiesen ist, so setzt sie sich als Individualabrede gemäß der Bestimmung des § 4 AGBG gegenüber dem vorformulierten Vertragstext durch.[59] Die Aufnahme einer solchen Klausel in die Allgemeinen Geschäftsbedingungen ist dann wirksam, denn die Klausel benachteiligt den Geschäftsgegner nicht unangemessen: er kann zum einen bei Vertragsschluß auf die Aufnahme der Nebenabreden in den schriftlichen Vertrag hinwirken und zum anderen gibt die Klausel ohnehin nur einen zutreffenden Hinweis auf die Rechtslage.[60]

Die unteren Gerichte stimmen nur zum Teil mit dieser Rechtsprechung überein.[61] Der überwiegende Teil sieht in Vollständigkeitsklauseln einen Verstoß gegen § 11 Nr.15 b AGBG.[62] Diese Vorschrift gilt jedoch im hier betrachteten Bereich des kaufmännischen Geschäftsverkehrs gemäß § 24 Abs.1 Ziff.1 AGBG nicht. Ob darin dann ein Verstoß gegen § 9 AGBG gesehen werden kann, so daß auch gegenüber Kaufleuten die Nichtigkeitsfolge eintritt, erscheint fraglich. Das OLG Frankfurt nimmt dies an, da mit einer solchen Klausel von vornherein jede Bindung an eine Zusage, auch eine schriftlich gegebene, ausgeschlossen würde.[63]

---

57 LG Hamburg MDR 1967, 594; zustimmend Teske, S. 69, der in solchen Klauseln dann allerdings einen Verstoß gegen § 9 AGBG sieht, vgl. S. 166-177.

58 BGH NJW 1985, 623, 630,; a.A. mit ausführlicher Begründung Teske, S. 184 ff., insb. S. 187, der bei Allgemeinen Geschäftsbedingungen eine solche tatsächliche Vermutung erst durch die Vollständigkeitsklausel begründen läßt (m.w.N. für die Ansicht des BGH auf S. 184 in Fn.161).

59 BGH Z 93, 29, 62; NJW 1985, 623, 630; Soergel/Stein § 4 AGBG Rn.16 f.; zu den zum Teil abweichenden Stellungnahmen in der Literatur vgl. Weigel, S. 26-29 und mit vielen Nachweisen S. 46 Fn.37.

60 M.w.N. OLG Düsseldorf EWiR § 9 AGBG 2/91, 6 (Teske); anders Teske, vgl. oben Fn. 58. Im kaufmännischen Geschäftsverkehr will er eine solche Klausel jedoch nicht beanstanden, vgl. S. 196 ff.

61 Siehe neben dem soeben zitierten Urteil des OLG Düsseldorf weitere Nachweise bei Teske, S. 120 Fn.52.

62 Vgl. z.B. LG Frankfurt AGBE I Nr.134 f. zu § 11 Nr.15 b AGBG.

63 OLG Frankfurt BB 1983, 1435, 1438.

cc) Anwendungsbereich

Im hier betrachteten Bereich der nachträglichen Änderungs- oder Aufhebungsvereinbarungen haben diese Vollständigkeitsklauseln keine Bedeutung, da sie sich nur auf Nebenabreden vor oder bei Vertragsschluß beziehen. Auch wenn eine solche Klausel in den Vertrag aufgenommen ist, so hat sie schon ihrem Wortlaut nach keinen Einfluß auf die Wirksamkeit von späteren Vereinbarungen. Die Vermutung für die Vollständigkeit und Richtigkeit einer Urkunde gilt jedoch auch bezüglich nachträglicher Abreden: derjenige, der sich auf eine spätere mündliche Vereinbarung beruft, muß diese gegen die Vermutung beweisen.

d) Schriftformklauseln und Vertretungsregeln (Bestätigungsvorbehalt)[64]

aa) Vor Inkrafttreten des AGB-Gesetzes

Wie soeben gezeigt, kann eine Schriftformklausel zumindest ausdrücklich immer durch spätere mündliche Vereinbarung abbedungen werden. Bei Schriftformklauseln in Allgemeinen Geschäftsbedingungen ergibt sich dieses Ergebnis aus § 4 AGBG. Anders kann dies aber sein, wenn mit der Schriftformklausel ein weiterer Zweck verfolgt wird, indem sie die Vertretungsbefugnis eines Angestellten einschränken soll. So wird häufig in einen Vertrag eine Klausel aufgenommen, nach der Nebenabreden oder nachträgliche Vereinbarungen zu ihrer Wirksamkeit der schriftlichen Bestätigung des Geschäftspartners bedürfen. Hier erkennt der Bundesgerichtshof ein schutzwürdiges Interesse des Geschäftsherrn an, sich vor unkontrollierbaren Äußerungen der Mitarbeiter zu schützen und sich gegen Beweisschwierigkeiten zu sichern.[65] Die Klausel bewirkt dann eine Einschränkung der Vertretungsbefugnis. Die Vereinbarungen des Mitarbeiters binden den Geschäftsherrn folglich nicht und es muß auf die §§ 177 BGB zurückgegriffen werden,[66] sofern nicht die Grundsätze der Duldungs- oder Anscheinsvollmacht eingreifen.[67]

bb) Unter dem AGB-Gesetz

Der BGH hatte über den Bestätigungsvorbehalt in der genannten Form nicht mehr zu entscheiden.[68] M.E. liegen jedoch Urteile vor, die verwandte Fragen behandeln. Diese betrafen sämtlich Verbandsklageverfahren und die Klausel wurde dort - unter Betonung der Notwendigkeit einer Betrachtung des Einzelfalls - für nichtig gehalten. Zu der Klausel "Reparaturzeiten sind nur verbindlich, wenn sie schriftlich bestätigt werden" auf einem Reparatur-Abholschein stellte der Bundesgerichtshof fest, daß sie sich in dem großen Betrieb auf Angestellte beziehe, die Handlungsvollmacht gemäß

---

64 Siehe hierzu insgesamt Weigel, S. 78-107, und die umfassenden Ausführungen von Teske, S. 325-405.

65 BGH BB 1977, 61, 62; BGH NJW 1980, 234, 235; diese Entscheidungen betrafen allerdings jeweils Nebenabreden zum Vertrag, nicht die nachträgliche Änderung. Vgl. im einzelnen hierzu auch Wolf/Horn/Lindacher/Wolf § 9 Rn. S. 44-48.

66 Flume § 15 III 2, S. 266.

67 Alternativkomm/Hart § 125 Rn.13. S. dazu unten S. 140.

68 Offengelassen z.B. in BGH NJW 1986, 1809, 1810.

§ 54 Abs.1 HGB haben. Wolle der Geschäftsherr diese Vollmacht einschränken, so müsse er die Kunden vor Abschluß des Reparaturvertrags darauf hinweisen. Eine nachträgliche Freizeichnung durch Allgemeine Geschäftsbedingungen verstoße daher gegen § 9 Abs.1 AGBG.[69] In den Fällen, in denen sich der Bestätigungsvorbehalt auf nachträgliche Vereinbarungen bezieht, liegen die Allgemeinen Geschäftsbedingungen dem Kunden allerdings vor, so daß diese Entscheidung hier nicht einschlägig ist. Sie zeigt jedoch die Tendenz des Bundesgerichtshofs, die Wirksamkeit von solchen Klauseln im Einzelfall einzuschränken: So hat der Bundesgerichtshof einer solchen Klausel bei Verwendung durch einen Ein-Mann-Betrieb die Wirksamkeit versagt.[70] Da hier nämlich jede mündliche Vereinbarung, also auch Abreden nach Vertragsschluß von der schriftlichen Bestätigung abhingen, liefe dies auf eine völlige Verdrängung des § 4 AGBG heraus. Der Bundesgerichtshof wiederholte dann seine alte Auffassung, daß es ein schutzwürdiges Interesse des Geschäftsinhabers gebe, sich vor unkontrollierbaren Äußerungen seiner Angestellten zu schützen. Dieses Interesse falle aber in einem Ein-Mann-Betrieb weg. Auch ein Interesse, sich gegen Beweisschwierigkeiten zu schützen, existiere nicht, da die Beweislast für die spätere Vereinbarung ohnehin der Geschäftspartner trage. Dieses Urteil bestätigt das oben genannten Interesse des Geschäftsherrn für die Fälle, in denen seine Mitarbeiter tatsächlich keine Vollmacht haben. Handelt es sich jedoch um Vereinbarungen mit dem Geschäftsherrn selbst oder um vertretungsbefugte Mitarbeiter, so fällt dieses Interesse weg und die Lage ist anders zu beurteilen: Die gesetzlichen Regelungen z.B. des Gesellschaftsrechts, der §§ 54 ff. HGB[71] oder des Vorrangs der Individualabrede können eben nicht durch eine Schriftformklausel außer Kraft gesetzt werden, so daß die mündlichen Abreden des Geschäftsinhabers selbst oder seiner vertretungsbefugten Angestellten trotz Schriftformklausel wirksam sind. Für Bestätigungsvorbehaltsklauseln ergibt sich sodann, daß solche, die sich nur auf Vereinbarungen von Vertretungsbefugten beziehen, nichtig gemäß § 9 Abs.1 AGBG sind,[72] da in der Klausel wieder nur ein unrichtiger Hinweis auf die Rechtslage liegt. Nach der Rechtsprechung der Instanzgerichte sind aber auch Formklauseln, die nicht zwischen Vereinbarungen verschiedener Vertreter differenzieren und entgegen den oben dargestellten Grundsätzen den Anschein erwecken, mündliche Abreden seien immer ungültig, nach § 9 AGBG insgesamt nichtig.[73]

---

69 BGH NJW 1982, 1389, 1390.

70 BGH NJW 1983, 1853, 1854.

71 Bei § 54 HGB ist allerdings streitig, inwieweit die AGB-Klausel den Kunden von einer Beschränkung der Vertretungsmacht in Kenntnis setzt. Vgl. dazu einerseits für einen stärkeren Verbraucherschutz AlternativKomm/Hart § 125 Rn.13; wohl auch Wolf/Horn/Lindacher/Wolf § 9 Rn. S 45; OLG Stuttgart, BB 84, 2218, 2219, und andererseits dem Interesse des Verwenders mehr Rechnung tragend Wolf/Horn/Lindacher/Lindacher § 4 Rn.38, Soergel/Stein § 4 Rn.19. Siehe zum ganzen Weigel, S. 84-97.

72 Vgl. OLG Karlsruhe NJW 1981, 405; OLG Frankfurt WM 1981, 598, 599; BGH NJW 1983, 1953; m.w.N. Ulmer/Brandner/Hensen § 4 Rn.32; in diese Richtung auch BGH NJW 1982, 1389 f.

73 OLG Frankfurt WM 1981, 598, 599; OLG Karlsruhe NJW 1981, 405, 406; OLG Saarbrücken AGBE V Nr.36 zu § 9; OLG Koblenz AGBE VI Nr.123 zu § 9. A.A. OLG Schleswig AGBE

Wie schon in den Entscheidungen des Bundesgerichtshofs ergingen auch die übrigen hierzu entschiedenen Fälle hauptsächlich im Verbandsklageverfahren nach § 13 AGBG, in dem Allgemeine Geschäftsbedingungen im ausschließlich kaufmännischen Verkehr nicht beanstandet werden (§ 13 Abs.3 AGBG). § 9 AGBG gilt zwar auch unter Kaufleuten, jedoch könnte hier ein weniger strenger Maßstab angebracht sein, da Kaufleute über die ihre Tätigkeit betreffenden Regelungen besser als normale Verbraucher informiert sein müssen und nicht in gleichem Maße schutzbedürftig sind. Zumindest aber in den erstgenannten Fällen, in denen ausschließlich vertretungsbefugte Mitarbeiter oder der Geschäftsherr selbst dieser Beschränkung unterworfen werden, muß auch im kaufmännischen Verkehr die Klausel gemäß § 9 Abs.1 AGBG nichtig sein; insoweit stellt sie eine reine Formklausel dar und hat wie diese keine andere Funktion als die Möglichkeit zu bieten, Ansprüche des anderen unter Hinweis auf die unrichtige Belehrung über die Rechtslage durch die Klausel abzuwehren.[74]

2. Treu und Glauben bei Schriftformklauseln

a) Klauseln in Allgemeinen Geschäftsbedingungen

Wie oben gezeigt, sind Schriftformklauseln in Allgemeinen Geschäftsbedingungen, die spätere Vereinbarungen wie die Aufhebung, Änderung oder Ergänzung von Verträgen einem konstitutiven Formerfordernis unterstellen, nichtig gemäß § 9 AGBG; in jedem Falle ist die mündliche Abrede wirksam gemäß § 4 AGBG. Hier stellt sich die Frage nach einer Abhilfe gegen die Folgen der Formunwirksamkeit aus dem Grundsatz von Treu und Glauben nicht.

b) Individualvereinbarungen

Bei individuell vereinbarten Formklauseln hat der Bundesgerichtshof in dem oben schon genannten Urteil zur Verzichtsklausel klargestellt, daß § 242 BGB auch bei vertraglichen Formgeboten gilt, umso mehr, als diese Vorschrift ja auch in Ausnahmefällen bei gesetzlichen Formvorschriften durchgreifen kann.[75] Die Anforderungen müssen dann aber wie bei diesen hoch angesetzt werden, und die Berufung auf die Formnichtigkeit darf nur in eng begrenzten Ausnahmefällen unzulässig sein. Der Bundesgerichtshof hält dabei "wie in den Fällen gesetzlicher Formvorschriften" für "entscheidend, welchem Zweck die Formvorschrift dient und welche Bedeutung ihr die Vertragsschließenden beigemessen haben".[76] Bei Kaufleuten, die durch eine Verzichtsklausel deutlich zum Ausdruck gebracht haben, daß mündliche Abreden auf

---

I Rn.129 zu § 11. Siehe auch ausführlich Teske, S. 336 f., 372-377, 389 f., 398 f., zusammenfassend auf S. 400-403, der mit überzeugenden Argumenten zu dem Ergebnis kommt, daß Bestätigungsvorbehalte immer gemäß § 9 Abs.1 AGBG nichtig sind.

74 S.o. unter b) bb).

75 BGH Z 66, 378, 383.

76 BGH aaO.

keinen Fall Bestand haben sollen, könne der Einwand daher nur bei bewußter Formvereitelung greifen.[77] Daraus kann aber umgekehrt geschlossen werden, daß bei Fehlen einer solchen Verzichtklausel, also bei einer einfachen Formvorschrift, selbst im kaufmännischen Verkehr großzügiger mit § 242 BGB verfahren werden darf. In der Literatur wird zum Teil einfach auf die Rechtsprechung zu den gesetzlichen Formvorschriften verwiesen,[78] zum Teil aber auch eine etwas weitere Anwendung von § 242 BGB befürwortet.[79]

Ausgangspunkt jeder Betrachtung ist nach der dargestellten Rechtsprechung im deutschen Recht der Zweck der Formvorschrift. Da der gesetzgeberische Zweck bei den gesetzlichen Formgeboten statisch ist (und im Rahmen von § 242 BGB zunächst ausschließlich und später hauptsächlich § 313 BGB zu betrachten war), konnten hier schematisch bestimmte Fallgruppen herausgearbeitet werden. Bei vertraglichen Formklauseln dagegen wird der Zweck von den Parteien gesetzt. Deren Zwecke können vielfältig sein. Daher sind hier in größerem Maße Einzelfallerwägungen am Platze. Im oben genannten Fall des Bundesgerichtshofs war (nach Feststellung des Gerichts) eine strikte Bindung an starre Formen von beiden Parteien beabsichtigt. Da im kaufmännischen Verkehr grundsätzlich von einem Gleichgewicht der Parteien ausgegangen werden kann, kommt im Rahmen des § 242 BGB dann nur noch Arglist in Betracht. Soll die Schriftformklausel vor Übereilung schützen, so ist die Inanspruchnahme dieser Schutzfunktion insbesondere in einem Geschäft mit erheblicher Tragweite und gegenüber einem anwaltlich vertretenen Vertragspartner ebenfalls nicht treuwidrig, sofern keine Verleitung zum Verzicht auf die Einhaltung der Form vorlag.[80] Ist hingegen mit der Vereinbarung der Schriftform kein besonderer Zweck verbunden worden und liegt der Formmangel darin, daß eine Partei das ihr unterschrieben zurückgesandte Angebot zwar widerspruchslos in Empfang genommen, doch ihrerseits nicht unterschrieben hat, dann kann sie sich nicht auf den Formmangel berufen, wenn ihr zwischenzeitliches Verhalten aus der Sicht der anderen Partei den Rechtsschein einer wirksamen Vereinbarung hervorgerufen hat.[81]

Nach den genannten Urteilen kann folgende Beziehung zwischen dem gesetzten Zweck und den Anforderungen an § 242 BGB festgestellt werden: Je mehr eine formwidrige Vereinbarung der Art von Geschäften entspricht, vor denen sich die Parteien durch die Einfügung der Schriftformklausel schützen wollten, desto höher sind die Anforderungen an § 242 BGB. Dessen Tatbestandsvoraussetzungen reichen dann von bloßem vereinbarungsgemäßen Verhalten[82] über zweifelsfreies Erkennbarmachen, daß auf die schriftliche Bestätigung einer Nebenabrede trotz Klausel kein Wert gelegt

---

77 Zustimmend MünchKomm/Förschler § 125 Rn.77, Soergel/Hefermehl § 125 Rn.35.

78 Eisner NJW 1969, 118, 121.

79 Böhm, AcP 179 (1979) 425, 444 ff.; Schmidt-Salzer, NJW 1968, 1257, 1258; s. dazu im einzelnen unten S. 139.

80 OLG Hamm WM 73, 523.

81 BGH NJW-RR 87, 1073, 1074.

82 BGH NJW-RR 87, 1073, 1074.

werden würde,[83] bis zur Verleitung zum formwidrigen Vertragsabschluß[84] und zum arglistigen Abhalten von der Einhaltung der Form.[85] [86]

In den genannten Urteilen wird auch auf das Gleichgewicht zwischen den Parteien abgestellt. Dies spielt insbesondere in den AGB-Fällen, die vor Erlaß des AGB-Gesetzes über § 242 BGB gelöst wurden, eine Rolle. So wurde zum Beispiel dem KfZ-Verkäufer nach § 242 BGB die Berufung auf die Schriftformklausel bei zugesicherten Eigenschaften versagt, auf dessen Verkaufsschild eine erheblich zu niedrige Kilometerzahl angegeben war. Hier sei dem Verkäufer die Signalwirkung seiner Angabe bewußt, auf die sich der Käufer in der Regel auch verlassen müsse.[87] Die Verbindlichkeit solcher Angaben könne nicht durch eine in einem großen Klauselwerk versteckte Schriftformklausel zunichte gemacht werden.[88] In einem anderen Fall war in dem Kaufvertrag über eine Futtermischmaschine eine Schriftformklausel für Nebenabreden enthalten. Bei den Vertragsverhandlungen hatte der Vertreter des Verkäufers eine nicht vorliegende Eigenschaft vertraglich vereinbart. Der Berufung des Verkäufers auf die Formnichtigkeit dieser Vereinbarung gab der Bundesgerichtshof nicht statt, weil dies angesichts der völligen Inkompetenz des eingeschalteten Vertreters in typischerweise für den Käufer entscheidenden Fragen gegen Treu und Glauben verstieße.[89] In diesen Fällen wurde die Schriftformklausel dem Käufer einseitig auferlegt. Unter Umständen hatte er nicht einmal genaue Kenntnis von ihr. Daher wird bei der Abwägung, ob die Berufung auf die Formnichtigkeit treuwidrig ist, den Zwecken des Verkäufers bei Einfügung der Klausel wenig Gewicht beigemessen[90] und ihm die Berufung versagt, wenn die fragliche Nebenabrede typischerweise für den Käufer von entscheidenden Bedeutung ist und er sich deshalb wegen mangelnder Kenntnis auf die Angaben des Verkäufers verlassen muß.[91] Anders formuliert, bedeutet dies für den Verkäufer, daß seine Sorgfaltspflichten gegenüber dem Käufer erhöht werden, die er erfüllt haben muß, damit seiner Schriftformklausel Bestand verliehen wird.

---

83 BGH NJW 1968, 32.

84 OLG Hamm WM 1973, 523.

85 BGH Z 66, 378, 383.

86 Das bei den gesetzlichen Formvorschriften immer auch genannte Kriterium des "schlechthin untragbaren Ergebnisses", insbesondere der Existenzgefährdung, kommt hier wohl nicht zum Tragen, da anders als bei § 313 BGB, an dem diese Rechtsprechung entwickelt worden ist, in den vorliegenden Fällen selten das gesamte Vermögen auf dem Spiel steht und auch keine existenziellen Dispositionen im Vertrauen auf die Vereinbarung gemacht worden sind.

87 BGH NJW 1975, 1693, 1695.

88 Außerdem kann die Haftung für zugesicherte Eigenschaften nicht formularmäßig ausgeschlossen werden. Mit einer solchen Klausel würde dieses Ergebnis aber erreicht werden, so daß sie schon deswegen nicht wirksam sein darf, vgl. Soergel/Hefermehl § 125 Rn.35.

89 BGH LM Nr.2 zu § 127 BGB.

90 Anders allerdings BGH NJW 1980, 234, 235.

91 Diese Fälle hätten auch mit dem Institut der culpa in contrahendo gelöst werden können, wenn man weniger auf den Moment der Berufung auf den Formmangel abstellt und stattdessen bei Abschluß der (formmangelhaften) Vereinbarung eine Aufklärungspflicht annimmt.

Die Literatur kommt bei individuell vereinbarter Schriftform, sofern sie dazu überhaupt Stellung nimmt und nicht gleich auf die Rechtsprechung verweist, praktisch zum gleichen Ergebnis: Schmidt-Salzer[92] will § 242 BGB weit auslegen, sieht dies aber als Korrektiv für seine Ablehnung einer konkludenten Aufhebung der Formklausel durch nicht dieser entsprechende Vertragsänderungen an. Auch Böhm[93] bejaht eine konkludente Aufhebung der Formklausel nur eingeschränkt, nämlich im Anschluß an Larenz nur, wenn die Formklausel bei der Vertragsänderung entweder beiden Parteien bekannt oder der einen unbekannt war, diese aber einen zurechenbaren Rechtsschein setzte und der andere darauf vertraute. Diese konkludente Aufhebung ist nach Böhm darüber hinaus nur dann gültig, wenn dies der Zweck der Formklausel gestattet.[94] Liegt demnach gar keine konkludente Aufhebung der Formklausel vor oder ist sie nach dem Zweck der Formklausel als formlose Vereinbarung nicht gültig, kann aber noch § 242 BGB eingreifen. Unter die von ihm hierfür gebildeten Fallgruppen des "dolus praeteritus" und des "venire contra factum proprium" lassen sich dann sämtliche genannten Fälle der Rechtsprechung fassen, so daß hier ebenfalls durch eine engere Fassung der konkludenten Aufhebung und weitere Fassung von § 242 BGB praktisch dasselbe Ergebnis wie das der Rechtsprechung erzielt wird. Hart[95] schließt sich der Meinung der Rechtsprechung zu der Aufhebungsmöglichkeit der Schriftformklauseln an, beschränkt dann allerdings eine eventuelle Formnichtigkeit weitgehend durch Erwägungen unter dem Gesichtspunkt der Zweckerreichung. Damit hat er die von der Rechtsprechung nach § 242 BGB beurteilten Fälle zwar in zwei systematisch unterschiedliche Gruppen eingeteilt, am Ergebnis jedoch nichts geändert. Restriktiver ist dagegen Förschler,[96] der für die wirksame Aufhebung der Formklausel verlangt, daß die Parteien sich bewußt über sie hinweggesetzt haben. Wie Larenz und Böhm berücksichtigt er, allerdings im Rahmen von § 242 BGB, wenn die Parteien den Formzwang nur vergessen haben und sich bei Kenntnis zweifellos an ihn gehalten hätten. Weiter nimmt er zur Anwendung des § 242 BGB keine Stellung, befürwortet im übrigen nur die vom Bundesgerichtshof zu den Verzichtsklauseln eingenommene strengere Haltung.

Zusammenfassend kann zu diesem noch nicht abschließend ausdiskutierten Thema gesagt werden, daß die Berufung auf den Formmangel bei rechtsgeschäftlich bestimmter Form[97] nach Treu und Glauben versagt werden kann. Maßstab ist dabei, inwieweit ein späteres Verhalten mit den bei Einfügung der Klausel verfolgten Zwecken übereinstimmt. Arglistiges Verhalten ist nie vom beidseitigen Willen gedeckt, so daß hier die Berufung auf den Formmangel immer nach Treu und Glauben versagt ist. Im übrigen

---

92 NJW 1968, 1257-1260.

93 AcP 179 (1979) 425, 437 ff.

94 AaO. S. 442-444.

95 Alternativkomm/Hart § 125 Rn.16.

96 MünchKomm/Förschler § 125 Rn.77.

97 Dieser Formmangel liegt sowieso nur in Ausnahmefällen vor, da formlose nachträgliche Vereinbarungen nach der Rechtsprechung i.d.R. wirksam sind, vgl. oben S. 126.

ist insbesondere zu beachten, inwieweit eine Partei bei der Einfügung der Klausel tatsächlich beteiligt und ihre Zwecke berücksichtigt wurden. Wurden diese Zwecke paritätisch ausgehandelt und kommen sie (potentiell) allen Parteien zugute, so muß jede Partei den Formmangel später gegen sich gelten lassen. Treuwidrig wäre allenfalls ein arglistiges Verhalten. Je größer jedoch das Übergewicht einer Partei bei Einfügung der Klausel war und später ist, desto höher sind ihre Treupflichten gegenüber der anderen Partei. Unter Umständen kann ihr dann schon gemäß § 242 BGB die Berufung auf den Formmangel versagt sein, wenn sie über die Formbedürftigkeit oder einen noch bestehenden Formmangel nicht genügend aufgeklärt hat. Zu bemerken ist, daß die Rechtsprechung zu den gesetzlichen Formgeboten durchaus im Einklang damit steht: je mehr dort eine Formvorschrift öffentlichen Zwecken dient, die der Disposition der Parteien entzogen sind, desto weniger kommt die Anwendung von § 242 BGB in Betracht: Bei rein öffentlichen Zwecken dienenden Vorschriften wie etwa § 34 GWB scheidet eine Anwendung von § 242 BGB völlig aus. Bei § 313 BGB, der in hohem Maße auch der Rechtsklarheit und Rechtssicherheit in der die Allgemeinheit betreffenden Frage des Grundstücksverkehrs und der Eigentumslage an Grund und Boden dient, muß eine besonders große Pflichtwidrigkeit oder ein untragbares Ergebnis vorliegen. Bei anderen Vorschriften, die insbesondere dem Schutz der Parteien dienen, kann dagegen schon die Vertragsdurchführung diesen Schutz durchbrechen, da die Parteien zeigen, daß sie seiner nicht bedürfen. Das Übergewicht einer Partei wird dabei gleichermaßen berücksichtigt, da die Fürsorgepflichten mit zunehmendem Verhandlungsgewicht einer Partei steigen[98] und somit auch ein höheres Maß an Pflichtwidrigkeit vorliegt.

c) Vertretungsregeln (Bestätigungsvorbehalte)

Hier ist zunächst immer das Vorliegen von Anscheins- oder Duldungsvollmacht zu prüfen, die die fehlende Vertretungsmacht herstellen und einen Rückgriff auf unbestimmtere Tatbestände von Treu und Glauben entbehrlich werden lassen. Dabei ist zu beachten, daß durch den Bestätigungsvorbehalt der Anschein, es bestehe Vertretungsmacht, zerstört wird. Anscheinsvollmacht kommt daher nur dann in Betracht, wenn der Geschäftsherr selbst nach Vereinbarung des Vorbehalts einen neuen Rechtsschein setzt. Das Vorliegen einer Duldungsvollmacht wird insbesondere bei längeren Geschäftsbeziehungen bejaht werden können, wenn frühere nachträgliche Vertragsabreden mit dem Vertreter nie durch den Geschäftsherrn beanstandet worden waren. Auch kann in einem Verhalten des Geschäftsherrn je nach Ausgestaltung des Einzelfalls die Genehmigung eines durch einen vollmachtlosen Vertreter abgeschlossenen Geschäfts liegen. Da die genannten Möglichkeiten dem Verhalten des Geschäftsherrn und Vertrauensgrundsätzen genügend Rechnung tragen, ist m.E. davon auszugehen, daß für eine weitere Anwendung der Grundsätze von Treu und Glauben (§ 242 BGB) kein Raum mehr bleibt. Zu beachten ist lediglich eine mögliche Schadensersatzhaftung des

98 So z.B. in den Fällen der Siedlungsverträge, vgl. BGH Z 16, 334, 338.

Vertreters oder des Geschäftsherrn gemäß § 179 BGB oder aus culpa in contrahendo[99].

3. Schadensersatz wegen Formunwirksamkeit

a) Bei "einfachen" Schriftformklauseln

Hinsichtlich der eventuell gegebenen Schadensersatzansprüche aus culpa in contrahendo oder aus unerlaubter Handlung gilt dasselbe wie bei den gesetzlichen Formgeboten.[100]

b) Bei Vertretungsregeln (Bestätigungsvorbehalt)

Wenn wegen Fehlens der Vollmacht eine bestimmte Vereinbarung nicht zustande gekommen ist, so kann der Geschäftgegner den Vertreter selbst gemäß § 179 BGB in Anspruch nehmen, wenn dieser so auftrat als sei er vertretungsberechtigt. Unter Umständen kommt auch ein Anspruch aus culpa in contrahendo gegen den Vertreter in Betracht, nämlich dann, wenn dieser besondere Sachkenntnis und ein besonderes Vertrauen für sich in Anspruch nahm oder wenn er ein eigenes wirtschaftliches Interesse an dem Vertrag hatte.[101] Auch der Geschäftsherr haftet dem Geschäftsgegner womöglich aus culpa in contrahendo auf Schadensersatz. Der Bundesgerichtshof hat in einem Urteil zur Haftung des Leasinggebers ausgeführt, daß dieser den Leasingnehmer ausdrücklich darauf hinweisen müsse, wenn er einen anderen Vertrag abschließen wolle als den, den der von ihm mit den Vorverhandlungen betraute Lieferant im einzelnen ausgehandelt hatte. Der Vertragstext zwischen Leasinggeber und -nehmer, der einzelne Vorgesprächsergebnisse nicht enthalte, werde dieser Verpflichtung nicht gerecht. Dies gelte auch im kaufmännischen Geschäftsverkehr. Wenn der Abschlußvertreter des Leasinggebers, also der Lieferant, diesen Hinweis nicht gebe, so hafte der Leasinggeber gemäß § 278 BGB auf Schadensersatz aus culpa in contrahendo, und zwar im vorliegenden Fall, in dem mangels Vollmacht des Vertreters ein Rücktrittsvorbehalt nicht Vertragsbestandteil wurde, auf Freistellung von den Verpflichtungen aus dem Leasingvertrag.[102] Hier wurde allerdings auf die Sondersituation bei Leasingverträgen abgestellt. Die Grundsätze sind aber jedenfalls insoweit entsprechend auf das Kaufrecht zu übertragen, als der Geschäftsgegner sich immer auf die aus seiner Sicht zu erwartende Sachkunde des Vertreters verlassen darf.[103]

---

99 Siehe dazu sogleich unten.

100 Soergel/Hefermehl § 125 Rn.49; s. im einzelnen oben S. 36 f.

101 Ständige Rechtsprechung, vgl. z.B. BGH NJW 1990, 1907.

102 BGH Z 95, 170, 174, 177 f.; bestätigt durch BGH ZIP 1988, 165, 168.

103 So auch Weigel, S. 110. Vgl. auch das oben S. 138 erwähnte Urteil des BGH aus dem Jahre 1963, BGH LM Nr.2 zu § 127 BGB, in dem dem Verkäufer die Berufung auf die Formnichtigkeit bei gewillkürter Schriftform versagt wurde, da dieser sich eines völlig inkompetenten Vertreters zur Beratung in entscheidunden Fragen bedient hatte. Ginge es bei diesem Sachverhalt um einen Bestätigungsvorbehalt, so müßte dieser Fall nach der hier vertretenen Ansicht nach den Grundsätzen der culpa in contrahendo entschieden werden.

II. Amerikanisches Recht[1]

1. Common Law

Im *Common Law* kann ein Vertrag mit einer Schriftformklausel jederzeit mündlich geändert werden,[2] da die spätere Vereinbarung die frühere vollständig ersetzt.[3]

2. Uniform Commercial Code

a) Wirksamkeit einer Schriftformklausel

Die Regel des amerikanischen *Common Law* ist durch den Uniform Commercial Code in dessen § 2-209 (2) für das Gebiet der Warenkaufverträge geändert worden. Dort heißt es, daß eine unterschriebene Vereinbarung, die Änderungen und die Aufhebung nur durch unterschriebene Schriftstücke zuläßt, auf andere Weise nicht geändert oder aufgehoben werden kann. Wenn allerdings Nichtkaufleute beteiligt sind, so ist eine solche Formklausel in den Allgemeine Geschäftsbedingungen des Kaufmanns nur bindend, wenn sie der andere getrennt unterzeichnet hat.[4] Im übrigen ist die Frage, ob eine Schriftformvereinbarung vorliegt, nach allgemeinen Grundsätzen zu bestimmen.[5] So geht etwa eine nicht eindeutige Bestimmung in Allgemeinen Geschäftsbedingungen wie im deutschen Recht im Zweifel zu Lasten des Verwenders.[6]

Die Vorschrift des UCC § 2-209 (2) wird von einigen als Ausgleich für das Entfallen des Erfordernisses einer *consideration* durch UCC § 2-209 (1) betrachtet: Wenn die Parteien nicht mehr durch dieses Erfordernis vor überstürzten und unüberlegten, oder auch erpreßten Änderungsvereinbarungen geschützt sind, so müsse es

---

1 Schriftformklauseln heißen hier "no oral modification" clauses und werden häufig mit "NOM clauses" abgekürzt.

2 M.w.N. Universal Builders, Inc. v. Moon Motor Lodge, Inc., 244 A.2d 10, 15 (S.Ct.Pa.1968); Farnsworth, § 7.5, Bd.2, S. 228 f., m.w.N. in Fn. 1 und 8. Posner bietet drei mögliche Gründe für diese Rechtsprechung an: Erstens sei wahrscheinlich befürchtet gewesen, daß in AGB versteckte Formklauseln Fallen für die Unerfahrenen bedeuteten. Zweitens hielt man wirksame Formklauseln womöglich in Anbetracht des Erfordernisses einer *consideration* für überflüssig. Und schließlich habe man vermutlich Unbehagen dabei empfunden, das gesetzliche *Statute of Frauds*, das eben nur für bestimmte Gruppen von Verträgen galt, nach Belieben der Parteien auszuweiten. Siehe Wisconsin Knife Works v. National Metal Crafters, 42 UCCRS 830 (7th Cir.1986).

3 Vgl. die vielzitierte Formulierung in Wagner v. Graziano Const. Co., 136 A.2d 82, 83 f. (S.Ct.Pa.1957): "The most iron-clad writing can always be cut into by the acetylene torch of parol modification. ... The hands that pens a writing may not gag the mouths of the assenting parties."

4 Dieser zweite Halbsatz von UCC § 2-209 (2) ist im hier betrachteten Überschneidungsgebiet mit CISG nicht relevant, da Art.2 (a) CISG Konsumentenverträge von seinem Anwendungsbereich weitgehend ausnimmt und daher alle möglichen Partner eines CISG-Vertrages die weite Definition von *merchant* in UCC § 2-104 ausfüllen. Vgl. zu diesem Begriff im hier betrachteten Zusammenhang Knoxville Rod & Bearing, Inc. v. Bettis Corp., 672 S.W.2d 203, 207, 39 UCCRS 415 (Tenn.App.1984).

5 Anderson, § 2-209:28.

6 Thomas Knutson Shipbuilding Corp. v. George W. Rogers Construction Corp., 6 UCCRS 323, 324 (N.Y.1969).

ihnen freigestellt sein, sich nach eigenem Ermessen einen solchen Schutz zu schaffen.[7] Nach der oben getroffenen Analyse ist aber *good faith* an die Stelle von *consideration* getreten und bietet ausreichenden Schutz.[8] Auch ist trotz vielleicht gemeinsamen Ursprunges[9] die Zielrichtung von *consideration* und *Statute of Frauds* in der neueren Diskussion sehr unterschiedlich, so daß nicht davon ausgegangen werden kann, daß das Weglassen des ersteren durch das Erstarken des letzteren ausgeglichen werden kann: Das *Statute of Frauds* erfüllt in erster Linie Beweisfunktion und soll gegen erfundene Vereinbarungen schützen,[10] während *consideration* nunmehr hauptsächlich als Instrument der Sicherung des Verhandlungsgleichgewichts gesehen wird.[11] Durch die oben dargestellte zunehmende Aufweichung des Erfordernisses einer *consideration* würde es einer reinen Beweisfunktion auch gar nicht mehr gerecht.

Die Vorschrift des UCC § 2-209 (2) für sich ist sehr klar und daher auch kaum Gegenstand von Streitigkeiten. Eine offenbleibende Frage ist etwa, ob hier nur die Schriftform und Unterschrift bindend vereinbart werden können, oder auch weitergehende Erfordernisse. In einer Entscheidung aus Tennessee wurde ein Brief des Verkäufers, in dem auf die behauptete spätere Vereinbarung einer Rückkaufverpflichtung Bezug genommen war, als ausreichend für die Erfüllung der Form angesehen, obwohl die Schriftformklausel Unterschriften beider Vertragspartner verlangte.[12] Ebenfalls unklar ist, ob ein Bestätigungsschreiben ohne rechtzeitigen Widerspruch (UCC § 2-201 (2)) der gewillkürten Form genügt.[13] Eine Entscheidung aus Utah verneint dies implizit: In Monroc, Inc. v. Jack B. Parson Constr. Co.[14] wurde die Klausel "Claims for extras positively will not be allowed unless ordered in writing" als nicht eindeutig UCC § 2-209 (2) unterfallend angesehen. Bei der Auslegung wurde dann berücksichtigt, daß verschiedene Änderungen im Laufe der Geschäftsbeziehung immer voll

7 Wisconsin Knife Works v. National Metal Crafters, 42 UCCRS 830, 836 (7th Cir.1986); Rothermel, 48 U.Pitt.L.Rev. 1239, 1250 f. (1987). Vgl. auch Hillman, 21 Corn.Int.L.J. 449, 453 Fn.37 (1988).

8 So auch die weit besser begründete abweichende Meinung von Judge Easterbrook in Wisconsin Knife Works v. National Metal Crafters, aaO. S. 845.

9 Zu dem Zusammenhang zwischen *consideration* und Zulassung der Schriftformklausel s. State of New York Law Revision Commission, Acts, Recommendation and Study relating to the Seal and to the Enforcement of Certain Written Contracts, S. 14 ff., in: Leg.Doc.(1941) No.65, 1941 Report, Recommendations and Studies of the Law Revision Commission, S. 345-414.

10 Vgl. dazu und inwieweit es dem gerecht wird Perillo, 43 Fordham L.Rev. 39-82 (1974).

11 Eine reine Beweisfunktion, die von Lord Mansfield 1765 in Pillans v. Van Mierop, 3 Burr.1663, 1669, 97 Eng.Rep.1035, 1038 (K.B.1765), behauptet worden war, ist schon frühzeitig abgelehnt worden, vgl. Nachw. bei Simpson, S. 407, Cheshire, S. 68. Lon Fuller sieht in seinem wegweisenden Aufsatz "Consideration and Form", 41 Colum.L.Rev.799-824 (1941) wohl in *consideration* eine Art Formerfordernis, und er mißt es anhand der drei Funktionen, die ein solches erfüllt (Beweis-, Warn- und Kanalisierungsfunktion). Aber auch hier steht der Beweiszweck keinesfalls im Vordergrund. Auch Zweigert/Kötz, § 4 IV, S. 51, gehen jedenfalls funktional von einem Formerfordernis aus. Die oben S. 60 ff. zitierten Autoren dagegen sehen in *consideration* zunehmend ein Problem des Gleichgewichts der Verhandlungsstärke.

12 In re Estate of Lester Upchurch, 466 S.W.2d 886, 890, 9 UCCRS 580 (Tenn.App.1970).

13 Vgl. die polemischen Bemerkungen darüber bei Quinn, UCC, ¶ 2-209 [A] [3], S2-113.

14 604 P.2d 901, 905, 28 UCCRS 18 (S.Ct.Utah 1979).

und ganz ausgeführt worden waren. Das Verhalten der Parteien zeige daher, daß die Klausel nicht als Schriftformklausel im Sinne von UCC § 2-209 (2) gedacht war, so daß UCC § 2-201 (1), (2) (wohl über UCC § 2-209 (3)) anwendbar sei. Dafür sei aber ein kaufmännisches Bestätigungsschreiben ausreichend, das hier vorlag. Diese Entscheidung legt nahe, daß sich UCC § 2-201 und UCC § 2-209 (2) gegenseitig ausschließen und nur alternativ angewandt werden können. Die Regelungen des UCC § 2-201 sind dann auf das vertragliche Formgebot nicht anwendbar. Sie fallen dort aber unter die Vertrauensschutzregeln der Absätze (4) und (5)[15] und der soeben dargestellte Fall hätte darüber gelöst werden können. Es drängt sich die Vermutung auf, daß der Weg über UCC § 2-201 hier deshalb beschritten wurde, weil das Vorliegen des kaufmännischen Bestätigungsschreibens in diesem Falle unproblematisch war. Richtiger wäre aber wohl eine wörtliche Auslegung, die den Anwendungsbereich von UCC § 2-209 (2) eröffnet hätte, und eine Lösung über die für solche Situationen geschaffenen Absätze (4) und (5) von UCC § 2-209 gewesen.[16]

b) *Waiver*, UCC § 2-209 (4) und (5)

Die starre Regelung in UCC § 2-209 (2), die Schriftformklauseln Wirksamkeit verleiht, wird in ihrer relativen Klarheit wieder ausgehöhlt von dem auch hier anwendbaren Absatz 4, der bestimmt, daß eine an der gewillkürten Form scheiternde Vertragsänderung dennoch als *waiver* operieren kann. Die Rechtsprechung ist allerdings nicht einheitlich in ihrer Beurteilung der letzendlichen Wirkung einer Schriftformklausel. Eine Minderheit der Gerichte ignoriert die Möglichkeit des *waiver* einfach und hält eine mündliche Abrede angesichts einer Formklausel für unwirksam.[17] Einige Entscheidungen halten *waiver* hingegen für möglich, jedoch genügt ihnen die konkludente Abänderung einer vertraglichen Bestimmung nicht, sondern sie verlangen, daß der Wille, auch die Formklausel selbst außer Kraft zu setzen, zusätzlich klar zum Ausdruck kommt.[18] Der überwiegende Teil der Rechtsprechung läßt jedoch auch den

15 Dazu sogleich unten.

16 So auch UCC § 2-208 Comment 3.

17 U.S.Fibres, Inc. v. Proctor & Schwartz, Inc., 358 F.Supp. 449, 13 UCCRS 254 (Mich.1972); Clark v. General Motors Acceptance Corp., 363 S.E.2d 813, 5 UCCRS 2d 1237 (Ga.App.1987).

18 Sehr wortreich beschrieben ist dies in C.I.T. Corporation v. Jonnet, 214 A.2d 620, 622, 3 UCCRS 968 (S.Ct.Pa.1965): "...there must first be a waiver of the requirement which has been spelled out in the contract [i.e. der Schriftformklausel]. Otherwise, written documents would have no more permanence than writings penned in disappearing ink. If this ... were to prevail, contractual obligations would become phantoms, solemn obligations would run like pressed quicksilver, and the whole edifice of business would rest on sand dunes supporting pillars of rubber and floors of turf. Chaos would envelop the commercial world." Dies wird in vollem Umfang unterstützt in Indussa Corp. v. Reliable Stainless Steel Supply Co., 369 F.Supp. 976, 982 f., 14 UCCRS 709 (Pa.1974) mit der Bemerkung: "While this Court lacks the Capacity to so eloquently describe the situtaion and, indeed, doubts that the rather mundane context of this case would warrant such grandiloquent language ..."; s.a. Leasing Service Corp. v. Diamond Timber, Inc., 559 F.Supp. 972, 976 f.; 36 UCCRS 1075 (N.Y.1983) und Linear Corp. v. Standard Hardware Co., 423 So.2d 966, 968, 35 UCCRS 1141 (nur LS) (Fla.App.1982). Diese Rechtsprechung wirft wieder das unter UCC § 2-209 (3) angesprochene Problem auf, worauf der *waiver* sich bezieht. Geht man davon aus, daß auf Geltendmachung

konkludenten *waiver* zu, wenn die Partei sich so verhalten hat, als wolle sie sich nicht auf die Formklausel berufen.[19] Hierzu gilt dann das oben bei *waiver* des gesetzlichen *Statute of Frauds* zur Auslegung dieser Vorschrift gesagte.[20] Auch bezüglich der Rücknahme des *waiver* gemäß UCC § 2-209 (5) bestehen keine Unterschiede zu der Darstellung im Rahmen des gesetzlichen Formgebotes.[21]

3. *Schriftformklauseln und Vertretung*

Auch im amerikanischen Recht sind Vereinbarungen, die mit einem Vertreter (*agent*) der anderen Partei (*principal*) geschlossen worden sind, nur wirksam, wenn der Vertreter Vollmacht (*authority*) für den Abschluß einer solchen Vereinbarung gehabt hat. Eine solche Vollmacht kann ausdrücklich (*express authority*) oder konkludent (*implied authority*)[22] erteilt werden[23] und ist in der Regel formlos gültig.[24] Sie heißt dann *actual authority*, da sie dem Vertreter - ausdrücklich oder konkludent - tatsächlich erteilt wurde. Gegenüber einem Dritten erweitert sich der Umfang der Vollmacht, soweit der Geschäftsherr einen Rechtsschein dafür gesetzt hat (*apparent* oder auch *ostensible authority*).[25] Ähnlich wie im deutschen Recht kann dies darin bestehen, daß er wissentlich oder fahrlässig das Handeln seines nichtbevollmächtigten Vertreters duldete[26] oder daß er auf andere Weise durch sein Verhalten den Eindruck erweckte, der Vertreter habe Vollmacht.[27] Wenn der andere auf diesen Rechtsschein guten Glaubens vertraut hat, so wird der Geschäftsherr durch die Handlungen gebunden.[28] Wichtig ist, daß diese Haftung des Geschäftsherrn eine reine Vertrauenshaftung ist. *Reliance* des Vertragspartners ist daher notwendige Voraussetzung für eine

---

der Formklausel insgesamt verzichtet wird (dies wird in den oben zitierten Entscheidungen impliziert, jedoch wird nicht näher darauf eingegangen), so würde daraus die volle Gültigkeit sämtlicher späterer mündlicher Abreden folgen und eine Rücknahme nach UCC § 2-209 (5) Schwierigkeiten aufwerfen. Vernünftigerweise wird wohl auch unter der hier gezeigten Interpretation ein Verzicht auf die Formklausel nur in Bezug auf die konkrete Verpflichtung anzunehmen sein.

19 Siehe dazu die oben zum *waiver* im Zusammenhang mit der Darstellung des gesetzlichen Formgebots genannten Beispiele, vgl. oben S. 90 ff.

20 S.o. S. 90 ff.

21 S.o. S. 95 ff.

22 Darunter fällt auch die sogenannte *incidental authority*: Der Vertreter gilt mit Vollmachterteilung für einen bestimmten Vorgang als auch zur Vornahme der damit notwendig oder doch in aller Regel verbundenen anderen Geschäfte bevollmächtigt. Vgl. Restatement (2d) Agency § 35, m.w.N. State v. Sellers, 258 N.W.2d 292, 297 (S.Ct.Iowa 1977).

23 Vgl. z.B. Canyon State Canners, Inc. v. Hooks, 243 P.2d 1023, 1024 (S.Ct.Ariz.1952).

24 Restatement (2d) Agency § 26.

25 Restatement (2d) Agency § 27 und Comment a). Wells Fargo Business v. Ben Kozloff, Inc., 695 F.2d 940, 945 (5th Cir.1983).

26 O'Day v. George Arakelian Farms, Inc., 540 P.2d 197, 199, 17 UCCRS 1163 (Ariz.App.1975).

27 Restatement (2d) Agency § 27; Carver v. Farms & Bankers Broadcasting Corp., 179 P.2d 195, 201 f. (S.Ct.Kan.1947); Canyon State Canners, Inc. v. Hooks, 243 P.2d 1023, 1025 (S.Ct.Ariz.1952).

28 Wells Fargo Business v. Ben Kozloff, Inc. 695 F.2d 940, 945 (5th Cir.1983).

Bindungswirkung. Dies wird von einigen Gerichten so ausgelegt, daß eine Betätigung des Vertrauens vorliegen muß, und zwar derart, daß im Vertrauen auf die Vereinbarung eine Änderung der Position erfolgte, so daß ohne die Bindung des Geschäftsherrn dem Vertragspartner ein Schaden erwüchse.[29] Andere Entscheidungen verlangen dies dagegen nur für das Rechtsinstitut des *estoppel*, das unter ansonsten gleichen Voraussetzungen zwar keine positive Bindungswirkung zur Folge hat, jedoch dem Geschäftsherrn die Berufung auf die fehlende Vollmacht versagt.[30] Diese Entscheidungen konkretisieren jeweils das Wort *reliance* und geben ihm unterschiedliche Bedeutungen, je nachdem, in welchem Zusammenhang es gebraucht wird. Diese Unterscheidung ist aber insgesamt nicht einleuchtend: Liegt ein zurechenbarer Rechtsschein vor und hat der Vertragspartner darauf vertraut, so besteht ihm gegenüber Vertretungsmacht (*apparent authority*). Hat er darüber hinaus auch im Vertrauen darauf Dispositionen getroffen, so wird dem Geschäftsherrn die Berufung auf die fehlende Vollmacht versagt (*estoppel*). Dann liegt aber in jedem Fall von *estoppel* auch gleichzeitig *apparent authority* mit seiner weitergehenden Rechtsfolge vor. Das Rechtsinstitute *estoppel* wird daher überflüssig. Die herrschende Meinung geht auch davon aus, daß in der Praxis heute keine Unterschiede mehr bestehen.[31]

Sobald der Vertragspartner jedoch Kenntnis vom Mangel der Vollmacht hat, ist für diese Grundsätze kein Raum mehr. Die Mitteilung einer Vollmachtsbeschränkung, z.B. für Vertragsänderungen, Verzicht u.s.w., kann auch durch Schriftformklauseln in Allgemeinen Geschäftsbedingungen geschehen. Durch Aufnahme einer solchen Klausel für spätere Änderungen oder die Aufhebung eines Vertrages würde dann die Bindung des Geschäftsherrn an mündliche spätere Vereinbarungen seiner Vertreter entfallen.[32] Allerdings können auch hier wieder die Grundsätze zur *apparent authority* eingreifen: Durch die Schriftformklausel bestand zwar Kenntnis von der usprünglich fehlenden Vollmacht. Setzt der Geschäftsherr jedoch anschließend einen Rechtsschein für eine Erweiterung der Vollmacht, z.B. indem er mündliche Vertragsänderungen seiner Mitarbeiter über längere Zeit hinweg nicht beanstandet, und vertraut der andere Teil darauf, so entsteht Bindungswirkung.[33] Dasselbe gilt, wenn er nach Erlangung der Kenntnis von dem Fehlverhalten seines Vertreters die Vereinbarung - auch konkludent, z.B. durch Annahme der Leistung - genehmigt.[34] Dies steht im Einklang mit UCC § 2-

---

29 Weathersby v. Gore, 556 F.2d 1234, 1253 (5th Cir.1977).

30 Wells Fargo Business v. Ben Kozloff, Inc., 695 F.2d 940, 946 (5th Cir.1983); Karavos Compania Naviera S.A. v. Atlantica Export Corp., 588 F.2d 1, 11 (2d Cir.1978).

31 Vgl. mit vielen Nachweisen 3 Am.Jur.2d (1986) Agency § 81. Historisch gesehen hat sich die *apparent authority* aus dem Rechtsinstitut *estoppel* entwickelt.

32 M.w.N. Morgan v. American Cent. Ins. Co., 92 S.E. 84, 87 (S.Ct.W.Va.1917) [Die Klausel "No officer, agent or other representative of this company shall have power to waive any provision or condition of this policy ... unless such waiver, if any, shall be written upon or attached hereto, ..." wurde für gültig befunden und schränkte die Vollmacht des Vertreters entsprechend ein]. Neuere Fälle sind allerdings nicht ersichtlich und unter UCC § 2-209 (2) wohl auch nicht mehr wahrscheinlich.

33 Vgl. 3A Corbin, Contracts, § 763, S. 532.

34 Loma Vista Development Co. v. Johnson, 180 S.W.2d 922, 925 (S.Ct.Tex.1944).

209 (2), (4) und (5): Wie schon dargestellt, sind Schriftformklauseln nach diesen Vorschriften grundsätzlich wirksam, genauso wie auch eine Beschränkung der Vollmacht durch eine solche Klausel wirksam ist. Nach der Bestimmung des UCC § 2-209 (4) kann in dem Verhalten einer Partei jedoch ein Verzicht auf die Form liegen, so wie das Verhalten des Geschäftsherrn einen Rechtsschein für das Vorliegen einer Vollmacht setzen kann. Wie gezeigt, ist desto mehr Vertrauen in die Nichtgeltendmachung des Formmangels nötig, je weniger ausdrücklich der Wille der Partei zur Aufgabe des Rechts zum Ausdruck kommt.[35] So ist es auch bei der Vertretungsklausel: Wird der Wille des Geschäftsherrn zur Aufgabe der Klausel deutlich, so liegt eine neue Vollmachterteilung (*actual authority*) vor, die jederzeit formlos vorgenommen werden kann. Anderenfalls muß das Verhalten des Geschäftsherrn ein berechtigtes Vertrauen der anderen Partei hervorgerufen haben (*apparent authority*). Insoweit ist die Erklärung des Vertreters dann wirksam. Schließlich kann nach UCC § 2-209 (5) der Verzicht widerrufen werden, soweit noch keine Vertrauensbetätigung vorlag. Auch dies korrespondiert mit den dargestellten Grundsätzen über die Vertretung. Soweit nämlich noch keine Vertrauensbetätigung vorliegt, ist auch noch keine Bindung eingetreten. Der Eintritt der Bindungswirkung wiederum kann durch die Mitteilung, daß keine Vollmacht vorliegt, jederzeit verhindert werden. Dies entspricht einem Widerruf des Verzichts nach UCC § 2-209 (5). Diese Parallelität der Regelung legt es nahe, die Fälle, in denen Schriftformklauseln als Einschränkung der Vollmacht wirken, direkt über UCC § 2-209 (2), (4) und (5) zu lösen, um so eine einheitliche Anwendung zu garantieren. Diese Frage ist jedoch - soweit ersichtlich - nicht entschieden.

4. Vollständigkeitsklauseln (merger- oder integration clauses)

Wie schon oben dargestellt,[36] herrschte im *Common Law* die Rechtsregel, daß mündliche Beweismittel für den Beweis von Nebenabreden ausgeschlossen waren, wenn eine vollständige Urkunde über den Vertrag vorlag. Die Vollständigkeit des Schriftstücks wurde dabei vermutet.[37] Dieses Rechtsinstitut, die *parol evidence rule*, wurde durch UCC § 2-202 dahingehend verändert, daß die Vermutung umgekehrt wurde und nun für die Unvollständigkeit spricht, wenn nicht eindeutig das Gegenteil der Fall ist. Für den kaufmännischen Verkehr kann aber durch eine Vollständigkeitsklausel der Beweis für die Vollständigkeit erbracht werden.[38] Hier gilt wieder, daß spätere mündliche Vereinbarungen, die hier betrachtet werden, nicht von dieser Regel erfaßt werden.

---

35 S.o. S. 92.

36 Siehe S. 107.

37 Vgl. Restatement (2d) Contracts § 210, Comment b.

38 M.w.N. Jaskey Finance & Leasing v. Display Data Corp., 564 F.Supp. 160, 164 (Penn.1983); Ray Martin Painting Inc. v. Ameron Inc., 638 F.Supp. 768, 773 (Kan.1986). Siehe dazu auch Weigel, S. 60.

III. Einheitskaufrecht

1. Haager Einheitliche Kaufgesetze

Die Frage der Wirksamkeit von Schriftformklauseln wurde in den Haager Einheitlichen Kaufgesetzen nicht ausdrücklich behandelt. Diese Lücke konnte, da die Gesetze allgemein von den Grundsätzen der Formlosigkeit und der Parteiautonomie ausgingen, im Sinne der freien Aufhebbarkeit der Formabrede durch spätere mündliche Vereinbarung geschlossen werden[1].

2. CISG: Art.29 Abs.2

a) Allgemeines

Im deutschen Recht gehen spätere Vereinbarungen in aller Regel früheren Festlegungen vor. Daher können, wie dargestellt[2], auch Schriftformklauseln ohne weiteres durch spätere mündliche Vereinbarungen abbedungen werden. Da die mündliche spätere Vereinbarung fast immer wirksam ist, ist für Vertrauensschutzerwägungen so gut wie kein Raum mehr. Unter dem heute in allen Staaten der Vereinigten Staaten von Amerika außer Louisiana geltenden § 2-209 des Uniform Commercial Code gilt praktisch das umgekehrte[3]: Schriftformklauseln sind grundsätzlich wirksam und verhindern gültige mündliche spätere Abreden. Abgemildert wird dies jedoch durch Vertrauensschutzerwägungen und einen differenzierten Interessenausgleich in den Absätzen (4) und (5), durch die die nachträgliche Vereinbarung dennoch eine gewisse, wenn auch oft beschränkte Wirksamkeit entfaltet. Die Ausgestaltung der Regelung der Schriftformklauseln in CISG lehnt sich stark an die amerikanische Regelung im Uniform Commercial Code an. Dies wurde besonders deutlich im ersten, der UNCITRAL Arbeitsgruppe auf ihrer 8. Sitzung vorliegenden Entwurf[4]: Die Frage der Wirksamkeit von Schriftformklauseln wurde hier ganz ähnlich wie in UCC § 2-209 (2), (4) und (5) geregelt. Die Klauseln sollten grundsätzlich wirksam sein, es sei denn, es lag ein Verzicht (*waiver*) auf das Schriftformerfordernis vor. Dieser Verzicht sollte jedoch zurückgenommen werden können, außer in den Fällen der Vertrauensbetätigung der anderen Partei. Im folgenden wurde die Vorschrift zusammengestrichen und an die Stelle des Regel/Ausnahme-Tatbestands trat eine generelle Vertrauensschutzregelung, in welcher sich nur noch einzelne Elemente von UCC 2-209 erkennen lassen. Eine Parallele besteht aber noch immer: im U.S.amerikanischen Recht sowie unter CISG sind Schriftformklauseln grundsätzlich wirksam. Unter UCC § 2-209 kann aber in einer Änderung oder Aufhebung des Vertrages ein *waiver* liegen, der zurückgenommen

---

1 Dölle/Reinhart Art.15, Rn.73.

2 S.o. S. 126 ff..

3 S.o. S. 52 ff.

4 Art.3A, YB VIII (1977) S. 76 Nr.36; Siehe dazu auch oben S. 26 Fn.31.

werden darf, soweit darauf nicht besonders vertraut worden ist. Unter Art.29 Abs.2 CISG kann eine Partei sich auf die Schriftformklausel nicht berufen, soweit die andere Partei auf ihr gegenteiliges Verhalten vertraut hat. Da die nach UCC § 2-209 (5) durch Mitteilung mögliche Rücknahme des *waiver* nur statthaft ist, wenn der andere nicht schon darauf vertraut hat, und da man Vertrauen unter Art.29 Abs.2 S.2 CISG wohl ausschließen muß, wenn der andere mitgeteilt hat, daß er trotz gegenteiligen Verhaltens auf die Beachtung der Schriftformklausel bestehe, werden viele Fälle unter beiden Regelungen zu demselben Ergebnis führen. Zu beachten sind aber auch die Unterschiede, z.B. in der Beweislast, in der Umschreibung des vertrauensbegründenden[5] und des vertrauensbetätigenden[6] Verhaltens oder in der Präzision der Rechtsfolge[7].

Die nun folgende Auslegung der einzelnen Tatbestandsmerkmale von Art.29 Abs.2 Satz 1 (unten b) und Satz 2 (unten c) CISG kann daher wegen der Parallelität auf UCC § 2-209 und die dargestellte Entwicklung aus Figuren des *Common Law* zurückgreifen, muß aber immer auf die Unterschiede Rücksicht nehmen und muß gleichfalls die Besonderheiten im internationalen Bereich, in dem grundsätzlich verschiedene Regelungen aufeinandertreffen, im Auge behalten. Im Anschluß an diese Auslegung soll kurz auf Rechtsfolgen (unten d) und die Beweislast (unten e) eingegangen werden, bevor schließlich (unten f) der Anwendungsbereich von Art.29 Abs.2 CISG näher umgrenzt wird, indem einzelne Rechtsüberlegungen, die im deutschen und amerikanischen Recht im Zusammenhang mit Schriftformklauseln wichtig werden, daraufhin überprüft werden, ob sie neben der Regelung im Kaufrechtsübereinkommen anwendbar bleiben.

b) Art.29 Abs.2 S.1 CISG

aa) Vergleich mit den entsprechenden Regelungen im deutschen und im amerikanischen Recht

Die Vorschrift des Art.29 Abs.2 S.1 CISG, die einer Schriftformklausel (zunächst) volle Wirksamkeit einräumt, ist eine Abkehr von der freien Abdingbarkeit einer solchen Klausel im deutschen Recht. Sie ist jedoch kein Fremdkörper, denn für individuell vereinbarte Verträge ist heute die Entscheidung des Bundesgerichtshofs aus dem Jahre 1976 noch immer aktuell, die in der Mietvertragsklausel "Auf das Formerfordernis kann nur durch schriftliche Erklärung verzichtet werden" eine von den Parteien angestrebte Bindung an starre Formen sah, die insbesondere im kaufmännischen Verkehr durch die Vertragsfreiheit gedeckt sei[8]. Es ging in dieser Entscheidung zwar nicht um eine einfache Schriftformklausel, sondern sozusagen um eine Verstärkung

---

5 "attempt at modification or rescission" in UCC 2-209 (4); "conduct" bei Art.29 Abs.2 S.2 CISG.

6 Hier "material change of position in reliance", dort "relied".

7 Hier u.U. nur *waiver* der ursprünglichen, nun geänderten Vertragsbestimmung, dort keine Berufung auf die Schriftformklausel.

8 BGH Z 66, 378; zu dieser Entscheidung vgl. oben S. 128.

derselben durch ein Formerfordernis für die Aufhebung der Form, jedoch ist wesentlich, daß hier in der Sache ein Interesse an der Effektivität vertraglicher Schriftformklauseln anerkannt wurde. Eine Fortführung dieser Rechtsprechung erfolgte nicht, vermutlich wegen der immer üblicher werdenden Benutzung vorformulierter Vertragsbedingungen, die seit 1977 der Regelung des AGB-Gesetzes unterliegen. Hier geht allerdings jegliche Einzelabrede der vorformulierten Schriftformklausel gemäß § 4 AGBG vor, so daß die Regelung des Art.29 Abs.2 S.1 CISG eigentlich genau das Gegenteil bestimmt. Berücksichtigt man aber die in den vom Anwendungsbereich des Übereinkommens über den internationalen Warenkauf erfaßten Fällen vorliegende Interessenlage, so erkennt man trotz dieser Gegenläufigkeit verwandte Tendenzen: CISG regelt ausschließlich internationale Kaufverträge. Indem in Art.2 a) CISG Einkäufe für den persönlichen Gebrauch etc. weitgehend vom Anwendungsbereich ausgeschlossen werden, wendet sich das Übereinkommen hauptsächlich an Personen, die gewerblich Handel treiben, wenn auch nicht ausschließlich an Kaufleute im Sinne der §§ 1-6 HGB. Daraus ergeben sich folgende Gesichtspunkte für die Beurteilung der Kollision von deutschem Recht und CISG: (1) Das AGB-Gesetz bezieht zwar auch Kaufleute mit in seinen Anwendungsbereich ein und ist somit nicht im technischen Sinne ein Verbraucherschutzgesetz[9], doch dient es praktisch insbesondere dem Schutz des Verbrauchers, indem es die einseitige Gestaltung des Vertrages durch die erfahrenere und besser ausgerüstete Partei zu ausschließlich ihrem Vorteil verhindert bzw. modifiziert[10]. Eines solchen Schutzes bedürfen aber die Adressaten des UN-Kaufrechts in der Regel nicht, da es sich um geschäftlich versierte Parteien handelt, die sich der Tragweite ihrer Erklärungen und der daraus folgenden Rechtslage bewußt sein sollten. (2) Bei Kaufleuten hat der Bundesgerichtshof in der eingangs genannten Entscheidung[11] ein Interesse an der Bindung an starre Formen in einem Einzelvertrag anerkannt. Wie gezeigt, entspricht die Interessenlage in den von CISG erfaßten Kaufverträgen dieser Situation. (3) Schließlich hat der Bundesgerichtshof zumindest formelhaft gleichfalls ein Interesse des Geschäftsherrn anerkannt, sich vor unkontrollierbaren Äußerungen der Mitarbeiter zu schützen und sich gegen Beweisschwierigkeiten zu sichern, so daß dahingehende Schriftformklauseln (allerdings mit Ausnahmen) wirksam die Vertretungsmacht einschränken können[12]. Die Rechtsprechung hatte dabei, wie oben gezeigt, insbesondere große organisatorische Einheiten im Blick, bei denen eine Vielzahl von Angestellten in untergeordnetem Verhältnis beschäftigt sind und bei denen der Geschäftsherr die Vertretungsbefugnis auf im Vorhinein festgelegte Vorgänge beschränken will. Dies sind aber gleichfalls die hauptsächlichen Adressaten des UN-Kaufrechts. Dies alles ergibt, daß das geltende deutsche Recht durch Art.29 Abs.2 S.1 CISG geändert wird. Für die Hauptfälle im Anwendungsbereich von CISG, nämlich für Geschäfte unter Kaufleuten, deren

---

9 Ulmer/Brandner/Hensen, Einl. Rn.20, § 24 Rn.4 m.w.N.

10 Vgl. Damm, JZ 1978, 173, 178.

11 BGH Z 66, 378.

12 S.o. S. 135.

Geschäftsumfang erheblich ist, gibt es jedoch auch im deutschen Recht Tendenzen in Richtung des Ergebnisses, das durch Art.29 Abs.2 S.1 CISG herbeigeführt wird. Die Aussage, hier finde eine Abkehr vom internen deutschen Recht statt[13], trifft daher nur mit den genannten Einschränkungen zu.

Im Verhältnis zum amerikanischen Recht trat keine Änderung ein: wie UCC § 2-209 (2) verleiht Art.29 Abs.2 S.1 CISG Schriftformklauseln Wirksamkeit.

bb) Abdingbarkeit

Dem Wortlaut nach könnte Art.29 Abs.2 CISG insgesamt durch (mündliche) Vereinbarung gemäß Art.6 CISG abbedungen werden, genauso wie im deutschen Recht die Formklausel durch spätere mündliche Vereinbarung aufgehoben werden kann[14]. So weist Wey zutreffend darauf hin, daß auch hier dem Vorteil einer klaren Formbindung nach Art.29 Abs.2 S.1 CISG der Nachteil gegenübersteht, daß der frühere rechtsgeschäftliche Wille zur formalen Bindung zu einem Anachronismus geworden sein kann, wenn die Parteien sich wiederholt formfrei geeinigt haben[15]. Indem aber Art.29 Abs.2 S.1 CISG ausdrücklich die Möglichkeit einer rechtsgeschäftlichen Formbindung festschreibt, wird ausgedrückt, daß gerade dieses Argument nicht gelten soll. Auch würde die Vorschrift des Art.29 Abs.2 CISG mit ihrem wohlerwogenen Interessenausgleich in den Sätzen 1 und 2 völlig leerlaufen, wenn eine spätere mündliche Vereinbarung die Vorschrift insgesamt abbedingen könnte. Ferner hat die Analyse des deutschen Rechts gezeigt[16], daß durch die Möglichkeit des formlosen Abbedingens der Formklausel Schwierigkeiten hinsichtlich der Ermittlung des wirklichen Parteiwillens entstehen, die nur schwer befriedigend zu lösen sind. Diese Auslegungsprobleme, die letztendlich in einer wertenden Betrachtungsweise resultieren, können aber unter Anwendung des Art.29 Abs.2 S.2 CISG sachgerechter und ohne den Deckmantel des mutmaßlichen Parteiwillens gelöst werden. Demgegenüber vermag das weitere Argument Weys für eine Abdingbarkeit von Art.29 Abs.2 S.1 CISG nicht zu überzeugen: Wey führt aus, daß ansonsten auch in dem Extremfall, daß die Parteien sich in vollem Bewußtsein des Formverstoßes formfrei binden wollen, keine wirksame Vereinbarung zustande kommt[17]. Es ist aber kein Grund ersichtlich, weshalb die Parteien in diesem Falle schutzbedürftig sein sollten. Eine spätere Vereinbarung ist daher nicht nach Art.6 CISG zu beurteilen, sondern alleine nach Art.29 Abs.2 CISG, Unbilligkeiten könne durch den weitgehenden Vertrauensschutz in Art.29 Abs.2 S.2 CISG ausgeglichen werden[18].

---

13 Vgl. m.w.N. v.Caemmerer/Schlechtriem/Schlechtriem Art.29 Rn.5.

14 Vgl. oben S. 127 ff.

15 Wey, S. 164, Rn.439.

16 S.o. S. 126 ff.

17 Wey, aaO.

18 A.A. Wey, S. 164, Rn.440, dem der Schutz unzureichend erscheint, da er sich nur auf die Fälle erstreckt, in denen neben die bloße Vereinbarung noch weitere Umstände hinzutreten. Würde man den Schutz jedoch auch bei bloßer Vereinbarung gewähren, wäre Art.29 Abs.2 S.1 CISG sinnlos, da dann immer der Vertrauensschutz nach S.2 eingriffe.

cc) Auslegung

Wie die entsprechende Regelung im amerikanischen Recht in UCC § 2-209 (2) ist die Vorschrift des Art.29 Abs.2 S.1 CISG relativ klar. Jedoch ergeben sich daraus, daß diese Vorschrift nicht direkt einen bestimmten Sachverhalt regelt (etwa in der Art eines generellen Formerfordernisses für nachträgliche Vereinbarungen) sondern den Parteien die Befugnis verleiht, selbst eine Regelung zu treffen, drei Fragen: Die von den Parteien schriftlich[19] getroffene Abrede ist daraufhin auszulegen, (i) ob sie eine Formvereinbarung enthält, (ii) wie weit deren Reichweite ist und (iii) welche Form sie verlangt.

(i) Formvereinbarung

Im deutschen Recht bestimmt § 125 S.2 BGB, daß eine Formvereinbarung der Parteien im Zweifel konstitutive Bedeutung hat. Dies führt dazu, daß durch Auslegung bestimmt werden muß, ob die Parteien mit ihrer Formklausel lediglich Beweiszwecke verfolgten, so daß eine spätere Abrede ohne weiteres wirksam ist. Andernfalls ist sie nichtig gemäß § 125 S.2 BGB. Wie oben gezeigt, wurde diese Vorschrift von der Rechtsprechung allerdings in vielen Fällen wirkungslos gemacht, indem die formlose nachträgliche Abrede ohne weiteres für gültig befunden wurde. Dieses Ergebnis wurde zunächst unabhängig von § 125 S.2 BGB durch die Überlegung gewonnen, daß auch die Formklausel später ohne weiteres aufgehoben werden kann, so daß die Unterscheidung insgesamt obsolet wurde. In einem Urteil zu einem Gesellschaftsvertrag der offenen Handelsgesellschaft setzte der Bundesgerichtshof dagegen wieder an der Unterscheidung von deklaratorischen, also reinen Beweiszwecken dienenden Formklauseln und konstitutiven Schriftformklauseln an und legte für Fälle der vorliegenden Art unter Hinweis auf die typische Interessenlage bei der offenen Handelsgesellschaft fest, daß nur erstere in Betracht kommen. Daher sei auch eine mündliche nachträglich Abrede wirksam. Diese schon unter dem Wortlaut von § 125 S.2 BGB problematische Differenzierung zwischen verschiedenen Formvereinbarungen muß im Anwendungsbereich von CISG vermieden werden. Art.29 Abs.2 S.1 CISG stellt nur darauf ab, ob ein schriftlicher Vertrag eine Bestimmung enthält, wonach jede Änderung oder Aufhebung durch Vereinbarung schriftlich zu erfolgen hat. Hier wird nicht zwischen verschiedenen Zwecken differenziert, die mit dieser Abrede verfolgt wurden, sondern es wird (ähnlich wie im amerikanischen Recht, das hier auch nicht nach Zwecken unterscheidet) für sämtliche nachträgliche Vereinbarungen die Verbindlichkeit gewillkürter Formvorschriften anerkannt. Es ist daher auch die reinen Beweiszwecken dienende Formklausel von Art.29 Abs.2 S.1 CISG erfaßt[20]. Den Interessen der Parteien im Hinblick auf die von ihnen verfolgten Zwecke kann durch die in Art.29 Abs.2 S.2 CISG folgende Vertrauensschutzregelung genügend Rechnung getragen werden.

---

19 Siehe zu diesem Tatbestandsmerkmal sogleich unten.

20 Es kann daher auch nicht mehr von "deklaratorischen" oder "konstitutiven" Formklauseln gesprochen werden, da durch Art.29 Abs.1 S.1 CISG sämtliche Schriftformklauseln als "konstitutiv" angesehen werden.

Auch aus der Sichtweise des amerikanischen Systems verbietet sich im Anwendungsbereich von CISG eine Differenzierung nach verschiedenen Formzwecken: So wurde, wie gezeigt, bei der kollisionsrechtlichen Behandlung des gesetzlichen *Statute of Frauds* z. T. danach unterschieden, ob der Wortlaut der betreffenden Regelung auf eine Beweisregel (*procedural*) oder eine Gültigkeitsvoraussetzung (*substantial*) abziele. Eine entsprechende Argumentation, die bei bestimmten Formulierungen der Formklausel nur prozeßrechtliche Bedeutung zuerkennt und daher das Forumrecht anwendet, muß aus den soeben zum deutschen Recht genannten Gründen unterbleiben. Ferner kann es unter dem amerikanischen Recht Schwierigkeiten in der Beurteilung der Frage geben, wann eine Formvereinbarung vorliegt. Eine solche wurde im Rahmen von UCC § 2-209 (2) in der oben zitierten Entscheidung Monroc, Inc. v. Jack B. Parson Constr. Co.[21] verneint, da die bisherige Durchführung auch formloser nachträglicher Änderungen nach Einschätzung des Gerichts einen gegenteiligen Willen dokumentierte. Solche einschränkenden Betrachtungen zwecks Schaffung einer Ausweichmöglichkeit auf im konkreten Fall leichter anwendbare Vorschriften (hier UCC § 2-201) sollten unter Art.29 Abs.1 S.2 CISG vermieden werden. Zwar bestimmt Art.8 Abs.3 CISG, daß das spätere Verhalten für die Auslegung des Parteiwillens berücksichtigt werden soll, diese Bestimmung ist hier jedoch nicht einschlägig: Den Besonderheiten des nachträglichen Verhaltens kann nämlich in genügender Weise durch die Sonderregelung in Art.29 Abs.2 S.2 CISG Rechnung getragen werden[22]. Einer einschränkenden Auslegung des Art.29 Abs.2 S.1 CISG bedarf es dagegen nicht und die Vereinbarung der Parteien sollte so wörtlich genommen werden wie möglich.

(ii) Reichweite der Formvereinbarung

Es bleibt den Parteien anheim gestellt, wie weit sie spätere Vereinbarungen einem Formzwang unterwerfen wollen, denn Art.29 Abs.2 CISG ordnet nur die Rechtsfolge für die Fälle an, in denen eine Klausel für die Aufhebung und die Änderung besteht; es existiert jedoch keine automatische Erstreckung einer Schriftformklausel auf alle denkbaren Fälle, wenn sie nur einige davon bezeichnet. So können die Parteien nur die Aufhebung, nur die Änderung, oder auch nur die Änderung bestimmter Pflichten etc. einer Formvorschrift unterwerfen. Die Reichweite ist jeweils im Einzelfall durch Auslegung der Vertragsklausel zu ermitteln. Dabei gilt auch hier das oben beschriebene Verbot der Unterscheidung nach Formzwecken, so daß die nach deutschem Recht naheliegende Argumentation, die Formklausel erstrecke sich nicht auf einwandfrei bewiesene Vereinbarungen, da sie nur Beweiszwecken diene, nicht zugelassen ist.

(iii) Inhalt des Formzwangs

Schließlich bleibt den Parteien auch Bewegungsraum hinsichtlich des Inhalts des Formzwangs, obwohl Art.29 Abs.2 S.1 CISG nur von Bestimmungen spricht, nach denen Änderung und Aufhebung schriftlich zu erfolgen haben. Dieser Schriftform

---

21 604 P.2d 901, 905, 28 UCCRS 18 (S.Ct.Utah 1979), vgl. oben S. 143.

22 Dies ergibt sich im Rahmen von UCC § 2-209 (2) auch schon aus UCC § 2-208 (3), vgl. dazu oben S. 91.

genügen nach Art.13 CISG jedenfalls auch Mitteilungen durch Telegramm oder Fernschreiben, ansonsten schweigt das Übereinkommen dazu. Wegen dieser nur lückenhaften Regelung der Frage, was unter Schriftform zu verstehen ist, und insbesondere auch wegen der Abdingbarkeit von Art.13 CISG durch Parteivereinbarung gemäß Art.6 CISG können die Vertragspartner jedoch auch selbst die Ausfüllung des Tatbestandsmerkmals "schriftlich" durch Vereinbarung festlegen[23]. Daher ist die Formklausel auszulegen, welche Form sie jeweils verlangt. Hierbei sind nach Art.8 Abs.3 CISG insbesondere auch die zwischen den Parteien entstandenen Gepflogenheiten, die Gebräuche und das spätere Verhalten der Vertragspartner zu berücksichtigen. In den meisten Fällen wird sich damit klären lassen, was die Parteien als ihrer vereinbarten Form genügend ansahen. Ergänzend kann schließlich auf die innerstaatlichen Rechtsordnungen zurückgegriffen werden. Hier ist aber zu beachten, daß ein solcher Rückgriff durchaus zu unterschiedlichen Ergebnissen führen kann. So ist zum Beispiel im deutschen Recht unter Schriftform im Zweifel die Ausfertigung einer Urkunde mit eigenhändiger Unterschrift des Ausstellers zu verstehen (§§ 127 S.1, 126 Abs.1 BGB), während im amerikanischen Recht, wie oben gezeigt, wesentlich geringere Anforderungen gestellt werden[24]. Kann der Wille der Parteien nur dahingehend ausgelegt werden, daß sich bei der Vereinbarung der Schriftform jede Partei an ihrem Umweltrecht orientiert hat[25], so kann man bei einer amerikanischen und einer deutschen Partei wohl nicht davon ausgehen, daß eine Einigung über die Schriftform gefunden wurde.

Die Ausführungen zur vereinbarten Schriftform gelten gleichermaßen für die Frage, ob die Formvereinbarung selbst der Schriftform des Art.29 Abs.2 S.1 CISG genügt. Auch hier gilt Art.13 CISG, sofern nicht die Auslegung ergibt, daß die Parteien diese Vorschrift abbedungen haben (Art.6 CISG).

c) Art.29 Abs.2 S.2 CISG

aa) Vergleich mit den entsprechenden Regelungen im deutschen und amerikanischen Recht

Im deutschen Recht gibt es nur wenige gesetzliche Formvorschriften und vertragliche Formgebote führen trotz § 125 S.2 BGB selten zur Nichtigkeit. Daher stellt sich das Problem der Versagung der Berufung auf die Form nur selten. Dennoch hatten Rechtsprechung und Literatur im Laufe der Zeit Gelegenheit, Fallgruppen herauszuarbeiten, in denen ein Vertrag trotz Formnichtigkeit wegen einer gesetzlichen oder vertraglichen Formvorschrift nach Treu und Glauben als wirksam betrachtet werden mußte, wenn

---

23 So auch v.Caemmerer/Schlechtriem/Schlechtriem Art.13 Rn.2, Art.29 Rn.7; Enderlein/Maskow/Stargardt, Art.29.2; im Ergebnis genauso, jedoch aufgrund der Annahme der Abänderung von Art.29 Abs.2 CISG, Honnold, Uniform Law, Rn.202, S.230.

24 Hier kann die einseitige Bezugnahme auf die Vereinbarung reichen, vgl. In re Estate of Lester Upchurch, 466 S.W.2d 886, 890, 9 UCCRS 580 (Tenn.App.1970); so auch UCC § 2-201 Comment 1. Vgl. dazu oben S. 143.

25 Siehe v.Caemmerer/Schlechtriem/Schlechtriem Art.11 Rn.16, Art.29 Rn.9.

die eine Partei auf die Wirksamkeit vertraut hatte[26]. Auch im deutschen Recht wurde also in den nur ausnahmsweise vorliegenden Fällen der Formnichtigkeit die Notwendigkeit von Korrekturen gesehen. Eine spezielle, gesetzlich verankerte Vertrauensschutzregelung erübrigte sich, da schon die Formungültigkeit ein Ausnahmefall war. Wenn demnach Art.29 Abs.2 S.1 CISG durch Festsetzung der generellen Effektivität von Schriftformklauseln in das deutsche Recht einen neuen Tatbestand der Formnichtigkeit einführt, so ist es nur folgerichtig, auch hier das Ergebnis unter Vertrauensschutzgesichtspunkten zu korrigieren. Hierzu gibt Art.29 Abs.2 S.2 CISG jetzt einen neuen Rahmen vor. Dabei ist zu beachten, daß Art.29 Abs.2 S.1 CISG anders als das deutsche Recht, das sich im Bereich der gewillkürten Schriftform jeweils mit den von den Parteien gesetzten Zwecken befassen muß, um zu ermitteln, ob die Klausel auch Bestand hat[27], festlegt, daß die Formklausel sich grundsätzlich gegenüber späteren Vereinbarungen durchsetzt. Eine Differenzierung nach verschiedenen Formzwecken findet daher nicht mehr statt[28]. Betrachtet man diese Regelung aber unter Zugrundelegung der deutschen Maßstäbe, so weist auf der einen Seite das Übereinkommen der Schriftformklausel durch Anerkennung der Wirksamkeit stets mehr als eine bloße Beweisfunktion zu. Auf der anderen Seite wird durch die großzügige Vertrauensschutzregelung in Art.29 Abs.2 S.2 CISG gesetzlich festgelegt, daß keine besonderen Zwecke mit dieser Regelung verfolgt werden, die ein unbedingtes Festhalten an der Form erfordern. Die im deutschen Recht zu beobachtenden Maßstäbe dürfen daher weder besonders tief (wie bei einer reinen Beweisvorschrift) noch besonders hoch (wie bei einer rein dem öffentlichen Interesse dienenden Formvorschrift) angesetzt werden.

Anders als das deutsche Recht kennt das US-amerikanische Recht eine Fülle von gesetzlichen Formgeboten und es hat in UCC § 2-209 (2) Schriftformklauseln die volle Wirksamkeit zugesprochen. Dies brachte mit sich, daß sich zugleich eine Vielzahl von Ausnahmen von der eigentlich angeordneten Sanktion einer Formwidrigkeit herausbildeten und zum Teil auch gesetzlich geregelt wurden. Im Bereich des Uniform Commercial Code wurde so eine auch für Vertragsänderungen geltende spezielle Vertrauensschutzregelung in UCC § 2-209 (4) und (5) geschaffen.

Wie oben gezeigt, lehnt sich die Regelung des Art.29 Abs.2 S.2 CISG an das vorhandene Vorbild von UCC § 2-209 (4) und (5) an. Das darf aber nicht bedeuten, daß auch die innerstaatliche Rechtsprechung zu UCC § 2-209 zur Ausfüllung von Art.29 Abs.2 S.2 CISG insgesamt übernommen wird: Erstens ist diese Rechtsprechung nicht besonders klar und hilft daher im Einheitskaufrecht nicht immer weiter[29]. Zweitens können auch UCC § 2-209 (4) und (5) gar nicht ohne Kenntnis der historischen Entwicklung der Ausnahmen zum Formgebot des *Statute of Frauds* ausgelegt werden. Denn wie oben gezeigt[30], fließen in die Auslegung des Begriffs *waiver* auch

---

26 Vgl. oben S. 37 ff. und S. 136 ff.

27 Soweit nicht sowieso bei Allgemeinen Geschäftsbedingungen § 4 AGBG eingreift.

28 Siehe dazu auch schon oben b) cc) i).

29 Vgl. Hillman, 21 Cornell Int'l L.J. 449, 453-455, 459-461.

30 S. 93.

Elemente des Rechtsinstituts *promissory estoppel* ein und findet sich die Ausnahme der *part performance* wieder. Auch wird trotz der in UCC § 2-209 vorgenommenen Kanalisierung mit klar voneinander getrennten Tatbestandsmerkmalen im Endeffekt dennoch eine Art von allgemeiner Billigkeitskontrolle vorgenommen, die sich stark an die im *Common Law* geltenden Grundsätze anlehnt. Eine Auslegung von Art.29 Abs.2 S.2 CISG kann daran nicht vorbeigehen. Drittens ist die Regelung in UCC § 2-209 nur ein vorläufiger Punkt in einer langen Entwicklung, die im gesamten angloamerikanischen Rechtskreis auf die eine oder andere Weise stattgefunden hat. Die darin eingeflossenen Gesichtspunkte sind daher für die Auslegung einer auch andere Staaten betreffenden und von diesen mitgetragenen Vorschrift unbedingt zu berücksichtigen. Viertens ist dem internationalen Kontext, in dem viele Rechtsordnungen aufeinander stoßen, Rechnung zu tragen und zu versuchen, eine nicht alleine einem System entnommene Lösung zu finden. Es sollte vielmehr - mangels besonderer Anhaltspunkte in CISG selbst - auf den Vorstellungen aufgebaut werden, die mehreren Systemen gemeinsam sind. Fünftes schließlich zeigt auch die Entstehungsgeschichte von Art.29 CISG, während der man von der ganz an UCC § 2-209 (4) und (5) angelehnten Formulierung abrückte, daß keine reine Übernahme der amerikanischen Regelung stattfinden sollte[31].

bb) Abdingbarkeit

Auch hier kann argumentiert werden, daß eine Schriftformklausel schon die Abbedingung von Art.29 Abs.2 S.2 CISG beinhaltet oder daß jedenfalls die Parteien durch ausdrückliche feste Bindung an ihre Formklausel die Vertrauensschutzregelung ausschalten können[32]. Dies würde der Wertung der Entscheidung des Bundesgerichthofs entsprechen, die in der Klausel "Auf das Formerfordernis kann nur durch schriftliche Erklärung verzichtet werden" eine wirksame Bindung an starre Formen sah. Im amerikanischen Recht ist allerdings anerkannt, daß auch Klauseln, die ausdrücklich die Verzichtsklausel des UCC § 2-209 (4) abbedingen (*anti-waiver-provisions*), ihrerseits durch entgegenstehendes Verhalten, das einen Verzicht gemäß UCC § 2-209 (4) darstellt, wirkungslos gemacht werden[33]. Dies muß im Rahmen des Kaufvertragsübereinkommens ebenfalls gelten: Art.29 Abs.2 CISG ist als Ganzes zu sehen. Die Ermöglichung der Bindung an eine Schriftformklausel wurde zugelassen im Hinblick auf eine flexible und der jeweiligen Interessenlage gerecht werdende Berücksichtigung des Vertrauens der anderen Partei. Es würde Sinn und Zweck dieser Vorschrift widersprechen, wenn die Vertragspartner dieses Gleichgewicht aushebeln könnten, indem sie nur von einem Teil der Regelung Gebrauch machen dürften[34].

31 Vgl. oben S. 148.

32 Siehe Hillman, 21 Cornell Int'l L.J. 449, 461 f.

33 Vgl. z.B. Kropp v. Ziebarth, 601 F.2d 1348, 1357 (N.D.App.1979); Siehe dazu oben S. 94.

34 So auch Hillman, 21 Cornell Int'l L.J. 449, 462 und Honnold, Uniform Law, S. 282 f.

cc) Auslegung

Oben wurde gezeigt, wie die hier betrachteten Rechtsordnungen auf Unbilligkeiten bei der rigorosen Anwendung von Formgeboten reagieren. Im folgenden sollen die diesbezüglichen Gemeinsamkeiten beider Rechtssysteme herausgearbeitet werden (i), um unter Zugrundelegung der übereinstimmenden Wertungen Fallgruppen für die Auslegung von Art.29 Abs.2 S.2 CISG bilden zu können (ii).

(i) Rechtsvergleich der Vertrauensschutzregelungen hinsichtlich der Formnichtigkeit im deutschen und im U.S. amerikanischen Recht

Allgemein betrachtet, sind die Regelungen bezüglich der Verwehrung der Berufung auf die Formnichtigkeit im deutschen und im U.S. amerikanischen Recht völlig verschieden. Wie schon mehrfach beschrieben, gehen die Rechtsordnungen jeweils von entgegengesetzten Ansätzen aus, nämlich vom Prinzip der Formfreiheit und der regelmäßigen Gestaltungsfreiheit der Parteien im deutschen Recht und von sehr weitgehendem staatlichen Schutz vor Beweisschwierigkeiten und Übervorteilung im amerikanischen Recht. Dabei ist im deutschen Recht eine reine Beweisregelung grundsätzlich unbeachtlich, während im amerikanischen Recht zu Beweiszwecken sogar eine gesetzliche Formvorschrift normiert wurde, an der bis heute im Grundsatz festgehalten wurde. Daraus folgt, daß das deutsche Recht in den wenigen Fällen, in denen mehr als die bloße Vereinbarung verlangt wird, auch in der Regel formal an den Erfordernissen festhält, während sich im amerikanischen Recht immer mehr Ausnahmen herausgebildet haben, mit denen fehlende Tatbestandsmerkmale überbrückt werden können. Ferner zeigt sich der unterschiedliche Charakter der Rechtsordnungen darin, daß das deutsche Recht für die Fälle, in denen in größerer Anzahl die Anwendung von Vertrauensschutzgesichtspunkten erforderlich wurde, nämlich die der Verwendung von Allgemeinen Geschäftsbedingungen gegenüber Konsumenten, mit § 4 AGBG eine gesetzliche Regelung einführte, die schon das (vereinbarte) Formerfordernis abschaffte, so daß Vertrauensschutz nicht mehr nötig war. Das amerikanische Recht hat sich dagegen mit UCC § 2-209 zu einer gesetzlichen Regelung entschlossen, die breiten Raum für alle möglichen Erwägungen läßt. So wird auch immer wieder die Absicht betont, eine im Handelsverkehr notwendige flexible Regelung bereitzustellen, mit der eine hohe Einzelfallgerechtigkeit erreicht werden kann[35].

Trotz der unterschiedlichen Ausgangspunkte der beiden Rechtsordnungen finden sich aber viele Parallelen in der Einzelfallbetrachtung und in den zugrundeliegenden Wertmaßstäben, wenn man die in beiden Rechtssystemen gemachten Ausnahmen von Formvorschriften vergleicht:

(1) Die älteste Ausnahme vom gesetzlichen *Statute of Frauds* im amerikanischen Recht ist die (teilweise) Erfüllung (*part performance*, zum Teil noch vorhanden in UCC § 2-208 (3)), also einer Art von Heilung des Formmangels. Eine allgemeine Heilung von Formmängeln durch Erfüllung ist dem deutschen Recht fremd, es läßt

35 Vgl. UCC § 2-208 Comment 3; UCC § 2-209 Comment 1.

sie nur in vereinzelten Vorschriften, z.B. in § 313 S.2 BGB, zu[36]. Das deutsche Recht kennt andererseits aber auch keine dem *Statute of Frauds* entsprechende Formvorschrift, so daß sich die Frage der Normierung einer Heilungsmöglichkeit nicht stellt. Das *Statute of Frauds* hat reinen Beweischarakter; es wurde geschaffen, um vor falschen Zeugnissen im Zivilprozeß zu schützen. Derselbe Zweck liegt auch heute noch den Regelungen in UCC § 2-209 (2) und (3) zugrunde[37]. Bei reinen Beweisvorschriften geht aber auch das deutsche Recht, das sich am Formzweck orientiert, davon aus, daß eine formlose Änderung ohne weiteres möglich ist: gesetzliche Formvorschriften sind im deutschen Recht auf Änderungen nur anwendbar, wenn der Zweck der Vorschrift die Anwendung gebietet[38]. Wenn eine Änderung jedoch durch Erbringung der Leistung schon erwiesen ist, so fällt der Beweiszweck weg.[39] Bei der gewillkürten Form ist anerkannt, daß eine nur Beweiszwecken dienende Formabrede (die sogenannte "deklaratorische" Formklausel) keine Auswirkungen auf eine formwidrig abgeschlossene Vereinbarung hat.[40] Die Bewertung dieser Fälle ist also in beiden Rechtsordnungen durchaus parallel.

(2) Das Rechtsinstitut *equitable estoppel* versagte im amerikanischen Recht die Berufung auf die Nichteinhaltung der Form des *Statute of Frauds*, wenn jemandem vorgespiegelt wurde, die Einhaltung der Form sei nicht nötig oder werde übernommen.[41] Hier ist in der Regel eine Täuschung nötig. Im deutschen Recht wird unter dem Gesichtspunkt der arglistigen Abhaltung von der Einhaltung der Form oder aber der Inanspruchnahme besonders großen Vertrauens in diesen Fällen ebenfalls von der Sanktion der Formnichtigkeit abgesehen.[42]

(3) Aufbauend auf die Grundsätze des *equitable estoppel* entwickelte sich im amerikanischen Recht das Rechtsinstitut des *promissory estoppel*, das weniger strenge Anforderungen an eine über das formlose Versprechen hinausgehende Zusicherung, dafür aber höhere Anforderungen an eine Vertrauensbetätigung stellte. Hier deutet sich eine Parallele zu der deutschen Rechtsprechung zu den §§ 313, 242 BGB an: der Bundesgerichtshof versagt hier die Berufung auf die Formnichtigkeit nach §§ 313, 125 S.1 BGB, wenn entweder ein besonders gravierender Vertrauensbruch vorliegt oder die Formnichtigkeit die Existenz der anderen Partei vernichten würde.[43] Diese beiden Voraussetzungen stellen weitaus höhere Anforderungen als die genannten Tatbestandsmerkmale von *promissory estoppel*. Aber als Kern bleibt jeweils, daß der Versprechen-

---

36 Allerdings kann bei beiderseitiger Kenntnis des Formmangels die schon erbrachte Leistung wegen § 814 BGB nicht kondiziert werden, was faktisch hinsichtlich des schon geleisteten Teils zu demselben Ergebnis führt, vgl. hierzu auch oben S. 40.

37 So ausdrücklich UCC § 2-209 Comment 3.

38 S.o. S. 35.

39 Diese Frage wird jedoch nie relevant, da es im deutschen Recht keine ausschließlich Beweiszwecken dienenden gesetzliche Formvorschriften gibt.

40 S.o. S. 124.

41 S.o. S. 81.

42 S.o. S. 38.

43 S.o. S. 38.

de sich nicht auf die Form berufen kann, wenn er selbst einen besonderen, über das bloße Versprechen hinausgehenden Vertrauenstatbestand gesetzt hat und die Erwartung nicht erfüllte oder wenn das Vertrauen, das tatsächlich in das Versprechen gesetzt wurde, besonders hoch war.[44] Die unterschiedlichen Maßstäbe lassen sich dabei wieder auf die Zwecke der Formvorschrift zurückführen: während das *Statute of Frauds* schon lange nicht mehr als besonders zwingend erachtet wird und nur dem Schutze der Parteien vor falschen Behauptungen der Gegenpartei dient, ist § 313 BGB eine zwingende Norm, die neben der Beweisfunktion auch eine Reihe anderer Zwecke verfolgt.[45] Demgemäß sind auch die Anforderungen an eine Durchbrechung weitaus höher gesetzt. Die Abhängigkeit der Anforderungen vom Zweck der Formvorschrift läßt sich hier auch an den zur gewillkürten Form entschiedenen Fällen zeigen: In der Entscheidung des Bundesgerichtshofs zur Verzichtsklausel[46] wurde als Zweck der Formklausel der Wille zu einer starren Bindung gesehen. Damit wird der Form eine Unbedingtheit eingeräumt, die nur durch Arglist zu durchbrechen ist, also durch eine ganz besonders schwere Pflichtverletzung. In den vor Geltung des AGB-Gesetzes entschiedenen Fällen, in denen die Besonderheiten der Allgemeinen Geschäftsbedingungen durch die Anwendung von § 242 BGB berücksichtigt wurden, reichte dagegen eine Fürsorgepflichtverletzung, um diese Vorschrift anzuwenden.[47]

(4) Schließlich folgte im amerikanischen Recht in der Entwicklung der Ausnahmen zum gesetzlichen *Statute of Frauds* die Rechtsfigur *waiver*. Im *Common Law* wurde *waiver* angenommen, wenn der Berechtigte in Kenntnis seines Rechtes willentlich auf dessen Geltendmachung verzichtete. Derselbe Gedanke findet sich im deutschen Recht unter der Bezeichnung des Verbots des *venire contra factum proprium* wieder und führte dazu, daß in einigen Entscheidungen - außerhalb des Anwendungsbereichs des als besonders unverzichtbar behandelten § 313 BGB - die Berufung auf die mangelnde Form demjenigen versagt wurde, der den Vertrag über längere Zeit als gültig behandelt und daraus Vorteile gezogen hatte, oder der die Vertragsänderung selbst verlangt hatte.[48]

In die dem Art.29 Abs.2 S.2 CISG ähnliche Vorschrift von UCC § 2-209 (4) und (5) sind die Grundsätze des *Common Law* bezüglich der Ausnahmen zum gesetzlichen *Statute of Frauds*[49] eingeflossen.[50] Sie gelten sowohl gegenüber der gesetzlichen Formvorschrift von UCC §§ 2-209 (3), 2-201 als auch gegenüber der nach UCC § 2-209 (2) beständigen gewillkürten Form. Es findet keine Unterscheidung zwischen

44 Dies entspricht auch den von Canaris für den Tatbestand der Vertrauenshaftung herausgearbeiteten Elementen, vgl. oben S. 39.

45 BGH Z 87, 153; BGH NJW 1974, 271; Palandt/Heinrichs § 313 Rn.2.

46 BGH Z 66, 378; s.o. S. 128.

47 S.o. S. 138.

48 S.o. S. 39.

49 Oder überhaupt der Ausnahmen von bestimmten gesetzlichen Erfordernissen, denn wie oben dargestellt finden die genannten Institute durchaus auch Anwendung in anderen Bereichen.

50 Siehe dazu oben S. 92 f.

beiden Arten von Formvorschriften statt. Im deutschen Recht wird zwischen gesetzlicher und gewillkürter Form unterschieden, jedoch sind, wie gezeigt, die zugrundeliegenden Erwägungen - bezogen auf den mit der Form verfolgten Zweck - dieselben. Daher erübrigt sich bei der Auslegung von Art.29 Abs.2 S.2 CISG beim Rückgriff auf die nationalen Rechtsordnungen eine entsprechende Unterscheidung.

ii) Folgerungen für die Auslegung von Art.29 Abs.2 S.2 CISG

Nach Art.29 Abs.2 S.2 CISG kann eine Partei durch ihr **Verhalten** davon ausgeschlossen sein, sich auf eine Schriftformklausel zu berufen, allerdings nur soweit die andere Partei sich auf dieses Verhalten **verlassen** hat. Wenn bei der Auslegung des Begriffs "Verhalten" sicherlich auch Vertrauensschutzerwägungen schon eine Rolle spielen, so sind die Tatbestandsmerkmale "Verhalten" und "Vertrauen" dennoch voneinander getrennt. Bei der Auslegung des ersten Begriffs kommt es nämlich darauf an, inwieweit ein Vertrauenstatbestand gesetzt wurde. Das tatsächlich darauf erbrachte Vertrauen bildet dagegen eine Schranke für die Rechtsfolge von Art.29 Abs.2 S.2 CISG und stellt sicher, daß jede Partei den Schutz bekommt, den sie benötigt, daß sie aber auch nicht mehr erlangt, als sie nach der getroffenen Vereinbarung haben soll.[51] [52]

(1) "Verhalten"

Ausgehend von den nationalen Rechtsvorschriften und der Auslegung durch die Gerichte und bestimmt durch die aufgezeigten Parallelitäten lassen sich für die Auslegung des Art.29 Abs.2 S.2 CISG Fallgruppen bilden, mit denen dieses Tatbestandsmerkmal ausgefüllt werden kann:

- Abwicklung des Vertrages

Wird ein Vertrag von beiden Parteien über eine längere Zeitfolge in Übereinstimmung mit einer nachträglichen Abrede abgewickelt, so führt dies im amerikanischen Recht gemäß §§ 2-208 (3), 2-209 (4) zu einem *waiver*, durch den die Berufung auf die Form versagt wird. Im deutschen Recht ist zwar nur gelegentlich bei gesetzlichen Formvorschriften eine Heilungsmöglichkeit vorgesehen, und dies in der Regel auch nur, wenn vollständig erfüllt wird. Art.29 Abs.2 CISG verfolgt aber, wie gezeigt, keine unabdingbaren Zwecke, die die Einhaltung der Form unverzichtbar machen. Desgleichen zeigt das spätere Verhalten der Parteien, daß sie keinen entscheidenden Wert auf die Einhaltung der Form legen. Es besteht daher kein Bedürfnis, die Form

---

51 Diese Konstruktion findet sich im amerikanischen Recht häufig. So bestimmt das Restatement (2d) Contracts, § 90, daß eine Vertrauenshaftung nur dann in Frage kommt, wenn einerseits das Versprechen eine Vertrauensbetätigung erwartbar und vernünftig erscheinen läßt, andererseits dieses Vertrauen auch tatsächlich entgegengebracht wurde. Dieselbe Konstruktion ist auch eingangs schon im Zusammenhang mit der Position des Restatement (2d) Contracts bezüglich der *third party beneficiaries* beschrieben worden: Danach liegt Drittbegünstigung vor, wenn der Wille zur Begünstigung so zum Ausdruck kam, daß Vertrauen des Dritten darauf erwarbar und vernünftig erscheint. Unwiderruflichkeit tritt jedoch nur ein, wenn der Dritte tatsächlich darauf vertraut hat. Vgl. dazu oben S. 42. Im deutschen Recht finden sich diese Merkmale bei Canaris im Tatbestand der Vertrauenshaftung wieder: die Vertrauensdisposition der einen Seite muß dem Verhalten der anderen Partei zurechenbar sein, vgl. oben S. 39.

52 Vgl. zum ganzen auch Wey, S. 166-171, Rn.444-456.

durchzusetzen, so daß hier Art.29 Abs.2 S.2 CISG eingreift. Eine andere Betrachtung würde auch dem Zweck des Übereinkommens entgegenlaufen, die Anpassung und Abwicklung von Verträgen zu erleichtern und rechtliche Hindernisse auszuräumen. Dieses Ziel kann nur erreicht werden, wenn der über längere Zeit vollzogene Vertrag nicht aufgrund eines formalen Mangels rückabgewickelt werden muß. Voraussetzung ist aber jeweils eine Folge von beidseitigen Handlungen, die durch ihre Kontinuität darauf schließen läßt, daß die Formvereinbarung sich erledigt hat. Bei einer einmaligen Erfüllungshandlung muß dagegen wohl eines der im folgenden zu behandelnden Tatbestandsmerkmale dazukommen, bevor eine Ausnahme von der gewillkürten Form gemacht werden kann, da diese auch aus Versehen geschehen sein könnte und keine eindeutigen Rückschlüsse auf die Zwecksetzung der Parteien zuläßt. Außerdem wird dabei kein irgendwie gearteter Vertrauenstatbestand gesetzt. Hier ist dann aber Art.39 CISG zu beachten, nach dem der Käufer bei Versäumung einer Mängelrüge das Recht, die Vertragswidrigkeit geltend zu machen, verliert. Als Beispiel für diese Gruppe ist hier der Fall zu nennen, in dem die Parteien nach Vertragsschluß etwa eine andere Qualität der Ware oder einen anderen Preis für aufeinanderfolgende Lieferungen vereinbart haben. Wird dann mindestens zweimal hintereinander widerspruchslos zu den veränderten Bedingungen geliefert und/oder bezahlt und die Erfüllung von der anderen Partei jeweils vorbehaltlos angenommen, so liegt darin ein "Verhalten" im Sinne von Art.29 Abs.2 S.2 CISG.

- Einseitiges Änderungs- oder Aufhebungsverlangen

Unter dem Uniform Commercial Code wird großzügig ein *waiver* angenommen, wenn eine nachträgliche Abrede ausschließlich auf Verlangen einer Partei getroffen wurde.[53] Zum deutschen Recht gibt es dazu soweit ersichtlich keine Äußerungen. Hier greift aber das Rechtsinstitut des *venire contra factum proprium* ein, nach dem sich eine Partei nicht zu ihrem eigenen früheren Verhalten in Widerspruch setzen darf. Bittet jemand zu seinem ausschließlichen Vorteil um eine nachträgliche Änderung oder Aufhebung einer Vereinbarung, so muß er sich trotz eines Formmangels daran festhalten lassen. Als Beispielsfälle können die Umleitung der zu liefernden Ware durch den Gläubiger zu einer anderen Niederlassung oder seine Bitte um Änderung der Spezifikation für die Ware aufgrund neuer Bedürfnisse genannt werden.

- Gezogene Vorteile

Hat jemand über längere Zeit aus einer späteren Änderung oder Aufhebung eines Vertrages Vorteile gezogen, so entspricht es wiederum dem Verbot des *venire contra factum proprium*, wenn er diese nachträgliche Vereinbarung nicht mehr gelten lassen will. Dies hat die Rechtsprechung im deutschen Recht außerhalb des § 313 BGB bejaht.[54] Im amerikanischen Recht würde die Annahme der aufgrund der Änderung oder Aufhebung erbrachten Leistungen wohl ebenfalls nach UCC §§ 2-208 (3), 2-

---

53 S.o. S. 92. In diesen Fällen ging es dann meistens um die Rücknahme des *waiver*. Dies ist aber unter Art.29 Abs.2 S.2 CISG eine Frage des Vertrauens und der Rechtsfolge.

54 Siehe dazu oben S. 39.

209 (4) als *waiver* des Rechts, sich auf die ursprüngliche Vereinbarung zu berufen, bewertet. Dies ergibt sich im amerikanischen Recht auch aus dem Gesichtspunkt des *estoppel*.[55] Unter Art.29 Abs.2 S.2 CISG kann aber nichts anderes gelten, da diese Vorschrift die von den Parteien gewählte Form nicht als Selbstzweck betrachtet, sondern Ausnahmen aus Vertrauensschutzerwägungen gerade zulassen will.

- Pflichtverletzung

Im amerikanischen Recht bildete sich, ausgehend von der Rechtsfigur *equitable estoppel*, die Möglichkeit der Versagung der Berufung auf die Form heraus, wenn derjenige, der sich nun auf die mangelnde Form beruft, den anderen über die Formbedürftigkeit getäuscht oder wahrheitswidrig behauptet hatte, der Form sei genügt oder er werde die notwendigen Schritte einleiten.[56] Dies wurde in das Rechtsinstitut *promissory estoppel* in der Weise übernommen, daß für viele Entscheidungen das Vertrauen einer Partei auf die Vereinbarung alleine nicht genügt, sondern daß darüber hinaus eine weitere Zusage o.ä. der anderen Partei vorliegen muß. Kurz gesagt muß von der einen Partei über die formmangelhafte Vereinbarung hinaus ein Rechtsschein gesetzt worden sein, auf den die andere Partei vertraut hat.

Das deutsche Recht versagt die Berufung auf die Form bei arglistiger Täuschung. Aber auch schon in weniger gravierenden Fällen wurde einem Vertragsteil diese Berufung nicht erlaubt, wenn er eine ihm gegenüber der anderen Partei obliegende Sorgfaltspflicht verletzt hatte. Hier sind insbesondere die vor der Geltung des AGB-Gesetzes durch die Anwendung von § 242 BGB entschiedenen Fälle zu nennen: In Konsumentenverträgen sind die Sorgfaltspflichten hoch angesetzt. Daher verstößt ein Vertragspartner schon dann gegen seine Sorgfaltspflichten, wenn er einen in entscheidenden Fragen inkompetenten Verkäufer einsetzt oder wenn über entscheidende Merkmale falsch beraten wird.[57] Als Folge der Sorgfaltspflichtverletzung wird dem Berechtigten verwehrt, sich auf die Formwidrigkeit einer Vereinbarung zu berufen, in die diese falsche Informatin eingegangen ist. Derselbe Gesichtspunkt spielt auch in der vom Bundesgerichtshof herangezogenen Fallgruppe der besonders schweren Treuepflichtverletzung hinsichtlich des Mangels der Form des § 313 BGB einer Rolle.[58]

Aus der Analyse der beiden Rechtsordnungen wird der Gedanke deutlich, daß nicht nur der spätere Verlauf der Vertragsbeziehung, sondern auch schon das Zustandekommen der späteren Vereinbarung zu betrachten sind. Verstößt eine Partei dabei gegen eine von ihr übernommene oder ihr ansonsten obliegende Sorgfalts-, Aufklärungs- oder Fürsorgepflicht gegenüber dem anderen Vertragspartner, so muß sie sich anschließend trotz Formmangels an der aufgrund der Pflichtverletzung zustandegekommenen Vereinbarung festhalten lassen. Hier ist allerdings zu beachten, daß im

---

55 Vgl. Gold Kist, Inc. v. Pillow, 582 S.W.2d 77, 26 UCCRS 1078, 1081 (Tenn.App.1979).

56 S.o. S. 81.

57 S.o. S. 138.

58 S.o. S. 38.

Bereich der internationalen (Handels-)Geschäfte in der Regel versierte und mit der Materie vertraute Parteien am Werke sind. Die Pflichten gegenüber der anderen Partei sind daher nicht zu hoch anzusetzen. Dennoch wird man zum Beispiel in den Fällen, in denen eine Partei es übernommen hat, die weitere Vereinbarung in Kürze schriftlich auszufertigen, die Berufung auf die Form nicht zulassen.[59] Desgleichen muß sich derjenige, der über die für die andere Partei bei einer späteren Vereinbarung zu erwartenden Vorteile falsch aufklärt, an diesen Zusicherungen trotz des Formmangels festhalten lassen.

- Besonderer Vertrauenstatbestand

Im deutschen Recht sah der Bundesgerichtshof ausnahmsweise von den Folgen der Formwidrigkeit ab, wenn sich die Formnichtigkeit nach § 125 S.1 BGB für eine Partei als existenzvernichtend darstellen würde. Abstrakt gesagt, heißt das, daß eine Ausnahme von der Formnichtigkeit gemacht werden kann, wenn dies aufgrund einer besonders schwerwiegenden Vertrauensbetätigung angezeigt ist. Im amerikanischen Recht ist der Grundsatz, daß eine Vertrauensbetätigung über fehlende Tatbestandsmerkmale hinweghelfen kann, lange anerkannt. Er kommt insbesondere in dem Rechtsinstitut *promissory estoppel* zum Ausdruck, er ist aber, wie oben gezeigt, auch in die Auslegung der Rechtsfigur *waiver* miteingeflossen.

In Art.29 Abs.2 S.2 CISG ist allerdings der Vertrauensbetätigung nur insoweit Bedeutung verliehen, als sie den Umfang der Rechtsfolge bei Eingreifen des Ausnahmetatbestandes dieser Vorschrift festlegt. Das tatsächlich ausgeübte Vertrauen kann daher für die Auslegung, wann ein solcher Tatbestand gegeben ist, nicht entscheidend sein. Hier muß vielmehr darauf abgestellt werden, inwieweit aus der Sicht desjenigen, der sich nun auf die Formwidrigkeit beruft, die nachträgliche, formwidrige Vereinbarung für die andere Partei von entscheidender Tragweite war und diese bei späterer Nichtigkeit voraussichtlich einen erheblichen Vertrauensschaden erleiden würde.[60] So muß eine Vertragsänderung, deren Durchführung für eine Partei mit erheblichen zusätzlichen Aufwendungen verbunden ist, oder die eine Partei veranlassen soll, besondere Verpflichtungen einzugehen, den Tatbestand des Art.29 Abs.2 S.2 CISG erfüllen. Diese Auslegung steht auch im Einklang mit der Formulierung des ersten Entwurfs dieser Vorschrift, die eine Rücknahme des *waiver* ausschloß, wenn die Wiederumstellung auf den ursprünglichen Vertrag für die vertrauende Partei mit unverhältnismäßigen Unannehmlichkeiten oder Kosten verbunden war.[61] Diese für das Vertrauen heranzuziehenden Gesichtspunkte müssen auch schon Vorwirkungen auf

---

59 Allerdings muß dann durch Auslegung festgestellt werden, ob überhaupt schon eine Bindung gewollt war, vgl. dazu oben S. 127 Fn.17.

60 Dies läßt sich auch in den Begriff einer Sorgfaltspflichtverletzung fassen, so daß die oben genannte Fallgruppe einschlägig wird. Wegen der in den nationalen Rechtsordnungen unterschiedlichen Ausgangspunkte und der besseren Übersichtlichkeit wird hier aber eine eigene Fallgruppe gebildet.

61 "unreasonable inconvenience" oder "unreasonable expense", Art 3A des der UNCITRAL Arbeitsgruppe auf ihrer 8. Sitzung 1977 vorliegenden Entwurfs, YB III (1977) S. 76 Nr.36, vgl. oben S. 26 Fn.31.

das Tatbestandsmerkmal Verhalten haben und sind bei der Auslegung mitzuberücksichtigen.

(2) Sich "Verlassen"
Dieses Tatbestandsmerkmal, das im Sinne einer Vorhersehbarkeit auch schon in die Auslegung des Merkmals "Verhalten" einfließt, beschränkt die Rechtsfolge des Art.29 Abs.2 S.2 CISG: die nachträgliche formmangelhafte Abrede ist zwar wirksam, jedoch nur soweit tatsächlich darauf vertraut worden ist. Dieser Grundsatz findet sich im deutschen Recht sowohl im Rahmen von § 242 BGB wie auch bei den Grundsätzen der c.i.c. wieder: Ausnahmen von der Formnichtigkeit gemäß § 125 BGB werden nur gemacht bzw. ein Schadensersatz nur gewährt, wenn die andere Partei tatsächlich auf den Bestand der Vereinbarung vertraut hat. Im amerikanischen Recht kommt dieser Gedanke im Rahmen des Rechtsinstituts *promissory estoppel* immer wieder durch die Formulierung zum Ausdruck, die Partei müsse zu ihrem Nachteil auf den Bestand der Vereinbarung vertraut haben ("relied to his detriment").

Art.3A des der UNCITRAL Arbeitsgruppe auf ihrer 9. Sitzung 1978 vorliegenden Entwurfs sah dieselbe Formulierung vor, nachdem der vorherige Vorschlag, der Nachteil müsse in unverhältnismäßigen Kosten oder Unannehmlichkeiten bestehen, abgelehnt worden war.[62] Die Bestimmung, daß das Vertrauen zu einem Nachteil geführt haben muß, wurde dann aber gestrichen.[63] Dies zeigt, daß der Begriff des Vertrauens nicht zu eng ausgelegt werden soll und weist darauf hin, daß es nicht notwendigerweise darauf ankommt, ob einer Partei ein Schaden im Sinne einer Vermögenseinbuße durch die Nichtigkeit der späteren Vereinbarung entstehen würde. Welcher Art das Vertrauen sein muß, das die Gültigkeit einer Vereinbarung nach sich zieht, ergibt sich aus den obigen Ausführungen zum "Verhalten", denn dieses kann nur dann den Tatbestand des Art.29 Abs.2 S.2 CISG erfüllen, wenn es darauf abzielt, den anderen Teil seinerseits zu einem bestimmten Verhalten im Vertrauen auf die Gültigkeit der Vereinbarung zu bewegen. Vertrauen liegt demnach in der Vornahme von Handlungen vor, die der andere Teil durch sein Verhalten herausgefordert hat oder die der andere Teil widerspruchslos hingenommen hat und somit signalisierte, daß er sich nicht auf die fehlende Form berufen wolle. So ist in den ersten drei Fallgruppen, also bei der Abwicklung gemäß der nachträglichen Abrede, bei einseitig begünstigenden Abreden und bei aufgrund der Abrede schon gezogenen Vorteilen, insbesondere die Vertragsdurchführung durch die Erbringung der Leistung als Betätigung des Vertrauens zu bewerten. In der letzten Fallgruppe, also der des besonderen Vertrauenstatbestands, kann die Vertrauensbetätigung etwa in der Erbringung von Aufwendungen im Zusammenhang mit der Änderung der Verpflichtung bzw. das Unterlassen des Ergreifens von Alternativen liegen. In den Fällen der vierten Fallgruppe, die die Fälle der Pflichtverletzung umfaßt, ist beides zu berücksichtigen.

62 Siehe dazu soeben oben Fn.61.

63 YB IX (1978) 72 Nr.149 ff., s.o. S. 28.

d) Rechtsfolge

aa) Bei Formmangel nach Art.29 Abs.2 S.1 CISG

Wird eine nachträgliche Vereinbarung trotz einer Schriftformklausel nur mündlich abgeschlossen und liegt kein Vertrauenstatbestand gemäß Art.29 Abs.1 S.1 CISG vor, so liegt ein Formmangel vor. Im deutschen Recht ordnet § 125 S.2 BGB für diese Fälle die Rechtsfolge der Nichtigkeit an. Im amerikanischen Recht gilt zumindest bei dem gesetzlichen *Statute of Frauds*, daß die Vereinbarung zwar gültig, aber nicht durchsetzbar ist. Dieser Grundsatz ist auf die vereinbarte Form wohl übertragbar.

Art.29 Abs.2 S.1 CISG ordnet keine ausdrückliche Rechtsfolge an. In der deutschen Übersetzung ist formuliert, daß ein Vertrag mit Schriftformklausel nicht anders als schriftlich geändert werden "darf". Was aus dem Formmangel folgt, bleibt unklar. Ebenso verhält es sich mit der englischen Fassung, die das Wort "may" gebraucht, das sowohl ein Können wie auch ein rechtliches Dürfen ausdrücken kann. Die französische Fassung gibt dagegen mit dem Terminus "peut" einen klareren Befehl: Die Parteien haben keine Macht, den Vertrag auf andere Weise als in der Formklausel festgelegt zu ändern oder aufzuheben. Eine formmangelhafte spätere Vereinbarung hat daher keinerlei Wirkung, sie ist nichtig. Dieses Ergebnis unter der französischen Fassung, das vom Wortlaut der englischen Fassung und der deutschen Übersetzung gleichermaßen gedeckt ist, entspricht auch den Zielen des Kaufvertragsübereinkommens. Das Recht der internationalen Kaufverträge soll vereinheitlicht und vereinfacht werden. Daher verbietet sich erstens ein Rückgriff auf nationale Rechtsordnungen, wenn sich Anhaltspunkte für eine Regelung im Übereinkommen selbst finden, hier also die Anordnung einer Rechtsfolge in Art.29 Abs.2 S.1 CISG. Zweitens ist eine einheitliche Lösung auch erforderlich. Die Beurteilung der formmangelhaften Vereinbarung soll auch für andere Fragen, die außerhalb des Anwendungsbereichs des Übereinkommens liegen und dann gegebenfalls nach nationalem Recht zu beurteilen sind, Präzedenzwirkung haben. Damit wäre es unvereinbar, zum Beispiel wie im amerikanischen Recht nur die Undurchsetzbarkeit der formmangelhaften Abrede festzustellen, also den Primäranspruch zu versagen, in anderer Hinsicht der Vereinbarung aber dennoch in großem Umfange Wirksamkeit zu verleihen. Drittens schließlich entspricht die Nichtigkeit am ehesten den Bedürfnissen der Rechtsklarheit und Rechtssicherheit.

bb) Bei Eingreifen eines Vertrauenstatbestandes gemäß Art.29 Abs.2 S.2 CISG

Soweit im deutschen Recht gemäß § 242 BGB die Berufung auf die Formnichtigkeit verwehrt wird, ist die formmangelhafte Vereinbarung in vollem Umfange wirksam und durchsetzbar. Im amerikanischen Recht dagegen ist dies nicht unbedingt der Fall. Während Rechtsinstitute wie *part performance* die Vereinbarung insgesamt wirksam machten, so daß z.B. auch die Gegenleistung gefordert werden konnte, hat der *waiver* grundsätzlich nur zur Folge, daß sich der Berechtigte auf ein einzelnes, bestimmtes Recht nicht mehr berufen kann. Indem die Gerichte die *waiver*-Regelung in UCC § 2-209 (4) und (5) auf sämtliche Verzichte erstrecken, zeigen sie, daß hier nicht etwa auf die Form verzichtet wird, sondern auf die Geltendmachung einer bestimmten - nun formungültig abbedungenen - früheren Berechtigung, bzw. auf die Geltendmachung eines Vertragsbruches, der darin liegt, daß nicht nach der ursprünglichen Vereinbarung verfahren wurde. Somit kann mit dem Rechtsinstitut *waiver* zwar die Durchsetzung einer formwidrig abbedungenen Verpflichtung verhindert werden und so einer mangelhaften Vereinbarung eine gewisse Wirksamkeit verliehen werden. Es können aber eigentlich keine neuen Verpflichtungen begründet werden.[64] Ferner ergibt sich aus der Auslegung der Vorschrift von UCC § 2-209 (4) und (5) durch die Rechtsprechung, nach der hier die allgemeinen Vorschriften für einen *waiver* festgelegt sind, daß nicht unbedingt eine Vereinbarung vorliegen muß, um die Rechtsfolge dieser Vorschrift auszulösen. Dieser Gedanke ist auch in dem *Common Law* Grundsatz *promissory estoppel* verankert, nach dem erwartbares und vernünftiges Vertrauen fehlende Tatbestandsmerkmale überbrücken kann.

Hier ist aber Art.29 Abs.2 S.2 CISG hinreichend klar: Es heißt, daß eine Partei davon ausgeschlossen sein kann, sich auf eine solche Bestimmung zu berufen, also auf eine in Art.29 Abs.2 S.1 CISG genannte Schriftformklausel. Daraus ergeben sich zwei Schlußfolgerungen für die Rechtsfolgen aus Art.29 Abs.2 S.2 CISG: (1) Ist die Berufung auf die Schriftformklausel verwehrt, so hat die Vereinbarung in diesem Umfang insgesamt Bestand. Es kann anders als im amerikanischen Recht auch die geänderte Gegenleistung oder eine völlig neue Verpflichtung eingeklagt werden,[65] wenn für diese die Voraussetzungen des Art.29 Abs.2 S.2 CISG vorliegen. (2) Anders als im amerikanischen Recht, das in UCC § 2-209 eine allgemeine *waiver*-Regel sieht und das mit dem Rechtsinstitut *promissory estoppel* fehlende Tatbestandsmerkmale überbrückt, ordnet Art.29 Abs.2 S.2 CISG einen Vertrauensschutz lediglich für die Fälle an, in denen außer dem Vertrauenstatbestand auch eine an einer Schriftformklausel gescheiterte nachträgliche Vereinbarung vorliegt. Vertrauen alleine kann hier die Einigung nicht ersetzen. Die Vorschrift des Art.29 Abs.2 S.2 CISG soll nicht als Einfallstor einer allgemeinen Billigkeitskontrolle dienen, sondern beschränkt sich auf die Wirksamkeit von Schriftformklauseln. Vorrangig ist daher immer die Frage, ob überhaupt eine nachträgliche Vereinbarung getroffen worden ist. Erst dann kann gegebenfalls eine Schriftformklausel nach Art.29 Abs.2 S.1 CISG Wirksamkeit entfalten oder diese wiederum nach Art.29 Abs.2 S.2 CISG ausgeschaltet sein.

Die Regelung des Art.29 Abs.2 S.2 CISG sieht einen Schutz jedoch nur soweit vor, wie tatsächlich vertraut wurde. Es ist daher davon auszugehen, daß die ursprüngliche Vereinbarung insoweit weiterhin Bestand hat als ein Rückgriff auf sie - sei es auch für nur einen Teil der geschuldeten Leistung - ohne Schwierigkeiten für die Partei, die sich auf die nachträgliche Abrede beruft, stattfinden kann. Auslegungs-

---

64 Allerdings geht zumindest eine, sehr umstrittene, Entscheidung davon aus, daß sich der *waiver* auf das *Statute of Frauds* beziehe und dann alle möglichen Vereinbarungen anschließend auch formlos getroffen werden können, siehe Double-E Sportswear Corp. v. Girard Trust Bank, 488 F.2d 292, 296 (3rd Cir.1973); vgl. dazu oben S. 93.

65 Das heißt jedoch nicht, daß die Schriftformklausel insgesamt nun unwirksam ist. Nur bezüglich der Änderungen etc., für die die Voraussetzungen des Art.29 Abs.2 S.2 CISG vorliegen, ist die Berufung auf die Form verwehrt.

hilfe kann hier die schon oben erwähnte erste Fassung dieser Vorschrift sein, nach der die formmangelhafte Vereinbarung dann endgültigen Bestand hatte, wenn das Vorgehen nach der ursprünglichen Vereinbarung für die andere Partei infolge von Dispositionen im Vertrauen auf die Änderung zu besonderen Aufwendungen oder Unannehmlichkeiten führt.[66] Hier wird häufig als Beispiel der Fall des Käufers genannt, der die Spezifikation für die noch herzustellende Ware nachträglich mündlich abändert. Wenn der Verkäufer erst einen Teil der Ware nach den neuen Angaben produziert hat, so soll hinsichtlich dieses Teils die Berufung auf den Formmangel ausgeschlossen sein, hinsichtlich des noch nicht hergestellten Teils dagegen ein Recht des Käufers bestehen, Produktion nach der ursprünglichen Spezifikation verlangen zu dürfen.[67]

e) Beweislast

Im amerikanischen Recht muß derjenige, der die formlose Änderung im Rahmen von UCC § 2-209 durchsetzen will, zunächst nur die Voraussetzungen des *waiver* beweisen. Der andere hat dann die Rücknahme darzulegen, was schließlich wieder durch den Beweis der Vertrauensbetätigung entkräftet werden kann.[68] Unter Art.29 Abs.2 S.2 CISG muß diese Partei dagegen sämtliche Voraussetzungen beweisen. Dies ergibt sich aus dem Regel-/Ausnahmeverhältnis von Art.29 Abs.2 S.1 (Regel) und S.2 (Ausnahme).[69]

f) Anwendungsbereich

aa) Nebenabreden: Vollständigkeitsklauseln, *merger-/integration clauses*

Wie bei der Darstellung der einzelstaatlichen Regelungen schon ausgeführt, beziehen sich Vollständigkeitsklauseln sowohl im deutschen wie auch im amerikanischen Recht nur auf vor oder bei Vertragsschluß getroffene Nebenabreden, nicht aber auf nachträgliche Vereinbarungen. Eine Kollision mit Art.29 CISG scheidet daher zunächst einmal aus. Es besteht auch trotz rechtlicher und tatsächlicher Verwandtschaft von Vollständigkeits- und Schriftformklauseln kein Anlaß für eine Ausdehnung des Anwendungsbereichs von Art.29 Abs.2 CISG auf vertragliche Nebenabreden vor oder bei Vertragsabschluß und damit einer Gleichbehandlung von Vollständigkeits- und Schriftformklauseln: Im Grundsatz geht das Übereinkommen von dem völlig formlosen Abschluß sowie der genauso formlos möglichen Änderung oder Aufhebung von Kaufverträgen aus. Für letztere wurde, wie dargetan,[70] in Anlehnung an das amerikanische Recht eine in ihrem Nutzen sehr umstrittene[71] Einschränkung gemacht, indem Schriftformklauseln unter Berücksichtigung von Vertrauensschutzerwägungen eine gewisse Wirksamkeit verliehen wurde. Da es im Rahmen sich über längere Zeit erstreckender

---

66 S.o. S. 26 Fn.31.

67 So Honnold, Uniform Law, S. 204; Sekretariatskommentar, O.R. S. 28.

68 Vgl. oben S. 96 f., insb. Fn.151 f.

69 Vgl. m.w.N. v.Caemmerer/Schlechtriem/Herber Art.4 Rn.22; Herber/Czerwenka Art.4 Rn.7.

70 S.o. S. 27 ff.

71 Vgl. z.B. YB IX (1978) S. 72, Nr.141-148; S. 45 Nr.189-192.

Vertragsverhältnisse häufig notwendig wird, diese zu ändern oder aufzuheben, wurde diese Regelung als gerechter Ausgleich zwischen dem Bedürfnis nach Rechtsklarheit und Kontrolle und der Notwendigkeit flexibler Anpassung von Verträgen an geänderte Umstände gesehen.[72] Diese Interessenlage fehlt im Hinblick auf Nebenabreden vor und bei Vertragsschluß. Zwar ist ein Interesse an der Dokumentation und damit der Beweisbarkeit und Kontrollierbarkeit von abgeschlossenen Verträgen nicht zu bestreiten. Der Vertragsabschluß erfolgt aber in der Regel mit ausreichender Zeit zur Überlegung und zur Rücksprache, so daß diesem Interesse ausreichend dadurch Rechnung getragen werden kann, daß die Parteien schlichtweg auf eine schriftliche Niederlegung aller Nebenabreden hinwirken. Zudem entfällt die Notwendigkeit des in Art.29 Abs.2 S.2 CISG vorgesehenen Vertrauensschutzes, da es bei den Nebenabreden ja um eine Frage des Vertragsschlusses geht, die nichts mit der Notwendigkeit flexibler Anpassung an geänderte Umstände, die in dieser Vorschrift berücksichtigt wurde, zu tun hat. M.E. ist Art.29 Abs.2 CISG daher insoweit wörtlich auszulegen, daß er sich nur auf die Aufhebung und die Änderung eines schon bestehenden Vertrages, nicht aber auf bei Vertragsschluß getroffene Nebenabreden bezieht. Das Problem der Vollständigkeitsklauseln ist dann über Art.11 CISG, eventuell in Verbindung mit Art.6 CISG zu lösen.

bb) Vertretungsklauseln

Das Übereinkommen regelt den Komplex der Vertretung nicht. Auf der anderen Seite können Einschränkungen der Vertretungsmacht in der Form von Schriftformklauseln auftreten. Schriftformklauseln sind aber in Art.29 Abs.2 CISG ausdrücklich geregelt. Die Ausgestaltung des Art.29 Abs.2 CISG legt nahe, auch die als Schriftformklauseln auftretenden Vertretungsregelungen darunter zu fassen.[73] Ähnlich wie nun Art.29 Abs.2 S.1 CISG Schriftformklauseln generell Wirksamkeit verleiht, sind Einschränkungen der Vollmacht durch solche Klauseln - zumindest im deutschen und im amerikanischen Recht - wirksam und hindern nachträgliche Vereinbarungen. Einschränkungen ergeben sich jedoch im Falle eines zurechenbaren Rechtsscheins und des Vertrauens darauf durch die andere Partei. Dieser Tatbestand wird aber von Art.29 Abs.2 S.2 CISG vollständig umfaßt. Daher gilt, daß Klauseln, die besondere Formerfordernisse für spätere Änderungen oder die Aufhebung eines Kaufvertrages aufstellen, unabhängig von der Qualifikation als Vertretungsregel oder Formvorschrift ausschließlich nach Art.29 Abs.2 CISG behandelt werden müssen.[74]

Auch die Entstehungsgeschichte des Übereinkommens gibt einen - allerdings vagen - Hinweis in diese Richtung. Italien stellte auf der Diplomatischen Konferenz den Antrag, Schriftformklauseln in Allgemeinen Geschäftsbedingungen von der Regelung des Art.27 Abs.2 New Yorker Entwurf (jetzt Art.29 Abs.2 CISG) auszunehmen,

---

72 Vgl. z.B. YB IX (1978) S. 72 Nr.143 und 147.

73 Siehe dazu auch schon oben die Betrachtungen zum insoweit ähnlichen Problem bei der Anwendung von UCC § 2-209 (2), (4) und (5), vgl. S. 147.

74 Vgl. auch v.Caemmerer/Schlechtriem/Schlechtriem Art.29 Rn.10.

wenn der Verwender oder ein bevollmächtigter Vertreter einer Änderung zugestimmt hatte. In der Begründung wurde u.a. ausgeführt, daß die Allgemeinen Geschäftsbedingungen häufig von einem Vertreter des Verwenders abgeändert würden und die wirtschaftlich schwächere Partei dann vor der Nichtigkeitsfolge geschützt werden müßte. Italien deutete an, daß dasselbe Ergebnis womöglich auch über Art.27 Abs.2 S.2 New Yorker Entwurf (jetzt Art.29 Abs.2 S.2 CISG) erreicht werden könne, sei sich dessen aber nicht sicher und verlangte eine Klarstellung.[75] Der Vorschlag wurde wohl hauptsächlich deswegen abgelehnt, weil man sich grundsätzlich nicht mit Fragen des Rechts der Allgemeinen Geschäftsbedingungen beschäftigen wollte und weil hier eine Art Verbraucherschutz statuiert würde, der im Anwendungsbereich von CISG unnötig sei.[76] Dies kann so ausgelegt werden, daß einer Lösung des Problems der Vollmachtbeschränkung in der Form von Schriftformklauseln über Art.29 Abs.2 CISG im Entstehungsprozeß des Übereinkommens grundsätzlich keine Bedenken entgegenstanden. Für andere Beschränkungen der Vollmacht als durch Schriftformklauseln, sowie für die Grundsätze der Anscheins- oder Duldungsvollmacht bzw. entsprechender Rechtsinstitute in anderen nationalen Rechtsordnungen außerhalb der soeben beschriebenen Fälle gilt natürlich weiterhin das durch internationales Privatrecht berufene Recht.[77] [78]

cc) Schadensersatz wegen Verletzung von Sorgfalts- und Aufklärungspflichten, Vertrauensschutz

Im deutschen Recht kann sich in den Fällen der Formungültigkeit von Vereinbarungen ein Schadensersatzanspruch aus culpa in contrahendo, bei Änderungen oder der Aufhebung eines bestehenden Vertrages womöglich aus positiver Forderungsverletzung, ergeben, wenn der andere Teil schuldhaft seine Aufklärungs- oder Sorgfaltspflichten verletzt hat. Dies sind jedoch seltene Ausnahmefälle, und sie kommen im kaufmännischen Verkehr außerhalb der Arglist wohl fast nie in Betracht. Im amerikanischen Recht gibt es einen solchen Sekundäranspruch nicht, er ist aber auch nicht nötig: Zwar gibt es mehr Erfordernisse für eine vollgültige nachträgliche Vereinbarung, so daß häufiger als unter deutschem Recht Formungültigkeit[79] vorliegt. Jedoch bestand schon im *Common Law* und besteht nun unter dem Uniform Commercial Code eine umfangreiche Vertrauensschutzregelung, die über den Formmangel hinweghilft. Wenn sich

---

75 Siehe O.R., S. 102, Nr.56. Im Originaltext heißt es: "...but his delegation doubted whether the sentence [i.e. Art.27 Abs.2 S.2] exactly covered the situation it envisaged", vgl. Nr.57. Da "to doubt" sowohl "bezweifeln" wie auch "nicht wissen", "unsicher sein" bedeuten kann, ist hier nicht eindeutig, wie Italien selbst diese Frage beurteilte.

76 O.R., S. 103, Nr.58-60.

77 Vgl. m.w.N. v.Caemmerer/Schlechtriem/Herber Art.4 Rn.11.

78 Die z.B. im deutschen Recht relevante Frage, inwieweit eine Vertretungsschriftformklausel überhaupt wirksam ist, wenn sie sich auch auf Erklärungen von gesetzlichen Organen etc. bezieht (s.o. S. 135 ff.), stellt sich wegen der grundsätzlichen Wirksamkeit in Art.29 Abs.2 S.1 CISG nicht mehr.

79 Oder etwas ähnliches, das die volle Wirksamkeit der nachträglichen Vereinbarung hindert, wie die fehlende Durchsetzbarkeit bei Vereinbarungen ohne *consideration* im amerikanischen *Common Law*.

danach eine Partei sogar auf die nicht den gesetzlichen oder vereinbarten Erfordernissen entsprechende Vereinbarung selbst berufen kann, so bekommt sie quasi den Primäranspruch zugesprochen und für Sekundäransprüche ist kein Raum mehr.

Unter Art.29 Abs.2 CISG ist die Situation vergleichbar. Zwar verleiht Abs.2 S.1 vertraglichen Formgeboten Wirksamkeit und kann so in vielen Fällen zur Formunwirksamkeit führen. Dies wird aber in Satz 2 durch eine weite Vertrauensschutzregelung wieder eingeschränkt. Nationale Vertrauensschutzregelungen sind damit gemäß Art.7 Abs.2 CISG außer Kraft gesetzt. Für die diesbezüglichen Regelungen des amerikanischen Rechts, also UCC § 2-209 (4) und (5), liegt wegen der genauen Parallelität mit Art.29 Abs.2 CISG deren Unanwendbarkeit auf der Hand. Dies gilt aber auch für Schadensersatzansprüche nach deutschem Recht aus c.i.c und pVV: Denn erstens sind diese wie Art.29 Abs.2 S.2 CISG darauf ausgerichtet, die Folgen einer strengen Anwendung von Formvorschriften in besonderen Fällen zu mildern. Zweitens ist die unterschiedliche Rechtsfolge (hier Schadensersatz, bei Art.29 Abs.2 S.2 CISG Wirksamkeit der nachträglichen Vereinbarung) kein prinzipieller Unterschied, sondern Ausfluß verschiedener Ansatzpunkte: da im deutschen Recht grundsätzlich die bloße Vereinbarung wirksam ist und nur in besonderen Fällen, in denen besondere Schutzzwecke dies nahelegen, weitere Erfordernisse aufgestellt werden, besteht in diesen Fällen auch ein größeres Bedürfnis nach Durchsetzung dieser Erfordernisse. Ein Ausgleich in besonders gelagerten Fällen muß dann sozusagen über den Umweg der Sekundäransprüche gefunden werden, um den Schutzzweck der (Form-)Vorschrift nicht auszuhöhlen. Eine Regelung wie Art.29 Abs.2 CISG, die Schriftformklauseln Wirksamkeit verleiht, berücksichtigt dagegen nur die von den Parteien selbst gesetzten Zwecke. Läßt eine Partei erkennen, daß sie ihnen keine Bedeutung mehr zumißt, so besteht auch kein übergeordnetes Interesse mehr an der Durchsetzung dieser Zwecke, so daß es folgerichtig ist, insoweit den Schutz ganz zu versagen. Die Zielrichtung der Vorschrift ist jedoch dieselbe wie der Schadensersatzanspruch im deutschen Recht, so daß letzterer von Art.29 Abs.2 S.2 CISG verdrängt wird. Drittens ist auch der Anspruch aus c.i.c. im deutschen Recht eine Vertrauenshaftung, denn der Anspruch geht lediglich auf das negative Interesse. Einen Ausgleich bekommt der Berechtigte daher wie unter Art.29 Abs.2 S.2 CISG nur, soweit er auf das Verhalten seines Vertragspartners vertraut hat.[80] Viertens würde die international ausgehandelte Regelung des Art.29 Abs.2 S.2 CISG mit ihrem Interessenausgleich ausgehöhlt, wenn bei ihrem Nichteingreifen, wenn also nach ihrer Wertung kein Schutz erforderlich ist, nach nationalem Recht noch weitere Ansprüche geltend gemacht werden könnten.[81]

dd) Arglist

Eine Haftung wegen arglistigen Verhaltens nach nationalem Recht besteht weiterhin neben Art.29 Abs.2 CISG. Im Haager Einheitlichen Kaufrecht war in Art.89 EKG

80 Dies ist bei Schadensersatzansprüchen aus c.i.c. bei Formmangel zwar nicht unbestritten, jedoch ganz herrschende Meinung, s.o. S. 36.

81 So auch v.Caemmerer/Schlechtriem/Schlechtriem Art.29 Rn.13.

festgelegt, daß sich der Schadensersatz im Falle absichtlicher Schädigung oder arglistiger Täuschung nach den Vorschriften bestimmt, die für nicht dem EKG unterliegende Kaufverträge gelten. Nach ganz herrschender Ansicht war damit nicht nur die Höhe des Anspruchs, sondern der gesamte Deliktsanspruch vom Geltungsbereich des Einheitskaufrechts ausgenommen.[82] In das UN-Kaufrecht ist keine entsprechende Bestimmung aufgenommen worden. Damit sollte jedoch keine besondere Regelung verbunden sein, so daß keine Abkehr von der bisherigen Rechtslage stattfand.[83] Bei arglistiger Abhaltung von der Einhaltung der durch die Schriftformklausel geforderten Form oder in ähnlichen Fällen ist daher eine Deliktshaftung nach dem gemäß Art.7 Abs.2 CISG durch das internationale Privatrecht des Forums zu ermittelnden nationalen Recht durchaus denkbar.[84] Dabei dürfte es allerdings regelmäßig in Höhe des Vertrauensinteresses an einem Schaden fehlen, da insoweit Art.29 Abs.2 S.2 CISG eingreift. Daneben kann dann aber ein höherer Erfüllungsschaden oder auch ein weitergehender Schaden verlangt werden.

---

82 Vgl. Dölle-Weitnauer Art.89 Rn.4, Vor Artt.82-89 Rn.72.

83 v.Caemmerer/Schlechtriem/Herber Art.4 Rn.23; Vgl. dazu auch Schlechtriem, 21 Cornell Int'l L.J. 467-476 (1988).

84 So auch v.Caemmerer/Schlechtriem/Schlechtriem Art.29 Rn.13.

Teil IV: Auslegung und Wirkung der Änderungs- oder Aufhebungsvereinbarung

I. Deutsches Recht

Die Wirkungen einer gültigen Aufhebungs- oder Änderungsvereinbarung richten sich danach, was die Parteien gewollt und vereinbart haben. Auf die Auslegung der Willenserklärungen sind die allgemeinen Vorschriften, also §§ 157 ff. BGB anwendbar. Im wesentlichen stellen sich dabei die Fragen nach der zeitlichen Wirkung, der Rückerstattung und der Sekundäransprüche.

1. Zeitliche Wirkung

Die zeitliche Wirkung (ex tunc oder ex nunc) der Aufhebungs- oder Änderungsvereinbarung bestimmt sich aus der getroffenen Regelung zwischen den Parteien. Allerdings wird hierüber oftmals keine ausdrückliche Vereinbarung getroffen, so daß sich die Frage nach einer Auslegungsregel stellt.

a) Aufhebung

Einige Autoren sprechen sich ohne weitere Begründung für ex nunc Wirkung aus, sofern nichts anderes vereinbart ist,[1] andere gehen vom Gegenteil aus, also von ex tunc Wirkung mangels anderweitiger Anhaltspunkte.[2] Eine differenzierte Lösung vertritt Larenz, der bei Fehlen anderer Anhaltspunkte für Dauerschuldverhältnisse eine Wirkung ex nunc annimmt, für Verträge über einmalige Leistungen dagegen davon ausgeht, daß die Parteien bei deren Aufhebung zumeist den Vertrag insgesamt als nicht geschlossen ansehen, also mit ex tunc Wirkung vernichten wollen.[3] Der BGH verneint in einer Entscheidung über die Aufhebung eines Grundstückkaufvertrages[4] eine generelle Auslegungsregel und will auf den Einzelfall abstellen. Im Anschluß an Larenz sieht er aber dennoch bei Dauerschuldverhältnissen eher eine Wirkung für die Zukunft und bei einmaligen Leistungsvereinbarungen, zumindest wenn die Leistung noch nicht erbracht ist,[5] eine Rückwirkung der Vereinbarung. Bei Warenkaufverträgen läßt sich m.E. gleichfalls differenzieren: soweit bei mehreren Lieferungen für die erbrachten Teilleistungen die Rechnung schon bezahlt worden ist, ist ähnlich wie bei Dauerschuldverhältnissen anzunehmen, daß dieser voll abgewickelte Austausch unberührt bleiben und die Aufhebungsvereinbarung nur für die Zukunft wirken soll. Hat

---

1 MünchKomm/Söllner § 305 Rn.27; Gernhuber, § 17.4, S. 368.

2 MünchKomm/v.Feldmann § 397 Rn.12; Happek, Arch.Bürg.R. 35, 404, 418, der dies aus einer Analyse römischen Rechts gewinnt; für ihn ist es gerade das Wesen einer Aufhebungsvereinbarung - im Gegensatz zu einem Erlaß -, daß sie Rückwirkung entfaltet.

3 Larenz SchR AT § 19 II b), S. 272; diesen Ansatz vertrat auch schon Leonhard, SchR AT, § 199, S. 406 f. (1929).

4 BGH NJW 1978, 2198.

5 Diese Einschränkung findet sich bei Larenz allerdings nicht.

jedoch eine Partei (teilweise) vorgeleistet und wird der Vertrag nachträglich z.B. wegen eingetretener Zahlungs- oder Lieferungsschwierigkeiten aufgehoben, so wird der Parteiwille regelmäßig darauf gerichtet sein, auch diesen Teil des Vertrages, in dem sich die Schwierigkeiten ergeben haben, mitzuregeln, so daß wohl häufig von der Rückwirkung der Vereinbarung ausgegangen werden kann.

b) Änderung

Die Frage der zeitlichen Wirkung einer nachträglichen Vereinbarung wird - soweit ersichtlich - nur hinsichtlich der Vertragsaufhebung, nicht aber für Vertragsänderungen und -ergänzungen diskutiert. Grund hierfür dürfte sein, daß Vertragsänderungen, die den Bestand des Vertragsverhältnisses nicht anrühren, ihren zeitlichen Beginn zumeist festlegen oder aus dem Kontext zu entnehmen ist, ob sie Rückwirkung entfalten oder nicht. Wegen der Vielzahl der möglichen Fallgestaltungen ist eine allgemeine ergänzende Auslegungsregel für die verbleibenden Fälle hier wohl ausgeschlossen.

2. Rückgewähr erbrachter Leistungen

Die Frage, ob erbrachte Leistungen zurückzugewähren oder gegebenenfalls zu vergüten sind, ist eng mit der Frage der zeitlichen Wirkung verknüpft: Wird ein Vertrag rückwirkend aufgehoben, so ist anzunehmen, daß Rückerstattungspflichten entstehen. Streitig ist die Rechtslage bezüglich der anwendbaren Vorschriften für die Rückgewähr schon erbrachter Leistungen. Einige Autoren nehmen eine gesetzliche Rückgewährpflicht nach den §§ 812 ff. BGB an, wenn die Vereinbarung nicht schon selbst eine Regelung trifft.[6] Andere knüpfen dagegen an die Vereinbarung an, die letztendlich die Rückerstattungspflichten entstehen läßt und wenden §§ 346 ff. an.[7] Dabei ist darauf hinzuweisen, daß in den Kommentierungen nur die Bearbeiter von § 397 BGB eine gesetzliche Rückgewährpflicht nach §§ 812 ff. BGB befürworten. Möglicherweise ist dies dadurch zu erklären, daß in diesem Bereich des Schuldrechts die einzelne Forderung im Vordergrund steht, für die tatsächlich der ursprüngliche Rechtsgrund wegfällt. Die Kommentatoren der §§ 305 ff. legen dagegen den Schwerpunkt auf das Schuldverhältnis als Ganzes und neigen daher wohl eher zu einer ganzheitlichen vertraglichen Entscheidung. M.E. bietet die letztere Ansicht die sachgerechtere Lösung. Zwar ist dem Wortlaut nach der Tatbestand des § 812 Abs.1 S.2 Alt.1 BGB erfüllt, wenn die Vereinbarung, aufgrund derer die Leistungen erbracht worden waren, rückwirkend wegfällt, jedoch ergibt sich dies aufgrund einer Vereinbarung, die im Rahmen eines bestehenden Vertragsverhältnisses getroffen wird. Bei einer Änderung ist evident, daß dieses Verhältnis insgesamt bestehen bleibt. In diesem Falle wäre es lebensfremd,

---

6 MünchKomm/v.Feldmann § 397 Rn.12; Erman/Westermann § 397 Rn.3; Staudinger/Kaduk § 397 Rn.93. Aus dem älteren Schrifttum vgl. Leonhard, § 199, S. 406; Kress, § 10 3 b), S. 170. Diese Ansicht setzt eine ex-tunc Wirkung der Aufhebungsvereinbarung voraus, da sonst der Rechtsgrund ja nicht rückwirkend weggefallen sein könnte.

7 Vgl. MünchKomm/Söllner § 305 Rn.27, Larenz SchR AT § 19 II b), S. 272 f.; wohl auch Palandt/Heinrichs § 305 Rn.3; modifizierend Gernhuber, § 17.4, S. 368 f.

nur die jeweils neu vereinbarten Pflichten aus dem Vertrag herzuleiten, die Rückgewähr einer schon erbrachten Leistung jedoch davon abzuspalten und ein gesetzliches Schuldverhältnis danebentreten zu lassen. Doch auch bei der Vertragsaufhebung beruht die Rückerstattungspflicht letztlich auf dem Parteiwillen, der auf das ursprüngliche Vertragsverhältnis einwirkt. Der einzige Unterschied zum vertraglich vorbehaltenen Rücktritt besteht darin, daß die Parteien das Einverständnis mit dem Aufhebungsverlangen der anderen Seite schon von vornherein erklärt haben. Daher ist die Lage dem Rücktritt verwandt, so daß die diesbezüglichen Vorschriften analog angewendet werden sollten.[8] Hierbei ist jedoch dem gerade beschriebenen Unterschied zum vertraglich vorbehaltenen Rücktritt Rechnung zu tragen: Es ist zu beachten, und darauf stützen sich die Befürworter der Anwendung der §§ 812 ff. BGB,[9] daß die verschärfte Haftung des Rücktrittsschuldners nach § 347 BGB hier nicht angemessen ist, da mit der Rückgewähr zu Anfang meist nicht gerechnet werden mußte. Bei der Wandelung, bei der ebenfalls die §§ 346 ff. BGB auf die Rückgewährpflichten angewendet werden und die Rückabwicklung nicht von Anfang an vorhersehbar war, hilft die Rechtsprechung damit, daß die verschärfte Haftung für den Rücktrittsberechtigten, der ja den Rücktritt nicht zu vertreten hat, erst mit Kenntnis der Rücktrittsvoraussetzungen einsetzt.[10] Eine ähnliche Lösung bietet sich auch hier an.[11] Die Tatsache, daß zu dieser Frage keine Entscheidungen vorliegen, weist jedoch schon darauf hin, daß die Bedeutung in der Praxis nicht allzu hoch anzusiedeln ist, da die Parteien hier ja im Zeitpunkt der Vereinbarung auf eventuell schon vorliegende Beschädigungen der gelieferten Sache eingehen und einen Ausgleich aushandeln können.

3. Wegfall von Sekundäransprüchen?

Eine inhaltliche Änderung oder Aufhebung einer Verpflichtung findet natürlich nur insoweit statt, als die Parteivereinbarung dies so festlegt. Den Parteien bleibt es daher unbenommen, sich über sämtliche schon entstandenen Ansprüche aus einem bestimmten Vertragsverhältnis zu einigen, sich also im Streitfalle zu vergleichen, oder aber nur einzelne Vertragspflichten ohne Auswirkungen auf andere Ansprüche zu regeln. Was im einzelnen gewollt war, ist durch Auslegung zu ermitteln. Eine Auslegungsregel gibt es hier nicht.

---

8 Vgl. dazu auch die sehr ausführliche Darstellung von Happek, Arch.Bürg.R. 35, 424 f., 427 und 437, der zwar den Tatbestand des § 812 Abs.1 S.2 BGB erfüllt sieht, aber auf der Konkurrenzebene die Haftung auf Rückgewähr lediglich auf die Vereinbarung selbst gründet, wobei die §§ 346 ff. BGB "wertvolle Gesichtspunkte" lieferten.

9 Vgl. MünchKomm/v.Feldmann § 397 Rn.12; Erman/Westermann § 397 Rn.3; Staudinger/Kaduk § 397 Rn.93; Heck, § 58.7, S. 175.

10 Dies ergebe sich aus der teleologischen Reduktion der Verweisungsnormen (§§ 327 S.1, 467, 634 IV BGB) sowie dem Rechtsgedanken des § 327 S.2 BGB. Vgl. Nachweise bei Palandt/Heinrichs § 347 Rn.8.

11 So auch Gernhuber, § 17.4, S. 368 f.

II. *Amerikanisches Recht*

1. *Allgemeines*

Die Rechtsfolgen einer Aufhebungs- oder Änderungsvereinbarung bestimmen sich auch im amerikanischen Recht grundsätzlich nach der Regelung, die die Parteien getroffen haben. Bei der Vertragsänderung, die häufig nur eine sehr spezielle Regelung betrifft, (z.B. Verlängerung der Lieferfrist) ist dies weniger problematisch als bei der Vertragsaufhebung, deren Umfang oft nur schwer zu bestimmen ist, insbesondere bei einseitig schon erbrachten Leistungen oder bei entstandenen Sekundäransprüchen. So ist, wie im deutschen Recht, zu ermitteln, ob die Parteien nur eine Aufhebung der Vertragspflichten für die Zukunft gewollt haben (unten 2.), ob sie die Rückerstattung erbrachter Leistungen oder deren (anteilige) Vergütung[12] vereinbarten (unten 3.) und ob die Schadensersatzansprüche einer Partei ebenfalls aufgehoben sein sollten (unten 4.).[13] Die Äußerungen und die ergangenen Entscheidungen zu diesem Komplex sind jedoch nicht sehr einheitlich. Dies ist zum Teil auf die Besonderheit des anglo-amerikanischen Rechtssystems zurückzuführen, zwischen *Law* und *Equity* zu unterscheiden. Dabei wurde im regelmäßigen Prozeß im *Common Law* als einziger Rechtsbehelf ein Schadensersatzanspruch zugesprochen. Nur wenn der Berechtigte dadurch eine untragbare Härte erlitten hätte oder wenn die andere Partei besonders treuwidrig gehandelt hatte, konnte er nach *equity* Grundsätzen die Aufhebung des Vertrages und Rückgabe bzw. Vergütung schon erbrachter Leistungen verlangen (*remedy of restitution*).[14] Die einvernehmliche Aufhebung wird zwar davon unterschieden, jedoch bleibt die genannte Besonderheit in dreifacher Hinsicht dafür relevant: Erstens gibt es nur einen gemeinsamen Begriff für das Rechtsmittel der Auflösung eines Vertrages nach Vertragsverletzung und die einvernehmliche Aufhebung, nämlich "rescission", der höchstens manchmal durch den Zusatz "agreement" oder "mutual" gekennzeichnet wird.[15] Das führt dazu, daß sich manche Entscheidungen im einen Bereich auf Präzedenzfälle aus dem anderen Bereich stützen.[16] Zweitens betreffen die behandelten Entscheidungen in der Regel Fälle, in denen die einvernehmliche Aufhebung an die Stelle der sonst gegebenen Rechtsbehelfe für Vertragsverletzungen tritt. Daher neigen die Gerichte dazu, bei der Zuerkennung von Erstattungen, Vergütungen oder Schadensersatzansprüchen die Vertragstreue der Parteien und ähnliche Gesichtspunkte zu berücksichtigen. Das führt zum Beispiel dazu, daß derjenige, der sich nicht vertrags-

---

12 Die Vergütung einer (teilweise) erbrachten Leistung spielt insbesondere bei Dienst- oder Werkverträgen, weniger im Kaufrecht eine Rolle, s. dazu z.B. die Nachweise bei 5A Corbin, Contracts, § 1236, S. 535 f. Fn.53.

13 S. zum Ganzen auch 5A Corbin, Contracts, § 1236, S. 537 ff.

14 Zu der Frage, wie die Vergütung zu bemessen ist, insbesondere bei gestiegenem oder gesunkenen Wert, etc., gibt es wiederum eine kaum zu übersehende Fülle an Entscheidungen, die man im Einzelfall aufarbeiten muß.

15 Siehe dazu auch Restatement (2d) Contracts § 283 Comment a.

16 S.u. S. 176 f., insb. Fn.26.

treu verhalten hat, in der Regel nicht die Rückgabe seiner schon erbrachten (Teil-) Leistung verlangen kann.[17] Drittens schließlich ist auch die Aufhebungsvereinbarung ein Vertrag und im angloamerikanischen Recht gibt es nur ausnahmsweise einen gerichtlich zuerkannten Vertragserfüllungsanspruch. Deshalb unterliegt ein geltend gemachter Rückforderungsanspruch in Natur aus einem Aufhebungsvertrag wie üblich einer besonderen *equity*-Billigkeits-Kontrolle. Nur vor diesem Hintergrund lassen sich die im Hinblick auf die hier zu betrachtenden Punkte wenig deutlichen Entscheidungen erklären.

2. Zeitliche Wirkung

Hier werden die Begriffe "rescission", "termination" und "cancellation" unterschieden, von denen nur "rescission" ex tunc Wirkung haben soll, während die anderen Begriffe für eine Wirkung nur für die Zukunft stehen.[18] Auch der Uniform Commercial Code hält unterschiedliche Definitionen für "cancellation" und "termination" bereit.[19] Eine solche Sprachregelung kann jedoch nur dann sinnvoll sein, wenn schon feststeht, unter welchen der Begriffe eine bestimmte Vereinbarung fällt. Daher gelten die Definitionen des Uniform Commercial Code nur für die Auslegung des Gesetzestextes selbst,[20] bzw. die Definitionen des *Common Law* nur für den Sprachgebrauch der Gerichte. Die Auslegung, unter welchen Begriff ein bestimmter Sachverhalt zu subsumieren ist, muß dagegen jeweils im Einzelfall unabhängig von der Wortwahl der Parteien getroffen werden.[21]

3. Rückgewähr erbrachter Leistungen

Viele Entscheidungen[22] zitieren den Satz, daß bei einer Vertragsaufhebung (*rescission*) die vorvertragliche Position, der status quo ante, wiederhergestellt werden müsse.[23] Dann müßten erbrachte Leistungen zurückgewährt oder vergütet werden. Eine besondere Begründung wird allerdings dafür nicht gegeben. Es ist auch nicht klar, ob sich die Gerichte dabei nicht einfach auf die Rechtsprechung zum Rechtsbehelf der

---

17 Siehe dazu eingehend und mit vielen Nachweisen Williston, Contracts, §§ 1473-1477, S. 220-263.

18 Sanborn v. Ballanfonte, 277 P. 152, 155 (Cal.App.1929); Grant v. The Aerodraulics Co., 199 P.2d 745, 749 (Cal.App.1948); U.S. v. Southern Gulf Lumber Co., 106 F.Supp. 815, 818 (Ala. 1952); Bacon v. Boss, 290 S.W.2d 207, 210 (Mo.1956); M & W Masonry Constr., Inc. v. Head, 562 P.2d 957, 961 (Okl.App.1977); Manges v. Guerra, 621 S.W.2d 652, 659 f. (Tex.App.1981).

19 UCC § 2-106 (3), (4).

20 5A Corbin, Contracts, § 1229, S. 510.

21 5A Corbin, Contracts, § 1936, S. 539.

22 Die entschiedenen Fälle betrafen fast ausschließlich Grundstückskaufverträge, in denen eine Anzahlung zurückverlangt wird.

23 Glen Gilbert Const. Co., Inc. v. Garvish, 432 N.E.2d 455, 458 (Ind.App.1982); m.w.N. Aroostock Valley R. Co. v. Bangar & Aroostock R. Co., 455 A.2d 431, 433 (S.Ct.Me.1983); Sara, Inc. v. Souteastern Aviation (Texas) Inc., 490 So.2d 721, 724 (La.App.1986).

Vertragsauflösung nach *equity*-Grundsätzen gestützt haben. Nach anderen Entscheidungen ist dagegen auch die Frage der Rückgewähr erbrachter Leistungen oder deren Vergütung durch Auslegung der Änderungs- oder Aufhebungsvereinbarung zu lösen. Denn die Parteien machen durch eine einvernehmliche Änderung oder Aufhebung einen neuen Vertrag, so daß ihre Rechte und Pflichten nach den allgemeinen Regeln aus diesem Vertrag zu bestimmen sind.[24] Dabei gibt es wiederum einander widersprechende Beurteilungen, ob es eine Auslegungsregel für Zweifelfälle gibt: Williston will den Rückerstattungsanspruch versagen, wenn keine besondere Vereinbarung darüber getroffen wurde, da derjenige, der sich auf ein Recht berufe, dies auch beweisen müsse.[25] Einige Gerichte gehen dagegen davon aus, daß bei fehlender Absprache der Parteien über diesen Punkt im Zweifel der Wille der Parteien anzunehmen sei, den status quo ante wiederherzustellen.[26] Nach alledem gibt es eine allgemeine Auslegungsregel im amerikanischen Recht nicht,[27] sondern es muß jeweils auf den Einzelfall abgestellt werden.[28] Corbin mahnt deshalb die Gerichte, immer daran zu denken, daß sie eine Lücke schließen müssen, an die die Parteien nicht gedacht haben, und daß das Ergebnis nach Billigkeitsgesichtspunkten gefunden werden muß.[29] Nach welchen Vorschriften oder Regeln die vereinbarte Rückerstattung gegebenenfalls erfolgen muß, ist ebenso unklar: Eine Entscheidung aus Oregon stellt lapidar fest, daß die gerichtliche Rückforderung einer Anzahlung nach einvernehmlicher Aufhebung eines Kaufvertrags eine Klage aus dem Vertrag (*contract action*) und nicht etwa eine Klage auf Aufhebung (*rescission proceeding*) sei, so daß sich der Anspruch aus der Aufhebungsvereinbarung selbst und nicht aus dem Rückerstattungsrechtsbehelf (*equitable remedy of restitution*) ergeben müsse.[30] Das hieße aber, daß die Rückerstattung erbrachter Leistungen nach Vertragsaufhebung sich gemäß den Regeln über die Erfüllung von Verträgen vollzieht. Andererseits wird die Frage der Rückerstattungspflicht oft so formuliert, ob die Parteien *restitution* vereinbart hätten.[31] Dies könnte heißen, daß sich die Frage, ob rückzuerstatten ist, nach der Vereinbarung der Parteien, die Frage der Abwicklung aber nach den Grundsätzen des Rechtsbehelfs *restitution* richtet. Die Abwicklung des Vertragsverhältnisses nach Aufhebung oder auch Änderung des Vertrages ist demnach im amerikanischen Recht nicht vollständig geklärt.

---

24 Aderholt v. Wood, 226 P. 950, 951 (Cal.App.1924); Billings v. Gardner, 745 P.2d 792, 793 (Or.App.1987).

25 15 Williston, Contracts, § 1827, S. 490, m.w.N.

26 M.w.N. Young v. Lee, 138 P.2d 259, 260 (S.Ct.N.M.1943) und Nachweise bei 15 Williston, Contracts, § 1827, S. 491 Fn.5: die dort zitierten Entscheidungen beziehen sich aber zum Teil wiederum auf Rücktritt nach Vertragsverletzung durch den anderen Teil, vgl. z.B. Calvert v. Joseph, 257 P.680, 683 (S.Ct.N.M.1927); Chandler v. Wilder, 110 So.306, 307 (S.Ct.Ala.1926). Daher läßt sich eine Auslegungsregel für die einvernehmliche Aufhebung daraus nicht ohne weiteres herleiten, vgl. Facendini v. Hillman, 298 S.W. 1073, 1074 (Mo.App.1927).

27 15 Williston, Contracts, § 1827, S. 492 Fn.5.; Restatement (2d) Contracts § 283 Illustration c.

28 Aderholt v. Wood, 226 P. 950, 951 (Cal.App.1924); m.w.N. Calamari/Perillo § 21-2, S. 864.

29 5A Corbin, Contracts, § 1236, S. 540.

30 Billings v. Gardner, 745 P.2d 792, 793 (Or.App.1987).

31 Restatement (2d) Contracts § 283 (2), 15 Williston, Contracts, § 1827, S. 490.

4. Wegfall von Sekundäransprüchen?

Im *Common Law* geht die Tendenz der Rechtsprechung bezüglich der Zuerkennung von vor der Aufhebung entstandenen Schadensersatzansprüchen dahin, die Vereinbarung so auszulegen, daß sie primäre und sekundäre Ansprüche gleichermaßen zum Erlöschen bringt, wenn nicht die Geltendmachung ausdrücklich vorbehalten war.[32] Heute gibt jedoch der Uniform Commercial Code für Kaufverträge eine Auslegungshilfe in UCC § 2-720: im Zweifel sei die Vereinbarung, einen bestehenden Kaufvertrag aufzuheben, unabhängig von der Wortwahl ("cancellation", "rescission" ... "or the like") so zu verstehen, daß Schadensersatzansprüche wegen vorangegangener Vertragsverletzung nicht untergehen sollten.

III. Im Einheitskaufrecht

1. Haager Einheitliche Kaufgesetze

Die einvernehmliche Aufhebung und Änderung von Kaufverträgen war in den Haager Einheitlichen Kaufgesetzen nicht geregelt worden. Wie in dem UN-Übereinkommen war aber die Vertragsaufhebung als ein Rechtsmittel bei Verletzung vertraglicher Pflichten vorgesehen und in den Artt.78 bis 81 EKG ausgestaltet worden. Für den vertraglich vorbehaltenen Rücktritt wird befürwortet, die Rechtsfolgen der Vertragsaufhebung nach einer sinngemäßen Anwendung der Artt.78 bis 81 EKG zu beurteilen, da dies angemessener sei als ein Rückgriff auf nationales Recht.[33] Der Bundesgerichtshof ließ in einer Entscheidung über den Erfüllungsort der Verpflichtung zur Rückgewähr des Kaufpreises bei einem einvernehmlich aufgehobenen Kaufvertrag unter dem EKG offen, ob deutsches Recht oder Einheitskaufrecht anzuwenden ist, da im konkreten Fall beides zum selben Ergebnis führte. Der Gerichtshof favorisierte in dieser Entscheidung allerdings ersichtlich wegen der Ähnlichkeit der einvernehmlichen Aufhebung mit der einseitigen Vertragsaufhebung als Rechtsbehelf eine Anwendung des EKG.[34]

2. CISG

Im Regelungsbereich von Art.29 CISG ergeben sich grundsätzlich dieselben Auslegungsprobleme bezüglich der Wirkung und der Reichweite der getroffenen Verein-

---

32 Juniper Lumber Co. v. Nelson, 112 S.E. 564, 567 (S.Ct.Va.1922), vgl. auch die Anmerkungen zu dieser Entscheidung in 24 A.L.R. 247, 253-259; Gearon v. Airways Fireproofing System, 132 N.E.2d 62, 65 (Ill.App.1953); 5A Corbin, Contracts, § 1236, S. 534.

33 Dölle/Weitnauer, Vor Artt.78-81 EKG Rn.30, allerdings mit einer Einschränkung, wie sie auch ähnlich für das deutsche Recht zu § 350 BGB vertreten wird: die durch Art.79 Abs.2 EKG nicht ausgeschlossene Vertragsaufhebung für den Fall, daß der Käufer die Sache nicht mehr in vertragsgemäßem Zustand zurückgeben kann, soll als regelmäßig stillschweigend abbedungen gelten. Für die Fälle der einvernehmlichen Aufhebung ist diese Einschränkung jedoch bedeutungslos, da es hier nicht um einseitige Aufhebungsrechte geht.

34 BGH Z 78, 257 ff.

barung. Für die Auslegung greifen unmittelbar die Vorschriften des zweiten Kapitels des ersten Teils des Übereinkommens ein, insbesondere die Artt.7-9 CISG, die sich ausdrücklich mit der Auslegung von Willenserklärungen der Parteien (Art.8 CISG), dem Umfang der Vereinbarung (Art.9 CISG) und subsidiär anwendbaren Grundsätzen (Art.7 CISG) befassen. Im Hinblick auf die zeitliche Wirkung der Vereinbarung und die Frage, ob Rückerstattungspflichten vereinbart wurden, sind dies zunächst die einzigen Hilfsmittel, die zur Verfügung stehen. Für die Abwicklung des Vertragsverhältnisses, für die Bestimmung, ob Schadensersatzpflichten abbedungen wurden, sowie für damit zusammenhängende Fragen hält das Übereinkommen dagegen Vorschriften bereit: Dies sind die Artt.81 bis 88 CISG, die den Rechtsbehelf der Vertragsaufhebung nach Vertragsbruch der anderen Partei und die gegenseitigen Rechte und Pflichten in diesem Falle regeln. Es stellt sich die Frage, inwieweit darauf zurückgegriffen werden kann.

Vom Wortlaut der französischen Fassung und der deutschen Übersetzung her käme schon eine direkte Anwendung der Artt.81-84 CISG auf die Abwicklung einer (Teil-) Aufhebungsvereinbarung in Betracht. Denn sowohl in Art.29 CISG als auch im die Artt.81-41 umfassenden Abschnitt V des Übereinkommens ist von der "Aufhebung" bzw. der "résolution" die Rede. Die englische Fassung macht aber schon im Wortlaut die Unterschiede deutlich, indem die im Abschnitt V des Übereinkommens geregelte Aufhebung mit "avoidance" bezeichnet wird, also mit einem Ausdruck, der trotz der vielen Umbenennungen nie für Art.29 CISG in Betracht gezogen wurde.[35] Es bleibt daher dabei, daß Artt.81 ff. CISG lediglich die Vertragsaufhebung als Rechtsbehelf gegen Vertragsverletzungen der anderen Partei direkt regeln.[36] Es sprechen jedoch eine Reihe von Argumenten für eine analoge Anwendung dieser Vorschriften auf die Rückabwicklung von einvernehmlich aufgehobenen oder auch abgeänderten Kaufverträgen: Zunächst gilt hier ähnliches wie das oben zur analogen Anwendung der §§ 346 ff. BGB im deutschen Recht auf die Abwicklung aufgehobener oder abgeänderter Verträge Ausgeführte: Bei der Aufhebung oder Änderung von Kaufverträgen wird eine Vereinbarung getroffen, die mit dem ursprünglichen Vertrag in unmittelbarem und untrennbarem Zusammenhang steht. Daher sollte sich auch die Abwicklung dieser Vereinbarung nach den Vorschriften über Verträge richten. Genau der Fall, daß eine zunächst bestehende Vertragspflicht später wegfällt und das Vertragsverhältnis sich umgestaltet,[37] ist aber in den Artt.81 ff. CISG geregelt. Daher bietet sich die analoge Anwendung an.

Dies gilt umso mehr im Anwendungsbereich von CISG, als es sich hier um grenzüberschreitende Verträge handelt, bei denen mehrere Rechtsordnungen miteinander kollidieren. Das Übereinkommen schafft einen sorgfältig ausgedachten und ausgehandelten Interessenausgleich auch zwischen den einzelnen Rechtsordnungen.

---

35 Siehe auch die diesbezügliche Äußerung des norwegischen Delegierten auf der Diplomatischen Konferenz, O.R., S. 306, Nr.73.

36 Vgl. Artt.49, 64, 73 CISG.

37 Vgl. dazu Leser, Vertragsaufhebung und Rückabwicklung, S. 238.

Dann muß aber auch soweit wie möglich auf die dort bereitgestellten Normen zurückgegriffen werden, um dieses Regelungsgleichgewicht nicht zu stören, wie sich aus Art.7 Abs.2 CISG ergibt. Schließlich folgt aus der Betrachtung insbesondere des amerikanischen Rechtes ein ganz pragmatisches Argument für die analoge Anwendung der Artt.81 ff. CISG: Die Abwicklung von aufgehobenen (und wohl auch von abgeänderten) Verträgen ist im amerikanischen Recht hauptsächlich von Billigkeitserwägungen getragen. Ein einheitliches Ergebnis ist kaum vorhersehbar. Auch würde bei einer Verweisung des internationalen Privatrechts auf amerikanisches Recht der Richter eines anderen Staates vor große Schwierigkeiten gestellt. Artt.81 ff. CISG bieten dagegen ein Grundgerüst für eine einheitliche Abwicklung in sämtlichen Vertragsstaaten, so daß sich deren Anwendung anbietet. Es bleibt den Parteien natürlich unbenommen, etwas anderes - z.B. die Rückabwicklung nach nationalem Bereicherungsrecht - zu vereinbaren.

Wie schon zu Artt.78 ff. EKG befürwortet auch die Literatur zu Artt.81 ff. CISG die Anwendung dieser Vorschriften auf vertraglich vereinbarte Aufhebungsrechte[38] Da nun auch die einvernehmliche Aufhebung und Änderung im Übereinkommen geregelt sind, kann für deren Abwicklung nichts anderes gelten.

Wichtig ist dabei natürlich, auf die Besonderheiten bei der einvernehmlichen Aufhebung und Änderung im Unterschied zu dem Rechtsbehelf der Aufhebung, der in Artt.81 ff. CISG geregelt ist, Rücksicht zu nehmen. Da hier eine Vereinbarung getroffen wird, ist diese primär maßgeblich für die Bestimmung der gegenseitigen Rechte und Pflichten. So muß sich etwa die in Art.81 Abs.2 CISG statuierte Rückgewährspflicht bei (teilweiser) Erfüllung zumindest konkludent aus der Vereinbarung selbst ergeben. Das Übereinkommen kann hier aber als Auslegungshilfe bei Fehlen jeglicher Anhaltspunkte verwandt werden. Aus der Freiwilligkeit für beide Teile im Moment der Aufhebung oder Änderung ergibt sich auch, daß Schutzvorschriften nur beschränkt einschlägig sein können. Daher ist Art.82 CISG selbstverständlich nicht als Einschränkung der Möglichkeit einer Aufhebungs- oder Änderungsvereinbarung zu verstehen. Diese Vorschrift kann höchstens als Anhaltspunkt für die Auslegung der Vereinbarung benutzt werden, indem das dort beschriebene Leitbild für das Gleichgewicht zwischen den Parteien bei Fehlen sonstiger Anhaltspunkte auch der Aufhebungs- oder Änderungsvereinbarung zugrundegelegt wird.

38 Vgl. v.Caemmerer/Schlechtriem/Leser Vor Artt.81-84 Rn.5 m.w.N. in Fn.4.

Teil V: Ergebnisse

In der vorangegangenen Darstellung wurden die für Änderungs- und Aufhebungsvereinbarungen geltenden Rechtsregeln im deutschen und im amerikanischen Recht hinsichtlich der Voraussetzungen und der Rechtsfolgen solcher Vereinbarungen beschrieben. Dabei wurde die Betonung nicht lediglich auf das geltende Recht gelegt, sondern versucht, auch die hinter den jeweiligen Regelungen stehenden Entwicklungen und Wertungen zu berücksichtigen, die die Unterschiede (oder auch die Gemeinsamkeiten) in den beiden Rechtsordnungen verdeutlichen und erklären. Aus einem Vergleich der Regelungen in den beiden Rechtssystemen unter Berück-sichtigung der Erfahrungen unter den Haager Einheitlichen Kaufgesetzen und der Entstehungsgeschichte des Übereinkommens der Vereinten Nationen über Verträge über den internationalen Warenkauf (CISG) konnten für die Auslegung von Art.29 CISG folgende Schlußfolgerungen gezogen werden:

zu Art.29 Abs.1 CISG:

Die Bestimmung des Art.29 Abs.1 CISG, die festlegt, daß ein Vertrag durch die bloße Vereinbarung der Parteien geändert oder aufgehoben werden kann, ist weit auszulegen. Sie versagt daher sämtlichen Voraussetzungen, die einer bindenden Abrede im Wege stehen, die Wirksamkeit. Dies ist insbesondere eine Abkehr von den Bestimmungen des amerikanischen Rechts, das bis heute eine Vielzahl von Voraussetzungen für eine bindende nachträgliche Vereinbarung aufstellt. Daher werden im Anwendungsbereich des CISG sämtliche Tatbestände des *Statute of Frauds*, das *Common Law* Erfordernis der *Consideration* und auch das an seine Stelle getretene Regelungsinstrument des guten Glaubens (*good faith*) einschließlich des gleichgelagerten Rechtsinstituts *economic duress* von Art.29 Abs.1 CISG verdrängt. Zum deutschen Recht ergeben sich hier nur geringe Unterschiede, da das deutsche Recht nachträglichen Vereinbarungen grundsätzlich volle Wirksamkeit verleiht, also mit Art.29 Abs.1 CISG korrespondiert.

Wird durch den Kaufvertrag ein Dritter begünstigt, so berührt dies die Aufhebbarkeit und Änderbarkeit des Vertrages selbst nicht. Art.29 Abs.1 CISG erstreckt sich jedoch nicht auf das Forderungsrecht des Dritten.

Auf das Zustandekommen der Änderungs- oder Aufhebungsvereinbarung sind die Vorschriften des Übereinkommens über den Abschluß von Verträgen anzuwenden.

Auf die Abwicklung eines aufgehobenen oder geänderten Vertrages sind hinsichtlich der Rückerstattung bereits erbrachter Leistungen mangels anderweitiger Vereinbarungen die Vorschriften der Artt.81 ff. CISG analog anzuwenden.

zu Art.29 Abs.2 CISG:

Nach Art.29 Abs.2 S.1 CISG ist eine Schriftformklausel im Kaufvertrag für spätere Abreden wirksam. Ob eine solche Klausel vereinbart wurde, ist nach dem Wortlaut zu bestimmen. Eine Differenzierung, wie sie das deutsche Recht zwischen deklaratorischen oder konstitutiven Formklauseln vornimmt, darf unter Art.29 Abs.2 S.1 CISG nicht vorgenommen werden, denn beide Arten von Klauseln fallen in dessen Anwendungsbereich.

Was Schriftform im Sinne von Art.29 Abs.2 S.1 CISG ist, und zwar im Hinblick sowohl auf die Schriftlichkeit der Schriftformklausel selbst als auch auf die danach einzuhaltende Schriftform, ist durch Auslegung der Vereinbarungen zwischen den Parteien und durch die zwischen ihnen geltenden Gewohnheiten und Bräuche zu ermitteln.

Entspricht eine spätere Vereinbarung nicht der vereinbarten Form und greift auch nicht die Sonderregelung des Art.29 Abs.2 S.2 CISG ein, ist die spätere Abrede nichtig.

Nach Art.29 Abs.2 S.2 CISG kann eine Partei aufgrund ihres Verhaltens davon ausgeschlossen sein, sich auf eine Schriftformklausel zu berufen, soweit die andere Partei sich auf dieses Verhalten verlassen hat. Zur Ausfüllung des Begriffs des "Verhaltens" wurden folgende Fallgruppen gebildet: (1) Fälle der Vertragsabwicklung gemäß der späteren Abrede, also Erbringung und Annahme von Erfüllungsleistungen; (2) einseitiges Verlangen der späteren Änderung oder Aufhebung des Vertrages; (3) Annahme von Vorteilen unter der nachträglichen Vereinbarung; (4) Pflichtverletzungen, etwa Sorgfalts-, Aufklärungs- oder Fürsorgepflichtverletzungen; (5) Herausforderung einer besonderen Vertrauensbetätigung.

Das die Wirksamkeit einer formlosen Vereinbarung einschränkende Kriterium der Vertrauensbetätigung wurde im Sinne der Vornahme der Handlungen ausgelegt, die das oben genannte Verhalten der anderen Partei herausgefordert oder aber abgesegnet hatte.

Ist der Vertrauenstatbestand des Art.29 Abs.2 S.2 CISG erfüllt, so ist die betreffende Vertragsklausel trotz des Formmangels im dort beschriebenen Umfange voll wirksam.

Art.29 Abs.2 CISG verdrängt in seinem Anwendungsbereich neben den einzelstaatlichen Regelungen über Schriftformklauseln im engeren Sinne auch Schriftformklauseln, die Vertretungsregeln enthalten, sowie spezielle oder allgemeine Vertrauensschutzregelungen, also etwa die Gewährung von Schadensersatz aus dem Gesichtspunkt des Verschuldens bei Vertragsschluß im deutschen Recht. Anwendbar bleiben die nationalen Vorschriften hinsichtlich der Regelung der Fälle von Arglist.

Hans-Leo Weyers (Hrsg.)

Datenverarbeitungsprogramme als Gegenstand des Rechtsverkehrs

Verträge über Entwicklung und Nutzung von Programmen elektronischer Datenverarbeitung werfen in allen Ländern zahlreiche Rechtsfragen grundsätzlicher und technischer Art auf. Die schnelle technische Entwicklung läßt auch ständig neue Probleme zur Lösung anstehen. Nur einige Stichworte sind: Vertragspflichten bei Programmerstellung, Schutz geistigen Eigentums, Rechte Dritter, Qualitätsgarantien, Haftung für Schäden aus Programmfehlern und ganz allgemein die rechtliche Einordnung der Einzelfragen. Rechtsvergleichung ermöglicht nicht nur, für die Bewältigung gegenwärtiger Schwierigkeiten die Erfahrungen anderer Länder heranzuziehen, sondern oft auch, sich auf beobachtete Entwicklungen, die auch bei uns zu erwarten sind, rechtzeitig einzustellen. Zu einem Meinungsaustausch über diese Thematik wollte die Fachgruppe Zivilrecht der Gesellschaft für Rechtsvergleichung auf ihrer Arbeitssitzung vom 19. Sept. 1992 unter Beteiligung hervorragender Sachkenner eine Plattform bieten. Der angezeigte Band enthält Landesberichte aus Frankreich, Kanada, Ungarn und einen Diskussionsbericht.

1992, 114 S., brosch., 32,– DM, ISBN 3-7890-2679-4
(Arbeiten zur Rechtsvergleichung, Bd. 155)